移行支援としての高校教育

思春期の発達支援からみた高校教育改革への提言

編著
小野善郎・保坂　亨

福村出版

はじめに

教育制度をめぐる議論は尽きることがない。ことに、終戦後の昭和23年に発足した新制高校の教育制度は、学科やカリキュラムだけでなく、入学者選抜制度も含めて、繰り返し改革が行われてきた。しかし、高校教育の制度改革の多くは時代が求める「働き手」を求める産業経済界や、大学進学志向の高まりを背景とした教育現場や保護者からの要請に基づくもので、必ずしも教育を受ける側の子どもが主体の議論とはいえなかったかもしれない。わずかに、昭和44～45年の高校紛争は高校生たちによる教育制度に対する過激な意思表示であったのかもしれないが、現在では高校生からの教育制度に対する発信はほとんど陰を潜めた状況が続いている。

しかし、教育はあくまでも子どもを育てる「方法論」であり、少なくとも一人ひとりの国民の基本的人権が保障されている民主主義国家の体制においては、教育は国家や社会のためだけにあるのではなく、子どもたち自身にとって有用・有益なものでなければならない。義務教育が普及・定着し、さらには高校教育だけでなく大学・短大などの高等教育を受ける機会が大きく拡大した現代においては、学校は子どもたちが成長・発達して大人へと向かう主要な「場」となっており、教育の質はそのまま生涯にわたる生活の質にも重大な影響を及ぼす可能性さえある。ましてや学校教育から脱落することは、即座に子どもの将来に深刻な不安をもたらし、不登校問題はわが国の教育だけでなく、精神保健、児童福祉、さらには大きな社会問題とさえなってきた。さらに近年では発達障害への関心が高まり、特別支援教育への期待が急速に増大してきている。

これらの不登校や発達障害への取り組みは、いずれも教育の質の向上をめざしたものであるが、それらは同時に精神医学や臨床心理学が関わる「精神病理」として、多くの臨床家の関心を集め、さまざまな治療的な取り組みも進められてきた。その結果、今日では学校のなかで広汎性発達障害やＡＤＨＤといった精神医学診断が使用されることが増え、多くの学校にスクールカウンセラーが配置されるようになっている。

学校における子どもたちの精神病理を扱う精神保健活動は、子どもの視点から学校教育を考えるひとつの起点としての可能性をもっている。子どもの情緒的混乱や不適応と向き合うことから、臨床家たちは保護者とは異なる立場で「子どもの最善の利益」を守りながら、子どもたちのニーズに基づく教育のあり方を論ずることができるのではないだろうか、という思いが本書の出発点である。

子どもの精神保健の最大の目的は、発達期における子どもの発達の問題やさまざまな情緒・行動の問題に伴う困難を軽減することによって子どもの健全な成育をできる限り保障し、その結果として一人ひとりの子どもを自立的かつ適応的な成人にすることである。子どもは乳幼児期から小児期、思春期、そして成人へと成長する流れのなかで、何度も大きな「移行期」を乗り越えなければならないが、とりわけ思春期から成人期への移行は、それまでの親や社会から保護されていた「子ども時代」から一人の人間として大人社会の一員となる大きな変化であり、極めて重要な移行期である。その大人への移行は、産業社会後の現代においては、ますます長期化、多様化、複雑化し、「ひきこもり」や「ニート」というような社会現象に象徴されるように、多くの若者たちは子どもから大人への移行の狭間で苦悩している。

かつて中学を卒業して就職することが一般的であった時代には、子どもたちは大人たちのなかに混じって働きながら大人へと移行していったが、高校進学率が98％にまで達し、事実上ほぼすべての子どもたちが高校に進学する今日においては、子どもたちは高校のなかで大人への移行を模索している。中学校で不登校となった子どもたちといえども高校進学のプレッシャーは強烈で、中学校に復帰できなくとも高校には行かなければならないという思いは強く、高校からの再起に必死で努力している現実がある。また、非行などの素行の問題を示す子どもたちも、高校時代は思春期に顕在化する反抗的・反社会的行動からの軌道修正の重要な時期である。つまり、高校生年代は中学生までの不適応状態から脱却する意味においても非常に重要な意味をもっている時期といえる。

しかしながら、生活指導や不登校への支援も担っている中学校とは違い、高校は義務教育ではなく、より高度な知識や技術を習得するために自ら希望し、選抜試験を受けて入学する学校という伝統的な認識がまだまだ根強く残る社会にあって、高校で一人ひとりの生徒のニーズにそった支援を提供する体制は必ずしも一般的とはいえないのが現状である。しかし、実際には98％の子どもたちが高校に入学するということは、すでに高校教育がすべての生徒に対して一律に一定の学力を追求する場としては成立しないことを意味しており、むしろ中学卒業後から現実的に就労し社会の成員となるまでの間の移行支援の場としての重要性が増してきていると考えられる。その意味において、移行支援をキーワードとして高校教育を再考することは意義のあることである。

本書は発達心理学と発達精神病理学の考え方を基軸に、いくつかの高校における教育実践についての考察を加えた野心的な高校教育の論考である。社会制度や教育制度といった「社会」の視点というよりも、教育を受ける主体である子どものニーズに立脚した高校教育論である。現在の高校教育と思春期の発達と精神病理に関する「事実」をつぶさに検証することをとおして、より広い学際的な視点から高校教育のあり方を議論し、われわれが到達した結論が「移行支援としての高校教育」である。

それは単なる机上の空論ではなく、さまざまな困難を抱えた生徒たちが入学してくる高校では、実際にすでに取り組まれている実践でもある。とはいえ、本書で論じた高校教育の現実は、従来の高校教育の常識からは簡単には受け入れがたい面が多いのも事実であろう。それでも真に子どものニーズに即した高校教育を実現するためには、われわれは旧来の高校教育の枠組みを超えて、新たな高校教育のパラダイムに向かわなければならない。本書が、子どもに関わる専門家たちだけでなく、すべての大人たちと「当事者」である中学生や高校生が、大人への移行と高校教育のあり方について前向きな議論を始める端緒となれば幸いである。

小野善郎

目次

第3部　実践報告

序章

移行支援としての高校教育

小野善郎

第1節　多様化しつつ増大する高校教育ニーズ

わが国の総人口は2006年の1億2744万人をピークに年々減少する傾向を示していて、今後も減少し続けることが予想されている。わが国の人口動態は、長寿化による高齢人口の増加と出生率の低下による年少人口の減少がどちらも著しく、その結果として極端な少子高齢化社会が進展し、あらゆる社会制度のあり方にも変化を余儀なくされている。

わが国の出生率は、終戦後の第一次ベビーブーム（１９４７～４９年）に生まれた女性の出産による第二次ベビーブーム（１９７１～７４年）以降は一貫して減少し続け、２００５年には合計特殊出生率は史上最低の１・26となった。出生率の低下は子ども人口の減少につながり、０～14歳の年少人口は１９５０年の２９７８万６０００人から２０１０年には１６８０万３０００人にまで減少し、総人口に占める割合も35・４％から13・２％に低下している（平成22年度国勢調査）。

子ども人口の減少は当然ながら学校教育にも反映される。わが国の義務教育への就学率はほぼ１００％であり続けているので、学齢期の子ども人口の減少は結果的に児童生徒数や学校数の減少に表れてくる。小学校の児童数は過去最高であった１９５８年度の１３４９万２０００人に対し、２０１０年度は過去最低の６９９万３０００人となり、概ね半減している。小学校数は１９５７年度の２万６９９８校から２０１０年度には２万２０００校にまで減少している。中学校も同様に生徒数は過去最高の１９６２年度の７３２万８０００人から２０１０年度には３５５万８０００人と半減し、学校数は１９４８年度の１万６２８５校から２０１０年度の１万８１４校にまで減少している（図序－１、図序－２）。

義務教育であり、ほぼ１００％の子どもたちが実際に就学している小中学校とは異なり、高校は中等教育に位置づけられながらも義務教育ではなく、選抜試験によって希望者のみが就学する形式であるため、生徒数や学校数は必ずしも少子化の影響を直接反映するものとは限らず、国

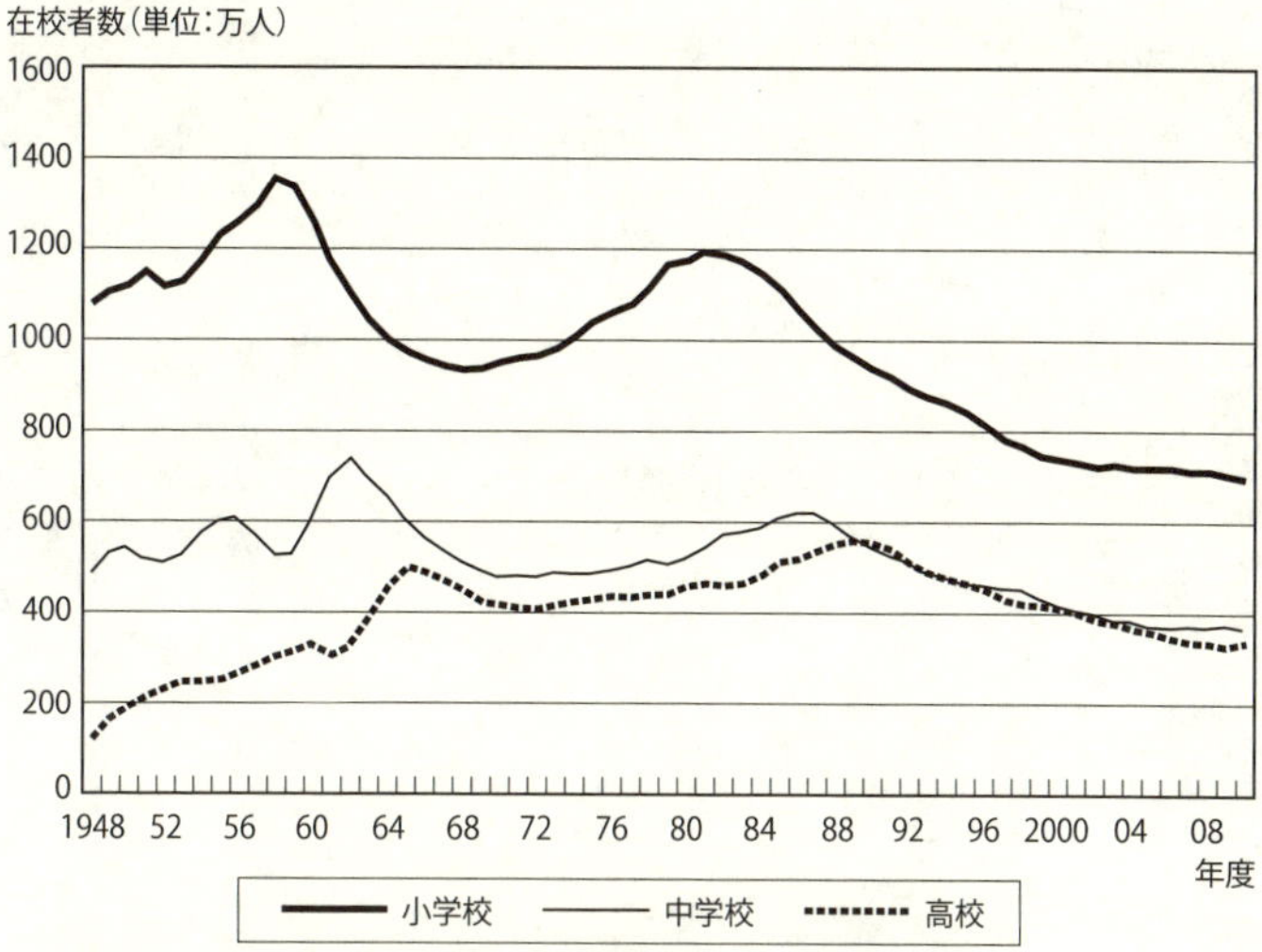

図　序－1　在校者数の推移（学校基本調査より）

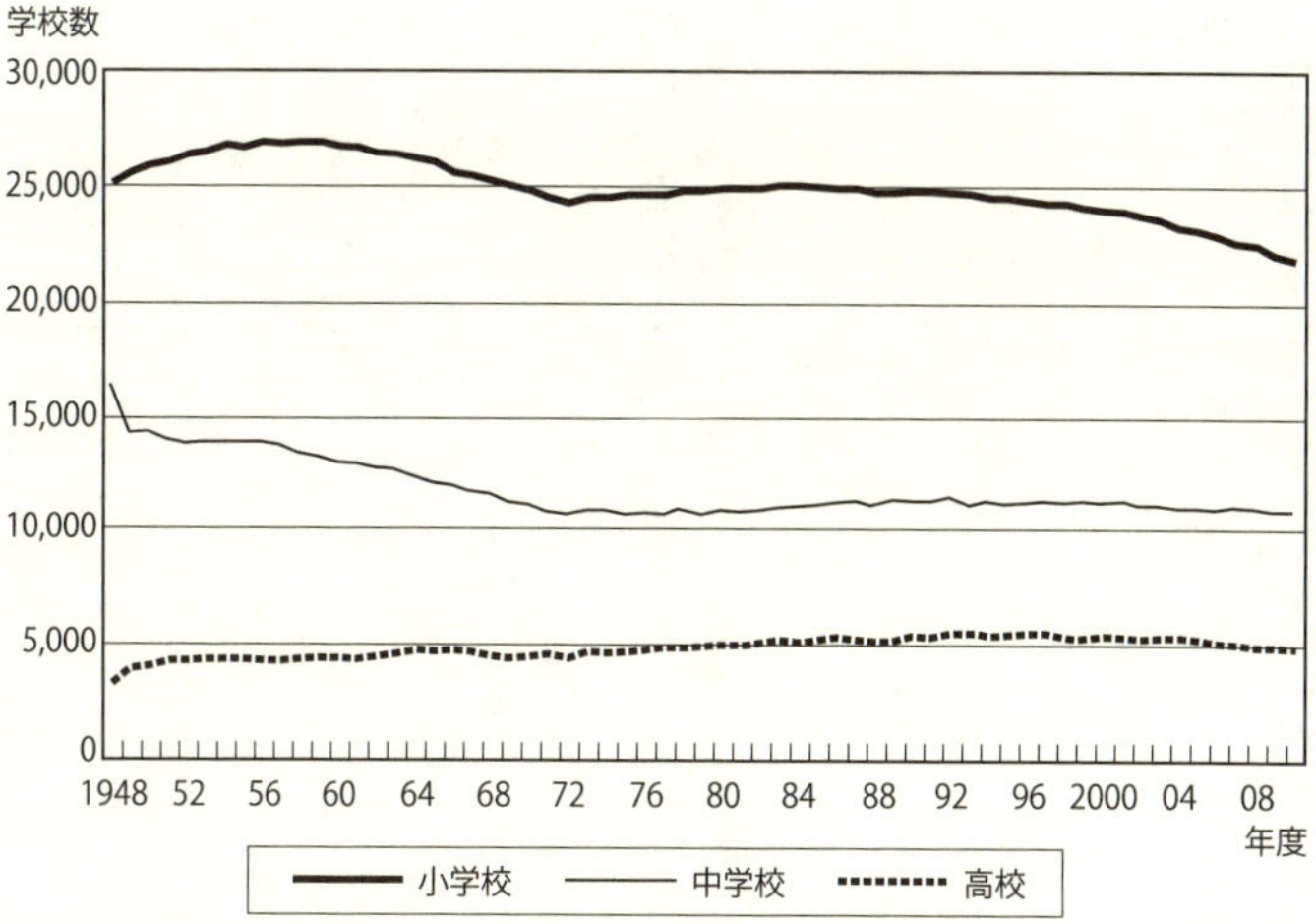

図　序－2　学校数の推移（学校基本調査より）

民の教育観や社会経済状況の影響も受けやすい。１９４８年に新制高校が発足して以来、当初は42・５％であった高校進学率はその後一貫して上昇し続け、２００９年度中学卒業者における通信制を含めた高校進学率は98・０％に達している。その結果、高校の生徒数は小中学校の児童生徒数のピークよりも遅れて１９８９年度に過去最高の５６４万４０００人となっている。しかし、その後は減少に転じ、２０１０年度においては約4割減の３３６万９０００人にまで減少した。学校数は１９８８年度の５５１２校をピークに以後は減少し、２０１０年度には５１１６校になっているが、小中学校の減少ほど著しくなく、やはり単純に子ども人口の減少とは連動していない変動を示している。

　このように、少子化により学齢期の子どもの人口が減少し、その結果、学校数や学級数なども減少することで、学校教育の規模が縮小してきていることは事実といえる。しかし、児童生徒数や学校数の減少は必ずしも教育ニーズの減少を意味しているわけではない。全般的に右肩下がりの傾向を示す学校教育の統計のなかで、近年成長を示しているものも存在しているのである。そのもっとも顕著な例が特別支援教育のニーズである。特別支援学校（２００６年度までは盲学校、聾学校、養護学校）の学校数は一貫して増加し続けており、１９４８年度から２０１０年度の間に学校数は１３８校から１０３９校、在籍者数は1万２３８９人から12万１７５５人にまで著しく増加している（図序－３）。近年では在籍者数は毎年約５０００人のペースで増加しており、特に高等部への進学希望者の増加が著しい。特別支援教育においても高等部は義務教育で

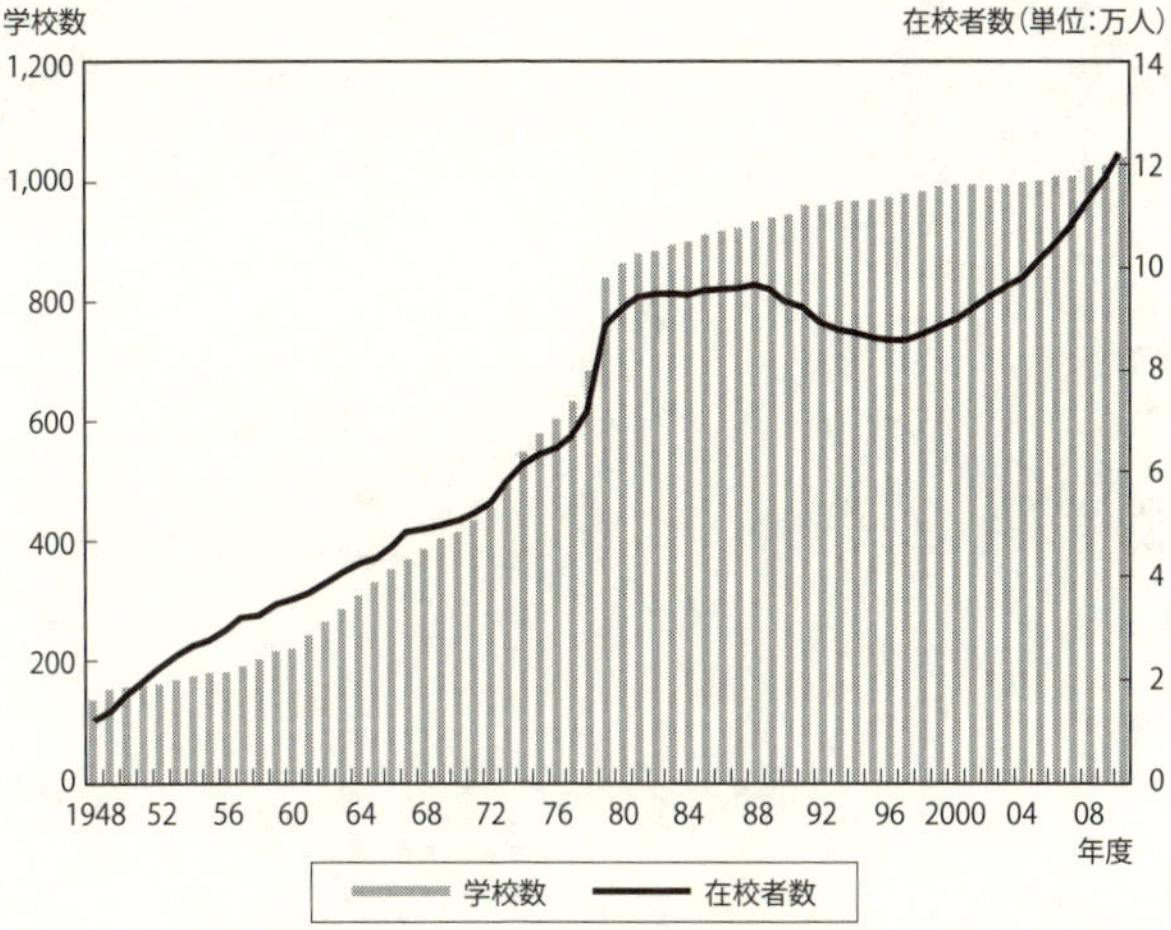

図　序－３　特別支援学校の学校数と在校者数の推移（学校基本調査より）

はないので、希望者のみが進学する形になるが、２００９年度に中学部を卒業した生徒の98・２％が高校等に進学しており、このほとんどが特別支援学校高等部に進学していることに加え、一般の中学校の特別支援学級からの進学もあるため、高等部のニーズはますます高まってきているのが現状である。２０１０年３月の高等部卒業者数は１万６０００人に達し、前年度よりも１０００人増加している。

もう１つ増加傾向を示している教育ニーズが定時制・通信制課程の高校教育である。一般の高校、特に偏差値による序列化のなかで下位に位置づけられた学校や職業科などでは募集定員を満たすことができず統廃合が検討されたりしている一方で、定時制や通信制課程の生徒数は近年増加傾向を示している。定時制課程への進学者は１９９７年度に過去最低の10万

1000人となったが、その後増加に転じ、2010年度には11万6000人となっている。また、通信制課程については2002年度の128校（独立校35校、併置校93校）から2010年度には209校（独立校88校、併置校121校）と大幅に増加している。生徒数にはそれほど著明な変動はないが、通信制課程への進学者は中学卒業者の高校進学率の0・7％を占めており、就職率（0・4％）よりも多く、重要な進路の1つに位置づけられてきている。

定時制や通信制に進学する生徒数の増加は、これらの課程が本来想定していた「働きながら学ぶ」ニーズの増大を意味しているわけではない。中卒者の就職率の低さは、今日の日本社会においては労働市場における中卒者のニーズの低さを示しており、たとえ希望したとしても定職に就くことはもはや難しいのが現状である。定時制・通信制高校に進学しているのは、何らかの理由で中学校に登校できなかったり、学力が低いために全日制課程の高校に進学することができなかったりした生徒たちであり、現在の高校受験制度のなかでメインストリームに乗ることができなかった生徒たちの高校教育のニーズを受け止めているのが定時制・通信制であることは、もはや教育関係者や子どもの支援に関わる者には衆知のことである。

子どもの人口が減少し、全般的な学校教育の規模は縮小し続けているが、義務教育終了後の後期中等教育の世界は従来からのメインストリームの教育、つまり全日制課程の高校教育こそは縮小過程にあるものの、高校生の年代に相当する子どもたちの教育ニーズは必ずしも一様に減少しているのではなく、むしろ年々増加しているものもあるのである。もちろん、難関大学への入学をめざす進学校へのニーズは依然として高く、近年では全国各地に中高一貫教育の中等教育学校の設置が進んでいる。その一方で、通常の全日制課程では適応が困難な生徒に対しては、単位制の学校や朝、昼、夕の時間帯に授業を行う三部制定時制、さまざまな授業方法を取り入れた通信制課程や通信制課程と連携したサポート校など、一人ひとりの多様なニーズを受け止めながら高校教育はますます多様化しつつ、その社会的役割を拡大しつつあるというのが、今日のわが国の教育事情であろう。

第2節　高校選抜制度がもたらした中学教育の混乱

学校教育は、初等教育、中等教育、高等教育に分類されており、わが国では初等教育である小学校と中等教育の前期である中学校での教育が義務教育として行われ、後期中等教育である高校は、中学の課程を修了した生徒がさらに高度な普通教育や専門教育を受ける学校と位置づけられている。したがって、教育制度上、高校は義務教育にさらに付加することができる教育のオプションということになる。

わが国にはもともとより高い教育を求めるニーズはあったものの、戦前の社会では後期中等教育を受けることはたやすいことではなかったことは、戦後の新制高校の設立にあたって掲げられた、総合制・小学区制・男女共学という原則からもうかがい知ることができる。高校教育を希望する者はすべて地元の高校に入ることができる新しい教育制度は、それまでの教育制度への強烈なアンチテーゼであったと思われる。

１９４８年に新制高校が発足した時は、希望者全員が入学できることを理想としており、定員超過の場合も選抜のための検査は行わず、中学校からの報告書に基づいて選抜することを明記した局長通達が出された。しかし、１９５１年には例外的ながら高校が選抜のために学力検査を行うことが認められ、１９５４年の局長通知と１９５６年の学校教育法施行規則の改正によって、学力検査によって入学者を選抜する制度が確立し、その伝統は今日まで変わることなく続いている（橋場、２００８）。

終戦直後の混乱期においては高校の整備もなかなか進まなかったものと推測されるので、入学希望者の増加に学校新設が間に合わなかったためやむを得ず試験による選抜を行ったとしても不思議ではない。しかし、高校進学希望者（志願者数）と入学者数とが均衡状態となっている今日においても高校入試が続いている事実からは、選抜制度は限られた定員枠を競うためのものではなく、名門校を筆頭とする高校の序列化に寄与する以外の何者でもないことは明らかである。新制高校が始まってすぐに選抜制度が容認されるようになったのは、戦前の旧制中学で既に存在していた学校の序列への執着であり、「学歴」としての高校の意義が大きかったものと推測される。

高校進学率が１９４８年度の42・５％から２０１０年度の98・０％まで高まっていく過程は、わが国の高校教育の試行錯誤の歴史であったともいえる。しかし、高校教育の目的や理念がどうであれ、新制高校の60余年におよぶ歴史のなかで一貫していることは、大学進学実績に基づく高校の序列化であり、入学試験制度とそれに関連する教育産業の成熟に伴って学力偏差値という数値によってその序列がさらに明確化していったことであった。それは中学生の学校生活にも甚大な影響を及ぼすことになった。

高校進学率が90％を超えてくると、もはや高校に進学することは「選択」とか「希望」という問題ではなく「当たり前」とか「当然」ということになり、個人の意志だけで判断する問題ではなくなってしまう。かつては親に「高校に行かせてほしい」と子どもが懇願した形から、いつしか親が子どもに「頼むから高校だけは行ってくれ」と頼む時代になった。中学校に入って定期試験や学力試験によって成績が数値化されて示されるようになると、さっそく子どもたちは高校受験の偏差値レースのなかに投げ込まれることになる。勉強しようとしない生徒には、教師から「そんなことでは高校に行けないぞ」とか、「おまえなんかが入れる高校はないぞ」と叱られ、調査書の脅威が毎日の学校生活を支配し、否が応でも高校進学へのプレッシャーが常にかかった中学生活を送り、それは3年生に進級する頃には相当な重みをもつものとなって15歳の子どもたちにのしかかってくる。

中学生の不登校が教育だけでなく児童精神医学の世界でも大きなテーマになった昭和50年代は高校進学率が90％台に突入した時期と一致することは興味深い（図序－4）。非行による怠学とは異なるタイプの学校に行かない子どもたちの存在は、１９４０年代に米国の児童精神医学で

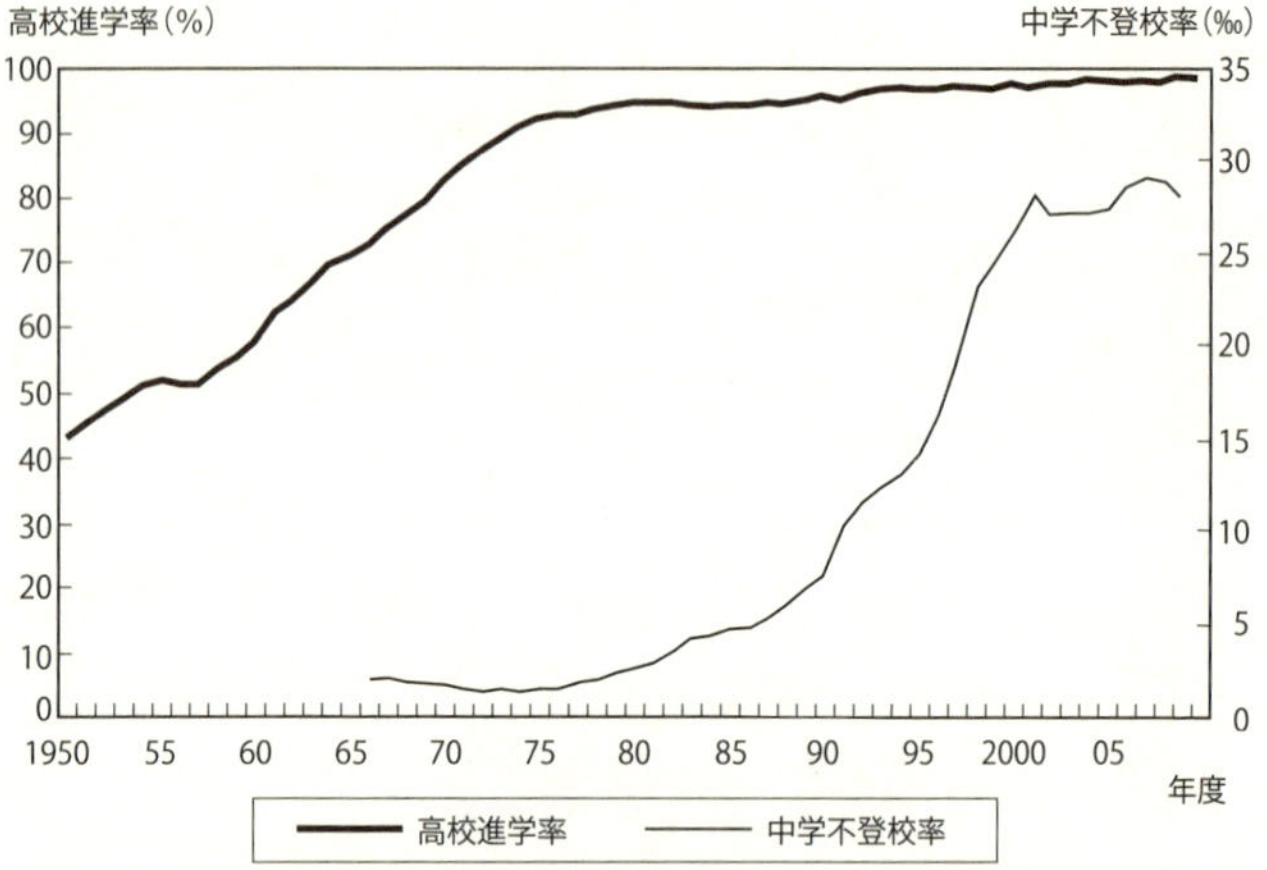

（「学校基本調査」「児童生徒の問題行動等生徒指導上の諸問題に関する調査」より）

図　序－４　高校進学率と中学不登校率の推移

話題となり、わが国でも１９６０年に日本児童精神医学会の発足とともに「登校拒否」に関する議論が始まっている（齋藤、２００９）。文部省（当時）も１９６６年から長期欠席児童生徒の調査のなかで、「学校ぎらい」による欠席者数を公表するようになり、その数は１９７０年代後半から年々増加の一途をたどり、学校に行かない子どもたちの問題は大きな社会問題に発展した。もともとは年間50日以上の欠席とされていた長期欠席児童生徒の定義が１９９１年度からは年間30日以上に変更されたものの、ピーク時の２００１年度には不登校児童生徒数は小学校で2万６５１１人、中学校で11万２２１１人に達した（全児童生徒数に対する割合はそれぞれ0・36％と2・81％）。２００２年度以降は不登校児童生徒数は漸減しているが、中学校の不登校率は再度上昇し、

２００７年度の２・91％が過去最高となっている（図序－４）。

　もちろん義務教育においてはすべての子どもが実質的に就学していることが求められるので、不登校問題は単に数が多いとか少ないというレベルの問題ではないが、不登校以外の欠席者も含めた長期欠席者率として見た場合でも、小学校の０・84％、中学校の３・84％（２００７年度）という数字は教育制度が整備されている先進諸国と比較しても非常に低い数字といえる（Chiland & Young, 1990）。また、長期欠席率を逆の視点、つまり出席率の視点から見てみると、約99％の小学生と約96％の中学生は年間30日未満の欠席しかしないで学校に行っていることになる。実際、保坂（２００９）の調査によれば、年間無欠席の子どもたちは小学１年生から中学３年生にかけて17・６％から44・５％に増加し、学年が上がるとともに欠席日数が減っていくことが認められ、ほとんどの児童生徒が安定して登校できていることを示している。

　国際的にはわが国の義務教育制度は、登校率の観点からきわめて優秀なレベルにあるといえるが、それでも不登校が教育の問題としてだけでなく大きな社会問題としても注目を集め続けてきた背景には、高校進学のプレッシャーの存在が非常に大きいと思われる。偏差値によって序列化された高校のどこに進学するかは、子どもの人生を左右する一大事であり、親にとってもきわめて関心の高い問題である。そのような教育風土のなかにあって、学校に行かなくなってしまうことは高校進学を危うくする事態であり、親は危機感を募らせ、そのことが家庭において親子関係の緊張を高め、子どもはさらに追い詰められることで不登校が長期化するという悪循環を生み出してしまう。

不登校問題が大きな社会問題となったことの結果として、教育相談や学校精神保健が発展し、子どものニーズに合わせて多様な教育が行われるようになったことはわが国の教育の大きな前進といえるが、依然として高校入学選抜制度が堅持され高校進学が保障されていない現状は、中学教育にも大きな影響を与えていく要因であり続けることであろう。

第3節　事実上の全入時代における高校教育のパラダイムシフト

高校に進学を希望する生徒数に対して、基本的にはほとんどの生徒が入学できるようになった今日は、事実上の高校全入時代といってもよいであろう。さらに、2010年度から高校無償化の施策が開始されたことで、高校教育は限りなく義務教育に近づいたともいえる。事実上の高校全入と義務教育化によって高校教育は従来とは大きく変わる必要性が出てくることになる。そのもっとも基本的なことは、希望する者のうち選抜試験によって適格性が認められた者だけが入学するという枠組みから、学力のレベルにかかわらず個々のニーズに応じた高校教育を提供するという枠組みへの転換である。さらに踏み込んで言えば、中学の課程を修了した生徒にさらに高度な普通教育や専門教育を行う高校教育から、中学までの基礎教育の修得状況に応じて成人として社会参加するために必要な準備を行う場へのパラダイムシフトが求められるのである。

中学卒業者の98％が高校教育を受けるようになった今日において、高校入学の条件として一定の学力を要求することはナンセンスである。制度上は義務教育ではないので、強制的に入学させることはできないとしても、少なくとも「入学を希望する」ことが高校入学の最低限の条件といえるであろう。実際、偏差値による序列化のなかで下位に位置づけられる高校（いわゆる底辺校）には中学の学力どころか小学校レベルの学習にさえ躓きのある生徒が入学してくることは決して珍しくない。このような生徒が、中学の過程を修了したことを前提とした「高校教育」を受けることはほとんど不可能である。

高校入学者が増えれば増えるほど、高校生の学力レベルの幅は大きくなり、その結果、高校卒業者の学力レベルにも大きな差が生じることになるのは必然である。義務教育ではない高校教育では、中学校よりも厳密な授業への出席と学力検査の成績によって進級や卒業の判定が行われるが、その基準は各高校によってさまざまであり、高校の卒業証書が一定の学力レベルを保障するものとは限らないのが現状である。にもかかわらず、高校を卒業することは今日の社会においてはきわめて重要な「資格」として機能しており、「高校卒業資格」のない者は就職において非常に不利な立場に置かれることはもはや常識であり、それは中学生たちですら十分に認識していることでもある。それでも社会が「高校卒業資格」に執着するのは、社会人として高校レベルの学力を要求しているのではなく、「ちゃんと高校に3年間行った」ということが社会人としての最低基準として存在していることを反映しているのである。この点においても、今日の高校教育の意味は既に大きく変容している。

「底辺校」や定時制・通信制の高校に入学してくる生徒たちは、さまざまな理由のために中学教育のメインストリームに残ることができなかった生徒たちであり、単に高校教育を受けることだけでなく、さまざまな心理社会的な支援のニーズも非常に高い生徒たちである（青砥、２００９）。もっとも典型的な理由は不登校や非行などのために、学校生活と学習に適応できなかったことであるが、それぞれの不登校や非行の背景にはさらに複雑な事情、たとえば、反復的な虐待やいじめ被害などのトラウマ体験や、学習障害、広汎性発達障害などの発達の偏りに伴う学習困難や対人関係の困難などが存在しており、その背景要因の違いによってそれぞれの生徒のニーズは多様である。

わが国の中学校の通常学級では、学級集団に対して一律に授業が行われ、習得度や出席が実質的にチェックされることなく卒業することができる。もちろん、校長には原級留置や卒業を認めない権限はあるが、その制度が適用されることは実際にはほとんどない。学力の低さが発達障害によるものと認められれば特別支援教育の適用が検討され、不登校であればフリースクールへの参加を出席と認定したり家庭訪問を行ったりするなどの教育的配慮が行われたりするが、非行などの行動化を示す生徒に対しては「生徒指導」によって行動を修正させようとする対応が主で、情緒障害としての治療的アプローチはあまり一般的ではない。

従来の高校教育のシステムでは、中学教育ですでに不登校や非行のためにメインストリームの教育に残れなかった生徒たちは、入学選抜試験で排除されて高校に入学することが難しかったので、これらの生徒への対応はそれほど重大な問題ではなかった。また、入学してきたとしても、出席できない生徒は進級することができずに退学したり、非行行動を示す生徒は何度かの懲戒処分の末に最終的には退学となったりすることで、実質的には高校教育の場に残らないので、これらの生徒たちに十分な対応をする機会は限られていたかもしれない。しかし、ほぼ全入時代となった今日では、これまでの高校教育の現場では扱ってこなかった多様なニーズを抱えた生徒たちも高校教育に入ってくるようになり、そのような高校教育の現実のなかで複雑なニーズをもつ生徒たちを多く受け入れているのが底辺校であり定時制・通信制の高校である。そして、これらの高校の現場ではすでに高校教育のパラダイムシフトは起こっているのである。

第4節　高校教育の現場の取り組み

教育制度は常に変化し続けるものであるが、わが国の高校教育制度についてもさまざまな「改革」の連続であった。新制高校がスタートした時の三原則は、アメリカの高校教育を参考に新たな民主主義の時代に求められる高校教育をめざしたものであったが、やがて戦前からのわが国の教育観や地域や保護者の要望、国や産業界からの要望を踏まえて、わが国独自の高校教育制度へと変革していった。しかし、その変革の過程のなかで、大学入試での実績で学校が評価され、キャリア教育に重点を置いた職業科や総合科は相対的に低く評価されることで、結果的にはもっとも優秀な進学校をトップとする階層構造ができあがり、生徒たちは中学校の進路指導で学力によって進学先が振り分けられるシステムができあがった（本田、２００９）。

この高校の階層構造は必然的に受験生に勝者と敗者を作り出し、市場原理が働くことで階層の下位に位置する高校への志願者は減り、成績の低い生徒が入学することでさらに評価が下がって入学希望者が減り、やがて常習的な定員割れとなり、さらに少子化の進行のなかで統廃合の対象にもなるという負のスパイラルに陥っていった。各地の教育委員会はさまざまなモデルスクールを試みながら、これらの「底辺校」の存在意義を模索しながら、高校教育のまさに「底辺」を維持する努力を続けてきた。これは教育委員会が教育の「市場」を縮小させないようにできる限り多くの高校を「生き残らせる」ための努力だったかもしれないが、その努力から新たな高校教育のパラダイムに向けた実践が生まれてきたのも事実である。

「底辺校」あるいは「教育困難校」、さらには常習的に定員を満たすことができない定時制高校などでの教育実践は、まさに現場の教員が多様なニーズを抱えた生徒たちと直面するなかでのチャレンジであり、そこで蓄積された経験はやがてさまざまな困難を抱えた生徒たちを「育てる」ノウハウへと発展していったのである。中学校とは違って特別支援教育の伝統がない普通高校では発達障害のある生徒への対応に戸惑いながらも、学校全体で取り組んでいることも少なくない。そして、中学校にほとんど登校できなかった生徒が、自宅から1時間半もかかる高校に入学し、たとえ職員室での教師との一対一の関係しかもてなかったとしても、高校生活を続けて卒業していくこともある。

最近では高校にもスクールカウンセラーが配置され、養護教諭とともに生徒の精神保健の問題に取り組むことが普及してきたが、定時制・通信制の高校では心理や精神保健の専門職が関わる以前から、さまざまな困難を抱えて入学してきた生徒を支えてきた実績がある。中学校までの年代の子どもたちに対しては、主に不登校児を対象とした教育相談や発達相談が用意されており、また、児童相談所には非行や虐待に関連する家庭の問題を中心に援助するしくみがあるが、高校生の年代になると児童精神科医療や児童福祉が十分にカバーしておらず、かといって一般の精神科医療でも十分に受け止められず、子どもと大人の移行期という狭間で専門的な支援が受けにくい現状がある。そんななかでも、高校の現場は多様なニーズを抱えた生徒たちの最後のセーフティーネットとして、教員としてやれることを精一杯することで貢献してきた歴史がある。そこには子どもを育てる大きな力としての「教育の力」が存在している。

もちろん、すべての生徒が順調に卒業して社会に適応していくとは限らないが、メインストリームの教育システムでは受けられなかった高校教育を提供し、社会に出ていく基盤を少しでも高める支援を行っている。進学校のように大学進学の実績で高校の実績を示すことはできないが、たとえば、定時制高校の退学率が近年著しく改善していることは、教育現場の教員たちの努力を表す数字と考えてもよいだろう。定時制高校は1年生の退学率が約21・6%あり、初期の適応に

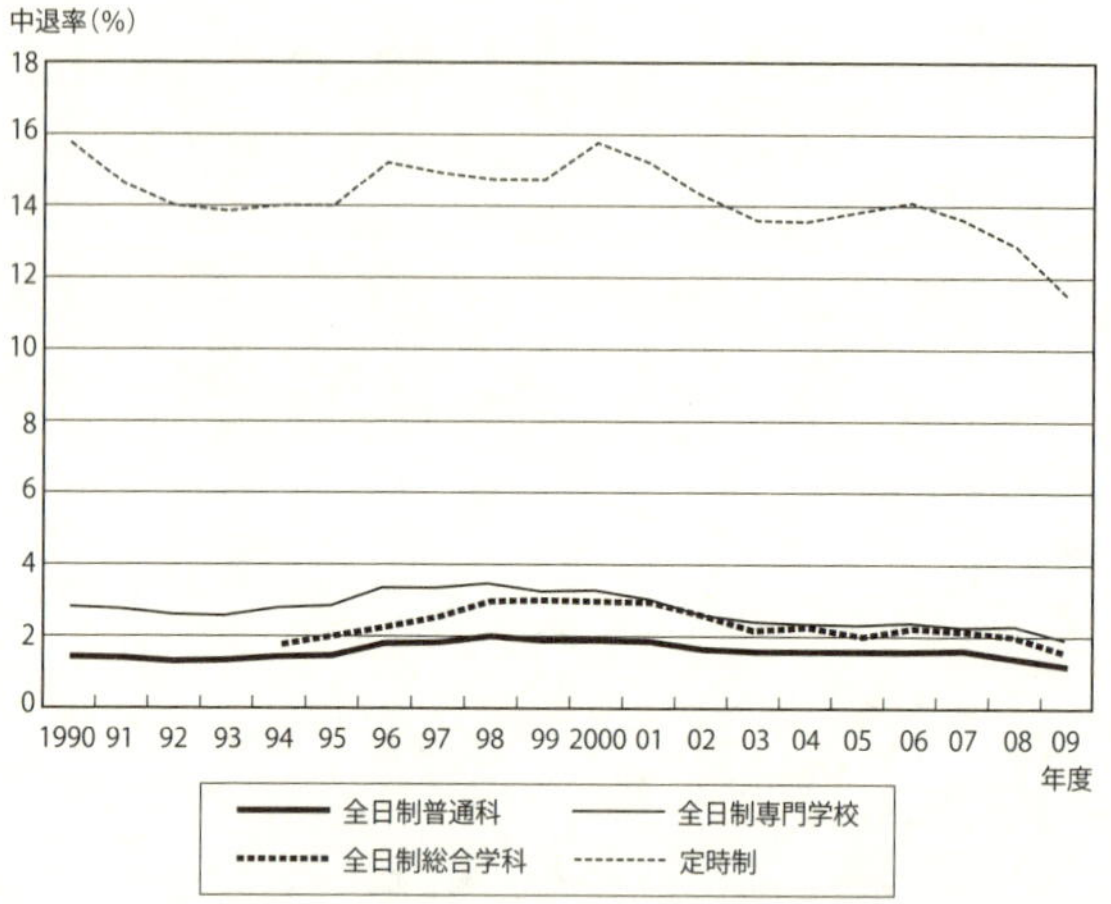

（「児童生徒の問題行動等生徒指導上の諸問題に関する調査」より）

図　序－5　高校中退率の推移

壁があるが、２年目以降は中退者は減り、全体としての中退率は11・4％（２０１０年度）となっている。これは全日制普通科の１・１％と比べれば約10倍の高さであるが、２０００年度の15・８％と比べれば大きく改善している（図序－５）。定時制・通信制は全日制高校で不登校になったり、その他の理由で退学したりした生徒が編入することも増えているので、そのなかで退学率が低下している意味は大きい。

「底辺校」や定時制・通信制での教育努力によって全入時代の高校教育は支えられているが、現場の教員の取り組みは必ずしも「教育」という視点だけでは把握しきれない部分もあり、社会から理解されにくいだけでなく、現場で教育をしている教員自身も自らの教育実践の意義を見失っていることもある。そこにはやはり高校教育に対する伝統的な固定観念が影響しているのかもしれない。個々の生徒の教育ニーズに応じた教育は、時として一般的にイメージされる高校の授業とは程遠いこともある。数学の授業で電卓を使った計算を指導したり、英語の授業でアルファベットを覚えさせることは、本来高校教育が想定している教育内容とはかけ離れており、高校の教員免許をもっている教員には「未知の体験」かもしれない。そんな教育実践のなかで自らの教員としてのアイデンティティに疑問が浮かぶことも少なくないだろう。これは熱心な教師にはバーンアウトのリスク要因にもなりかねない問題である。

教育の現場で熱心に生徒に向き合って高校教育を続けている教員は、地域で子どもを育て自立させていくための有能な人材である。そして、全入時代の高校教育を支えていくためには不可欠な人材である。高校全入時代に起こっている高校教育のパラダイムシフトを明確に示し、そのなかで多様なニーズを抱えた生徒に対する高校教育の意義と役割を明確にすることは、高校教員の専門性を再定義し、教員として適切に評価される枠組みを作ることにつながり、その結果、これまでの現場の取り組みを生かして今後さらに発展させていくキーポイントになるに違いない。

第5節　高校生の心理発達と精神保健

高校教育は思春期の発達課題と密接な関連があり、心理的な危機にともなうさまざまな精神保健上の問題への対応も求められる。一般に高校教育を受ける15～18歳は思春期中期（Blos, 1962）

に相当し、親との対立、異性関係、依存と自立の葛藤など、思春期のもっとも典型的な葛藤の真っただなかであり、子どもから大人へと移行していくうえできわめて重要な意味をもっている時期である（思春期の発達課題については本書の第1部で詳しく解説する）。思春期の心理的危機に関連するリスクから子どもたちを守ることは、親だけでなく学校や社会にとっても重大な関心事ではあるが、その解決は決して容易なことではなく、思春期の子どもへの対応は思春期が「発見」された19世紀以来ずっと大人たちの悩みの種であり続けている。

　高校教育はこの難しい思春期の生徒たちを対象とする活動であることから、思春期問題と無縁ではいられない。従来の高校教育のパラダイムでは、生徒の逸脱行動に対して学校は厳格な校則で管理し、校則違反に対しては停学や退学といった懲戒処分を行うことが一般的であったが、この対応は生徒の心理的危機に向き合うというよりも、高校教育の秩序を守ることを優先し、発達段階に不釣り合いな社会的責任を教え込もうとする教育的指導の意味合いが強いものであった。高校生活を続けたいのなら、学校の指示に従うのは当たり前のことであり、それでも逸脱行動を抑制できなかった生徒たちは、高校を中退していったのであった。そして、高校生でなくなれば一社会人とみなされ、思春期の心理的危機に対するケアを受ける機会は失われてしまうことが多かった。発達的ニーズが十分にケアされずに成人期に入ることはその後の精神的健康へのリスクが高まる要因となるので（第2部参照）、精神保健の観点からも高校教育を再検討する必要性は非常に高い。

乳幼児期から成人になるまでの発達過程のなかには、その後の人生の精神的健康に大きな影響を及ぼすようなリスク因子がある。たとえば、乳幼児期の虐待やネグレクトは子どもの身体だけでなく精神的発達にも悪影響を及ぼすが、それはさらに小児期の学習や学校適応、思春期の攻撃性や反社会的行動などのリスクを高め、成人期においてもさまざまな精神障害を発症する因子として影響することが知られている（小野、２００８）。このようなリスク因子とそれに拮抗する保護因子の心理的発達や精神的健康に及ぼす影響は、１９５０年代に源流をもつ発達精神病理学の分野で盛んに研究されており、精神障害の理解や予防に活用され始めている（発達精神病理学については本書の第2部でさらに詳しく解説する）。

発達精神病理学の視点から、思春期は成人期以降の精神保健に非常に重要な時期である。思春期になるとそれまで顕在化することが少なかった心理的な問題が、具体的な行動として現れやすくなる。それらの行動は大人たちからは「問題行動」と認識されるもので、不登校、ひきこもり、過度の恥ずかしがりなどの内向的な問題と、攻撃性、反社会的行動などの外向的な問題とに大別される。問題行動は大人たちを困らせる「厄介物」であり（カナー、１９７４）、子どもにとってもさまざまな被害や不利益をこうむるリスクがあるので、介入が必要となる。問題行動が激しければ激しいほど、その影響が大きければ大きいほど、介入の必要性は高くなる。この介入の必要性が高くなるような状態は、まさに子どもが支援のニーズを示しているシグナルである。目に見える支援を求めるシグナルがもっとも出やすくなるのが思春期であり、大人になる前の段階でそれまでのケアされずに積み残されてきた課題に向き合う最後のチャンスでもある。

実際に高校教育の現場では高校生の精神保健は重大な関心事になってきている。従来のパラダイムでは高校は義務教育ではなく本人の意志で教育を受けるのが前提であり、登校しなかった結果として単位が取得できず辞めていくのも本人次第という枠組みには、中学校のような不登校支援の概念は存在しなかった。しかし、文部科学省は２００５年度の「生徒指導上の諸問題に関する調査」のなかで高校生の長期欠席者数を報告するようになり、そのうちの約6割程度が小中学生における不登校の定義をそのまま適用した「不登校」と分類されている。高校生の不登校生徒も近年やや減少傾向にあるものの、２０１０年度における不登校生徒数は約5万３０００人（高校在籍者の約1・66％）と報告されている。このことは、高校教育の現場においても、中学校と同様な学校精神保健の問題が大きくなり、そしてその問題への取り組みがすでに始まっていることを示唆している。

もともと思春期は多様な精神症状が顕在化することが多く、精神保健の観点からもきわめて重要な時期として知られている。16～17歳になると統合失調症や双極性障害（従来の躁うつ病）が発症することがあり、一般的な精神障害がみられるのに加え、思春期独特の精神病理もあり、専門的な精神保健支援のニーズが高い時期である。思春期に特徴的な精神病理としては、対人恐怖を基盤にした自己臭妄想や自己醜形恐怖が有名であるが、それ以外にも摂食障害や意図的自傷（いわゆるリストカット）もしばしばみられ、これらの生徒への対応は学校にとって大きな課題になっている。また、薬物乱用や自殺行動も高校生で深刻な問題になっている。

　思春期には精神保健支援のニーズが高いことは最近に始まったことではないが、やはり高校では義務教育である小中学校とくらべて学校保健が十分に整備されてこず、精神保健への対応が弱かったことは否めない。義務教育における学校保健は、すべての子どもが就学する場を活用した子どもの公衆衛生活動としての役割ももち、戦後の子どもたちの栄養指導や伝染病の予防に大きな成果を上げてきた歴史がある。それに対して義務教育ではない高校は地域の保健を担うものではなく、学校教育法においても小中学校では必須の職員である養護教諭は、高校では「置くことができる」という位置づけになっている。

　しかし、ほぼすべての子どもたちが高校に進学する今日では、かつて小中学校が子どもたちの保健活動の場として機能したように、思春期の子どもたちの心身の健康を守る場としての意味が非常に大きくなってくる。精神保健上の問題が非常に多いにもかかわらず、地域において十分な支援やケアにアクセスできないことも少なくない現状では、高校で精神保健活動が展開できれば、高校教育の効果が高まるだけでなく、より適応的な成人期を迎えるために必要な支援も提供できる可能性が高い。新たな高校教育のパラダイムには、学校における発達支援や精神保健活動は欠かすことができない要素として加えられる必要がある。

第6節　移行支援としての高校教育

戦後一貫して高校教育のニーズが増大し、さまざまな紆余曲折を経ながらも今日では中学教育を修了した子どもたちのほとんどが高校教育を受けるようになり、さらには高校授業料の無償化により義務教育に近い教育に到達したことは、わが国の近代教育制度の大きな進歩といえる。その一方で、非常に高い高校進学率と入学者選抜制度は、中学教育にも多大な影響を及ぼし不登校が教育の問題のみならず大きな社会問題に発展したものの、先進諸外国と比べて長期欠席者数はむしろ少なく、7割以上の生徒が年間数日以内の欠席で登校し続けている事実は、これもわが国の教育制度の特筆すべき成果である。

このように非常に優れた中等教育制度にもかかわらず、思春期中期の子どもたちのニーズはすべて満たされているわけではない。もともと子どもから大人への移行期は身体的にも心理的にも急激な変化にさらされる時期であり、新たな適応スキルを獲得しながらも一人の大人としての自分を見つけ出さなければならない時期でもある。そこには単なるアカデミックな知識に対するニーズだけでなく、社会に出るために必要なあらゆる知識とスキルに対するニーズが存在している。さらには、中学までの学校教育において不適応を示した子どもたちや、そもそも学校教育以前の問題として、不適切な養育や逆境的な生活体験のために著しい情緒的な問題をもつ子どもた

表　序－1　学校教育法における高校の目的

第50条　高等学校は、中学校における教育の基礎の上に、心身の発達及び進路に応じて、高度な普通教育及び専門教育を施すことを目的とする。

第51条　高等学校における教育は、前条に規定する目的を実現するため、次に掲げる目標を達成するよう行われるものとする。

1. 義務教育として行われる普通教育の成果を更に発展拡充させて、豊かな人間性、創造性及び健やかな身体を養い、国家及び社会の形成者として必要な資質を養うこと。
2. 社会において果たさなければならない使命の自覚に基づき、個性に応じて将来の進路を決定させ、一般的な教養を高め、専門的な知識、技術及び技能を習得させること。
3. 個性の確立に努めるとともに、社会について、広く深い理解と健全な批判力を養い、社会の発展に寄与する態度を養うこと。

ちの複雑で多様なニーズも、高校教育の現場で対応が求められることが増えてきている。

　狭義の高校教育においては、学校教育とは直接的関係のないニーズにまで対応する必要はないかもしれないが、「人を育てる」ということが教育の本質であり、学校教育法が定めるように高校は「心身の発達及び進路に応じて（第50条）」「豊かな人間性、創造性及び健やかな身体を養い、国家及び社会の形成者として必要な資質を養うこと（第51条の1）」を目的とするのであるとすれば（表序－1）、個々の生徒のニーズに応じて社会適応ができる基盤を養成することは高校教育の責任であろう。そして、ほぼすべての子どもたちが思春期中期の発達段階を高校教育という「経路」を通って成人期へと進んでいくとすれば、高校教育が個々の生徒が子どもから大人になる移行期の支援を担当することは、社会全体の子育てシステムの観点からも至極合理的なことである。そんな視点から生まれる高校教育の新たなパラダイムこそが「移行支援としての高校教育」なのである。

しかし、「移行支援としての高校教育」は決して新たな概念でも何でもない。それは本書の第3部でも紹介しているような多様なニーズを抱えた生徒が多く入学している高校ではすでに取り組まれ形ができ上がりつつあるものなのである。しかし、従来からの高校教育に対するステレオタイプ、つまり、「高校教育は中学教育の上に付加される高度な教育」という観念が、依然として親だけでなく教員たちにも根強く残っているわが国の社会においては、「移行支援としての高校教育」は適切に認知されていないどころか、むしろ高校教育としては否定されることさえあるのが現状である。いわゆる底辺校や教育困難校、定時制・通信制の教育現場で取り組まれている教育実践を心理学や精神保健の視点を踏まえて再検討し、そこから有効な移行支援の理論と実践を導き出そうというのが本書のねらいである。

高校進学率が90%を超えるようになって早くも30年以上が経過しているが、ほとんどすべての中学生が高校に進学することを前提とした高校教育制度は確立しているとはいえない。しかし、ほぼ同じ時期に児童精神医学や臨床心理学の領域では不登校や発達障害の子どもたちの支援を模索することで、子どもの心理的発達や精神保健についての理解を深め、具体的な実践を通してさまざまな困難を抱える子どもたちを育てる努力を積み重ねてきた。これらの経験をこれまでの学校教育の経験と統合していけば、われわれが今後めざしていくべき高校教育の姿は見えてくるものと期待している。その中核的概念としてわれわれは発達心理学や精神医学を含めた学際的な議論から「移行支援としての高校教育」の概念を明らかにすることができればと思っている。

【引用文献】

・青砥　恭　ドキュメント高校中退―いま、貧困がうまれる場所　筑摩書房　２００９
・Bloss P. On adolescence, a psychoanalytic interpretation. Free Press of Glencoe　1962
・Chiland C., Young J.G.（Eds）. Why children refuse school. View from seven countries. Yale University Press　1990
・橋場　論　高校入試制度の現状と課題―その理念の転換を通して　清水一彦（監修）講座　日本の高校教育　学事出版　pp.28－33　２００８
・本田由紀　教育の職業的意義―若者、学校、社会をつなぐ　筑摩書房　２００８
・保坂　亨　〝学校を休む〟児童生徒の欠席と職員の休職　学事出版　２００９
・カナーL.・黒丸正四郎・牧田清志（訳）　カナー児童精神医学　医学書院　１９７４
・小野善郎　子ども虐待の発達的影響　齋藤万比古・本間博彰・小野善郎（編）　子ども虐待と関連する精神障害　中山書店　pp.37－58　２００８
・齋藤万比古　不登校　児童青年精神医学とその近接領域50（50周年記念特集号）　pp.１４５－１５５　２００９

第1部

発達論からみた高校生

保坂　亨

第1章 移行支援と子どもの発達

第1節 「子ども」と「大人」：その狭間にいる高校生

本書のキーワードである「移行支援」を発達という視点から考えてみよう。この移行を考えるにあたって一番ベースになるのが「子ども」から「大人」への移行であろう。現代日本社会においては、この「子ども」から「大人」への移行が、長期化し、かつ多様化している。それゆえ「移行支援」が必要であるというのが本書の出発点に他ならない。そして、序章で概観された高校への全入と高校教育の多様化は、この「子ども」から「大人」への移行が長期化し、多様化したことの表れと言える。

　この出発点に立つと、発達とは「子ども」から「大人」への連続的な過程としてとらえられることになり、ある時点から明確に線が引かれて「大人」になるという考え方にはならない。当然、高校卒業の時点から、また20歳の成人式をもって「大人」になるわけではない。しかしながら、「子ども」から「大人」への移行支援を考えるにあたって、この「大人」とはどういう状態を指すのかという問題から出発せざるを得ない。この問いに対して批評家の小浜（２００４）は、「子どもにはない能力を獲得した存在としての大人」という観点から以下のような整理をしている。

大人

A生理的大人①年齢を経て身体が大きくなり運動能力が強くなっている。
　　　　　　②生殖能力がある。
B社会的大人③親から経済的に自立している。
　　　　　　④仕事や家庭で責任を果たせる。
C心理的大人⑤落ち着いていて、小さなことで騒がない。
　　　　　　⑥場面に応じて使い分けられる。
　　　　　　⑦いろいろな知恵、知識があってそれを伝えられる。

この整理は、人間が生物であると同時に、社会的、心理的存在でもあることを前提としているため、「子ども」から「大人」になるプロセスはそれぞれの面で進行する複線的なものになる。したがって、それぞれのプロセスが同時に進行するとは限らない、つまりはアンバランスが生じやすいことをも意味する。そして、このことが多様化、さらには複雑化の要因にもなっている。

これを本書が注目する高校生にあてはめて考えてみよう。言うまでもなく、大多数を占める平均的な高校生の入学時年齢は15歳であり、卒業時は18歳である。１９８９年に国際連合で採択された『子どもの権利条約』第1条（子どもの定義）には、「児童（child）とは、18歳未満のすべての者をいう」とあるので、国際的には18歳以上が成年（＝大人）ということになる。実際、世界の成人年齢を見渡すと、データのある１８１カ国中１５９の国は15～18歳（満年齢）であり、そのうち18歳とする国が１５１カ国を占める。現在の日本と同じ20歳とする国は台湾、モロッコ、カメルーンなど7カ国にすぎず、きわめて少数派であることがわかる。また、アメリカやカナダなど州によって違っていて、国として統一されていないところもある（読売新聞２００８年3月1日付け記事「基礎からわかる『成人年齢』」）。このうちイギリスでは１９６９年、ドイツでは１９７０年に、20歳から18歳へと選挙年齢の引き下げが行われた。両国とも18歳の徴兵年齢があり、義務と権利の整合性から議論された結果である（ギリス、１９８１）。

この18歳時点で多くのものが、身体が大きくなり運動能力も強くなっていて、すでに生殖能力がある「生理的大人」に達している。これと対応するものが、女子は16歳以上、男子は18歳以上で結婚できるという民法上の規定（民法７３１条）であろう。加えて、民法では「未成年者が婚姻したときは、これによって成年に達したものとみなす」（７５３条）となっている。したがって、法律上では結婚した女子は16歳から、あるいは結婚した男子は18歳から成年（大人）であり、「社会的大人」として認められることになる。

一方、15歳の時点で、すでに親から経済的に自立し、仕事や家庭で責任を果たせる「社会的大人」にはなることは難しいが、中学卒業直後から働くものはごく少数ながら存在する。労働基準法によって15歳未満の子どもの労働は原則禁止とされているが、より正確には15歳に達した後の3月31日まで、つまり義務教育期間中の者を使用することが禁止されている。序章でもふれたように現在の高校進学率は98％を越えていて、残りの非進学者１・６％のなかでも就職するものはその１／４（０・４％）にすぎない（実際、２０１０年3月データの実数では約５０００人である）。

しかし、少数とはいえ、18歳まで含めれば働いて親から経済的に自立しているものも、先に述べたように結婚して家庭をもち、法律上は「成人（大人）」として認められるものもいる。実際、この年代で親となる＝自分の子どもをもつものも現れる。仕事、あるいは家庭（またはその両方とも）をもち、「生理的大人」であると同時に「社会的大人」でもあるという高校生年齢（15～18歳）のものがいるのである。

この年齢による線引きを脳死での臓器提供という問題からも考えてみたい。１９９７年に成立した臓器移植法は、意思表示カードなど書面で自らの臓器を提供する意思を示していることが条件とされた。このとき法的に有効な意思表示ができるのは、民法で15歳以上とされているため、15歳未満の子どもの臓器提供は禁止された。その後２０１０年7月に至って改正され、15歳未満の子どもを含めて生前に拒否していなければ家族の承諾で可能になった（注1）。しかし、虐待を受けた18歳未満からの臓器提供は認められていない。

つまり、改正前の15歳以上という線引きは、身体面という点で「生理的大人」、また意思表示という点では「心理的大人」からの判断と考えられる。ここでは15歳未満が「子ども」とされたのである。この線引きに「生理的大人」と「心理的な大人」のアンバランスは想定されていない。また、改正後はこの線引きがなくなるが、虐待を受けた18歳未満は「子ども」としての扱いがなされている。児童福祉法は18歳未満を対象としていることと対応していると考えられる。ここに15〜18歳という高校生年齢が「子ども」と「大人」の狭間にあって、その扱いがいかにあいまいかということが象徴的に表れている。

しかし、そもそもこの年齢のものが、自らの脳死と臓器提供といった難しい問題に対して「心理的大人」として立ち向かうことが可能なのだろうか。たとえば、その難しさは、この法案の審議過程に端的に表れたと言える。１９９７年に議員立法として衆議院で可決した当初の法律案は、参議院で修正のうえ可決されたため、衆議院が修正回付案に同意して成立する運びとなった。このように衆議院で無修正可決された法案が、参議院で大幅修正のうえ再度衆議院での同意によって成立するのはきわめて異例の展開といえる。また、この法案審議に際しては、日本共産党を除く各党が党議拘束を外し、採決にあたって議員一人ひとりの意思に任せたが、人の死を定義するのは議員個人の宗教観に関わるのがその理由とされた。同じく、２０１０年の改正案審議においても、衆議院では委員会採決省略のうえ複数案を記名式投票して、過半数の賛成が得られた案が出た時点で終了するという方式が行われた。これをうけた参議院でも委員会採決を省略して、衆議院議決案に対する修正案を含めた複数案に対する投票が行われた。また、前回同様、両議院とも共産党を除く各党が党議拘束を外して投票に臨んでいる（中山、２０１１）。

　高校生年齢、あるいは少し広げて10代後半のものが皆、落ち着いていて小さなことで騒がず、場面に応じて使い分けができて、いろいろな知恵、知識があってそれを伝えられるという「心理的大人」とは限らない。一人ひとりをみれば、当然この「心理的大人」と「生理的大人」「社会的大人」とのアンバランスがさまざまに存在する。以下本章では、こうした「子ども」と「大人」の狭間にいる高校生の発達上のアンバランスとその多様性を考えるにあたって、子どもの発達を乳幼児から素描してみたい（なお、長期化については次章で詳述する）。それはまた、序章で述べたように、現在の高校生たちが、「大人」になるまでの長いプロセスの途上で積み残してきた発達上のさまざまな課題に向き合う必要があるという認識をもつからでもある。

第2節　乳幼児期から児童期までの発達

1　乳児期

近年の研究では、乳児にもすでにさまざまな能力があり、好奇心をもつ能動的な存在であることが明らかにされつつある。子どもの発達の基本的な特徴の1つに「自ら外に向けて働きかける力」があることが確認されつつあるといってよいだろう。より具体的に言えば、乳児のときから他の子どもに興味をもち、交流を求めることもわかってきた（柏木、２００８）。先にあげた『子どもの権利条約』においても、その一般的注釈において次のようにコメントされている。「乳幼児は、話し言葉および書き言葉を通じてコミュニケーションができるようになるずっと以前から、選択し、さまざまな方法で、自分の感情、考えおよび希望をコミュニケートしているのである」（世取山、２００６）。

これまでの発達心理学は、乳幼児期の母子関係の特質に多くの研究者の関心を集中させることによって、子どもの発達初期の重要性を掘り起こした。しかし、同時に母親に限定された役割を過大視するという行き過ぎた面をもたらした。その最たるものが「3歳児神話」であろう。「子どもが小さいうち、特に3歳までは母親の手で育てなければならない」というこの神話は、一般的にかなり浸透している。しかし、「厚生白書」にも「3歳児神話」には合理的な根拠がないことが指摘されている。発達心理学者の大日向（２００２）は、この神話には「子どもの成長にとって、とくに3歳までの幼少期が重要である」「大切な時期だからこそ、生みの母親が養育に専念しなければならない」などの考え方が複合していると指摘しているが、この神話を批判する際に、この幼少期の大切さを否定するものではないと強調している。

児童精神科医であるウィニコット（Winnicott, 1971）は、この乳幼児の健全な発達に必要な条件として「ほどよい（good enough）」養育環境の重要性を指摘している。この「ほどよい」養育環境とは、養育者が子どもがもともともっている潜在的な能力の発達を阻害することのない程度のごく普通の関わりを意味する。逆に言えば、より良い関わりを際限なくめざすことの危険性（特にそれを養育者としての母親に限定した場合）を示唆している。たとえば、子どもの発達になんらかの問題が生じたときの不当な母親への非難が起こりうる。

このウィニコットが表現した、ほどよい程度に保護された養育環境のなかで、子どもは特定の養育者（多くはその親）との間に安全で、かつ緊密な関係を経験することによって、基本的な安心感をもつことができるようになる。そうした関係性がもつ具体的なものは、日常の生活サイクルに基づく安定性（起床や睡眠、食事といった基本生活等が同じ時間であること）と、養育者をはじめとする環境からの応答性（泣くことに対して空腹や身体的な不快感を取り除こうとする配慮など）に代表される。

さらに、家庭環境からの分離（離婚や入院）をめぐる研究のなかで、子どもの養育には一貫性が重要であることもわかってきた。当然、生後数年間、子どもは環境の変化に対処する能力が限られているからである（シェーファー、1998）。子どもの発達が、こうした安定性、応答性、一貫性のある関係によって支えられていることの重要性はいくら強調しても強調しすぎることはない。落ち着いた「心理的大人」の基盤がここにあるといってもよいだろう。

こうした安定性と応答性のなかで、いわば最初の体系的なしつけである排泄訓練（トイレット・トレーニング）が始まる。ここには「おしめを取る」という目標があり、ある程度の訓練期間が不可欠という意味で、教育の始まりといってもよいだろう。当然、そのためには子どもの肛門括約筋が正常に発達し、自分で排尿と排便をコントロールしていくプロセスがある。排泄欲求に対して、「今ここでしてはいけない」というルールでありマナーでもあることを学び、我慢する自分が育つことはこの時期の大きな課題であることはまちがいない。したがって、この段階から子どもの自己コントロール感＝自律性が芽生えることになる。

2　幼児期

一般に幼児期とは、2、3歳以降の直立と歩行の自由に加えて急激な言語の獲得から小学校入学までを指す。この時期に子どもは、保護された安全な人間関係のなかで、基本的な安心感をもつことが心理発達の核となり、それを基盤とするしつけを通して文化社会的な規範（＝ルール・マナー）にしたがう自律性を獲得していく。こうして幼児期の子どもは、自分と環境（外界）についての基本的な体験をしていくのである。

さらに、この幼児の世界は、自分を中心にして動いているかのように体験される世界（＝二者関係）から、社会的な三者関係へと展開していくことになる。それは、かけがえのない自分とそれを受け入れて保護する養育者との二者関係から、必ずしも自分が中心ではない、いつも一番とはかぎらない世界（＝三者関係）が始まることを意味する。この年齢で下のきょうだいが生まれることなどはその典型といえるだろう。

こうして子どもの環境、とりわけ対人関係は急速に広がっていく。養育者との二者関係だけではなく、きょうだい関係や年齢の近い友だち関係などさまざまな対人関係が生じるが、現代社会では多様な家族があるように子どもの対人関係の広がりも多様にならざるを得ない。祖父母と同居し、さらに誕生時にすでにきょうだいもいる子どもがいる一方で、ほとんどの生活を養育者と２人だけですごす子どももいるのである。つまり、子どもにとっての対人関係の広がりは、その環境（家庭生活や施設）によって千差万別と言わざるを得ない。

さらに、この先に用意された子ども集団（保育園や幼稚園）が登場する。これもまた、０歳の段階で経験する子どももいれば、４歳あるいは５歳から初めて幼稚園に通う子どももいる。ちなみに、現在では、０～５歳児全体では幼稚園より保育所に通う子どもの方が多くなっている（実方、２００８）。

こうした保育所や幼稚園での子どもたちを観察していれば、けんかなどトラブルも含めて長い時間子どもたち同士で遊びが続いていく。そうしたやりとりのなかでは、相手のいやがることはできるだけしないようにするなど、対人関係におけるルールやマナーにあたるもの（順番を待つこと、お礼を言うこと、謝ることなど）を身につけ始めていることがわかる。すでに個人差は大きいものの、子どもは多くの場合そうした行動ができる方向へと発達を遂げていく。それは、それまでの養育者との関係のなかでしつけられた経験があったうえで、集団を見守る指導者の具体的な関わりがあってのことである。そして、その基盤には子どもたちのもつ人と関わることへの基本的な欲求があるからといえよう。

3　児童期

児童とは、学齢期を指し、通常6～12歳の小学校段階にある子どもたちを意味する。その中心は、子どもが乳幼児期に育つ環境（家庭）を超えて、広く社会（地域や学校）の行動規範と作法（＝ルールやマナー）を身につけ、それを基にした対人関係能力を育てることに他ならない。社会性の発達と言い換えてもよいだろう。

この時期の子どもたちは、いまだ十分には自立できず依存的であるがゆえに、大人社会の秩序に組み込まれている。当然、そうした依存的な日常生活のなかでは、自分より保護者をはじめとする大人たちの判断を信用しているため、基本的に大人社会から付与される行動規範や行儀作法を疑うことはない。児童期の発達はこうした大人の庇護のもとで行われるという意味で、この後の思春期とは違って、きわめて安定したなかで展開していく。

　このとき学校において、子どもたちの前に大きな存在として立ち現れるのが学級担任である。すべての教科の学習指導と生活指導、すなわち子どもたちの学校生活すべてにわたって面倒をみる唯一の大人＝学校生活における保護者に他ならない。その学校生活、とりわけ低学年の生活は、この学級担任に大きく依存した形で展開していく。当然、その影響力はきわめて強く、極端にいえばこの学級担任が提示する教育方針（＝行動規範や行儀作法）が子どもたちにとって唯一絶対のルールとなり得る。また、子ども集団の大きな力を考えれば、学校生活におけるもっとも重要な準拠集団である学級の存在が大きな意味をもつことはいうまでもない。

　学校臨床心理学を構想した近藤（２０１０）は、学級集団のまとまりを大切にするわが国独特の学校文化を次のように指摘している。「わが国の学校教育では、学級という単位はきわめて重要な教育空間で、クラスの一体感が重視される。教師はすぐれたリーダーシップを発揮して学級を一つにまとめ上げ、文化祭や運動会といった行事では、クラスが一丸となって目標達成に努力するという雰囲気を育てる。そのようなクラスの中では、集団のなかでの役割分担、それぞれに与えられた責任の遂行、他者との協調、他者とともにいることの楽しさ等の、人間としての大切なことがらを子どもたちが学んでいるように見える」。

　本来、地域社会もこの社会性の発達＝社会化機能を担う重要な存在であることはまちがいないが、お祭りなど地域の伝統行事が残っている地方はともかく、都市部ではかなり失われてしまったと言わざるを得ない。したがって、学校のもつ社会化機能、つまりは学校の提示するルール（＝教育目標に基づく行動規範と行儀作法）を修得させるプロセスの重要性がこれまで以上に注目されるようになってきた。きわめて大きな存在である学級担任をはじめとする教員たちによって行われる、特定の教育目標に向かって子どもたちを方向づける訓練過程ともいえよう。それが小学校においては、主として学級担任によってクラスという集団のなかで、学習指導と生活指導を通して行われていくのである。

　精神分析学派のエリクソン（１９７７）は、大人が子どもをその文化特有のあり方に馴染ませていく日常的な働きかけを「儀式化（ritualization）」と呼んでいる。そのエリクソンは、この時期に子どもが獲得すべき発達課題として「勤勉性」をあげているが、それに際してあらゆる文化でこの年齢の子どもたちに訓練（教育）が行われることを指摘している（エバンズ、１９６７）。つまり、自分が生まれ育った文化社会のなかで必要とされる基本的技術を子どもが学ぶ時期であることが、この「勤勉性」の前提となっている。そして、この時期の子どもに好奇心が強くあらわれ、自ら学びたい、知りたいという願いがあることも強調している。この好奇心や学習意欲もまた、これまでにふれてきた子どもの発達の基本的な特徴の１つである「自ら外に向けて働きかける力」の表れといえよう。

　また、ここでいう「勤勉性」とは本来学習に向けたものだけを指すのでなく、むしろ遊びも含めたさまざまな活動に集中し没頭する態度を形成していくことを意味している。たとえば、昔の子どもが田植えなどの農作業に大人と同じように没頭できることや、今の子どもがカード類などに熱中して収集する状態などまで含まれる広い概念であると考えた方がよい。具体的な目に見える形（振り返って自分のした作業量、収集したカードの量）で確認できて、自分が達成した活動の到達点を実感することによって、「自分はできる」という有能さ（competence）をもつようになるプロセスといってよいだろう。したがって、学習指導面においては望ましい学習態度、学校のしつけともいうべき生活指導面においては望ましい生活態度として身につけるべきベースとなるのがこの「勤勉性」と考えられる。

この具体的な生活態度とは、与えられた課題（学習面で言えば九九の暗唱、生活面でいえば清掃など）に注意と関心を向け、ある一定時間持続的かつ集中して取り組んで、期待される到達点に近づくよう努めることを指す。より抽象的なスローガンではあるが、大人から子どもに対して送られるメッセージとしては「がんばること」「努力すること」という表現になる。先にも述べたように、こうしたことを小学校入学までのおよそ6年間で、保護者をはじめとする大人（家族や保育士、幼稚園教員）との間でどの程度経験してきたかは実に多様であると言わざるを得ない。

第3節　思春期の子どもの発達

1　自立に向けて

第二次性徴発現の1～2年前から身長・体重の成長速度が急激に速まり、思春期への突入体制を整え出すにしたがって安定した児童期は終わりを告げる。このあたりから子どもたちは、大人（保護者や教員）が眉をひそめるような汚い言葉を使い出したり、使わないまでも興味を示したりし出す。あるいは、一見矛盾した大人の言動をめざとくみつけて口答えしたり、それがさらに進んで反抗的な態度も出現する。そして、それが大人との関係においても、依存的な関係から自立への動きとなって現れてくることになる。

この児童期後半の子どもたちがある年齢に達すると、視床下部からの所定の情報発信により性ホルモンの分泌が始まり、その結果として第二次性徴である男子の精通と女子の生理が現れる。この第二次性徴の発現が思春期の始まりと定義される。そして、この思春期（puberty）の語源は、ラテン語のpubertasであり、成人になる年齢を意味する（コールマン、１９９９）が、つまりは「生理的大人」になるタイミングということになろう（ただし、この生殖能力を獲得する一連の複雑な生理学的な変化過程は未だ全容が解明されたわけではない／内田亮子、２００８）。

このように思春期が生物学的に定義されているのに対して、前節の児童期は社会学的に定義されている。高校生も高校に所属するものという意味では同様に社会学的な定義になる。なお、序章で用いた精神科医であるブロスによる思春期前期がおおよそ中学生年齢、思春期中期がおおよそ高校生年齢に相当する。

この第二次性徴の発現は、それまでの身長・体重の増加といった量的な変化（成長）に加えて、今までに経験したことのない未知の質的な変化（成長）に他ならない。先に発達とは「子ども」から「大人」への連続的な過程としてとらえられると述べたが、それに対してこの第二次性徴は、いわば段差がある非連続という特徴をもつ。したがって、「生理的大人」と「子ども」とは非連続的になる。「社会的大人」も同様に非連続である。一方、「心理的大人」は連続的な過程を前提としている。それゆえ「生理的大人」、あるいは「社会的大人」と「心理的大人」との間には必然的にアンバランスが生じることになる。

小浜（２００４）も先の整理のなかで、現代日本社会では個人のなかで、「生理的大人」と「心理的大人」との時間的ギャップが非常に大きいことを指摘し、アンバランスの例として第二次性徴発現後の思春期（つまりは「生理的」）、とりわけ男子において攻撃生の発達に伴い、上記の「落ち着いていて、小さなことで騒がない」や「場面に応じて使い分けられる」といった能力（＝「心理的」）と矛盾した行動表現を示すことをあげている。

一方、子どもたちの発達上の大きな課題として保護者からの自立があり、いうまでもなくそれは誕生以来続く長いプロセスに他ならない。とりわけ学校教育に関わる児童期から思春期にかけて大きな心理発達上の課題となってくる。身体的には短期間で親に追いつきすぐに追い越すほど大きくなる思春期の子どもが、並行して心理的にも保護者から自立し、しっかりとした自分というものを確立した「心理的大人」になるわけではない。それゆえ依存と自立が入り混じった複雑な行動は、心理的成長が身体的成長に追いつくまで、つまりは心理的にも親から自立して自分というものを確立するときまで、かなり長く続くことになる。その具体的な姿を以下に見てみよう（高田、１９９５）。

> わたしは、いらだっていた。
>
> 「コンサート、聴きに行っていい？」
>
> とつぜん、祖母にたずねた。
>
> 「よろしなあ、なに着ていかはります？」
>
> すぐに答えは帰ってきた。面くらってわたしは、まじまじと祖母を見た。
>
> 「どないしやはりました」
>
> このところ精を出している編物からやっと目をあげて、祖母もわたしを見返した。
>
> 「うん、それがびっくりしたものだから……。春だったかなあ、母さんにたずねてきた時、ガンガン叱られちゃった。受験生がそんなのんきでどうするんですかって。特にこっちの学校は頼りないのにって」

「それでわたしにも言うてみはりましたんか、ためしに？」

「そうじゃない。またきょう、麻美に誘われたのは事実」

「それで里子ちゃん自身はどうなんえ？　ほんまに行きたいと思うてはりますのんか」

「よくわからない」

「それだったら、もう一回考えはったらどうどす？」

うなずきながら、わたしは、行きたいわけではなかったのだと感じた。こんな問いをした時に欲しい答えを、祖母に期待していただけなのだとわかった。

「母さんがおばあちゃんみたいだったらいいなあって思う。ガッと押さえられたら、誰だって反対のこと叫ぶじゃない。母さん、どうしてわからなかったのかしら。わたしは本当に行きたいんじゃなくて、行ってみたいという程度のことだって……」


これは理由があってしばらく祖母と暮らしている中学3年生の里子（＝わたし）とその祖母の会話である。ここには思春期の心情がよくあらわれている。自立したいと思うと同時に、まだ一人では頼りなくて誰かに依存したいという相反する2つの気持ちの間で揺れ動く心情はきわめて複雑である。自立＝反抗と、依存＝甘えという2つの相反する気持ちが見え隠れする行動は、本人にとっても周囲の大人にとっても扱いにくいものである。結果、この時期の子どもたちと大人（保護者や教員）の間には、自律（autonomy）と統制（control）をめぐる問題が生じやすい

（Eccles et al, 1993）。

2　自立と仲間関係

こうした長く不安定な時期を乗り切るために、自立に伴う痛みと不安を共有できる仲間関係が重要になってくる。こうしてそれまで保護者との関係（家族）が重要な安定基地であった子どもにとって、仲間関係がそれにとってかわり、家族という集団より仲間という集団の方が大切になってくる。この子どもたちの仲間関係、とりわけ児童期から思春期にかけての仲間関係について、以下のような仮説的なモデルを提出してみたい。

①児童期後半のギャング・グループ（gang-group）：児童期後半、保護者からの自立のための仲間関係を必要としはじめる時期に現れる徒党集団、従来の発達心理学ではギャング・エイジ（gang age）と呼ばれていた集団である。発達心理学者のHadfield（１９６２）は、この徒党集団を「集団的同性愛期」と位置づけ、その結束力においてこれより以前の原始的集団と区別し、権威に対する反抗性・他の集団に対する対抗性・異性集団に対する拒否性という特徴をあげている。

この集団では特に同一行動による一体感が重んじられ、同じ遊びをいっしょにするものが仲間であると考えられる。この同一行動を前提とした一体感（凝集性）がもたらす親密さは、相手を丸ごとそのまま受け入れる状態といってよいだろう。したがって、遊びを共有できないものは仲間からはずされてしまう。この段階に至ってようやく仲間集団の承認が家庭（保護者）の承認より重要になってきて、大人（保護者や教師）がやってはいけないというものを仲間といっしょにやる（＝ルール破り）ことになる。「ギャング（＝悪漢）・エイジ」といわれる所以である（この集団は基本的に同性の同輩集団であり、どちらかといえば男の子に特徴的にみられるといってよいだろう）。

②思春期前半のチャム・グループ（chum-group）：思春期前半によくみられるなかよしグループである。この語源ともいうべきchum（親友）は、こうしたグループから生まれた特別に親密な友人を指している。精神科医のサリバン（１９５３）はこの段階の友人関係をとりわけ重視し、それが児童期までの人格形成上の歪みを修正する機会になることを指摘した（注2）。

　この段階では、同じ興味・関心やクラブ活動などを通じてその関係が結ばれる。ここでは互いの共通点・類似性（たとえば同じタレントが好き）を、言葉で確かめ合うのが基本になっている。彼（彼女）らの会話を聞くと、その内容よりも「私たちは同じね」という確認に意味があることがわかる。そして、よくその集団内だけでしか通じない言葉（＝符丁）を作り出し、その言葉が通じるものだけが仲間であるという境界が引かれる。ギャング・グループの特徴が同一行動にあるとするならば、この特徴は同一言語にあるといえるだろう。そして、この言語による一体感の確認から、仲間に対する絶対的な忠誠心が生まれてくる（この集団もギャング・グループ同様、同性の同輩集団であるが、どちらかといえば女の子に特徴的にみられるといってよいだろう）。

③思春期後半のピア・グループ（peer-group）やがて思春期後半、上に述べたギャング・グループやチャム・グループとしての関係に加えて、互いの価値観や理想・将来の生き方などを語り合

う関係が生じてくる。

ここでは共通点・類似性だけではなく、互いの異質性をぶつけ合うことによって、他者との違いを明らかにしつつ自分のなかのものを築き上げ、確認していくプロセスがみられる。そして、異質性を認め合い、違いを乗り越えたところで、自立した個人として互いを尊重し合って共にいることができる状態が生まれてくる（なお、この集団は、異質性を認めることが特徴ゆえに男女混合であることも、年齢に幅があることもあり得る）。

日本の学校段階でいえば、ギャング・グループは小学校高学年、チャム・グループは中学校でみられ、ピア・グループは高校で期待されるといってよいだろう。

第4節　高校生の発達を考える

1　心身の急激な発達

この思春期の発達についてもう少し詳しく見ていこう。成長速度が最高となる年を中心にしてその前後のホルモン分泌から第二次性徴と生殖能力の発達には性差がある。この成長速度が最高となる年より、女子はおよそ1年後に初潮を迎え、男子もその1年前から精子を生産し始めていることが尿検査によって確認できる。また、脳内でホルモン分泌が開始されてから、女子の排卵が成人レベルに安定するまでは7、8年、男子は筋肉がついて体が成人並みになるまで5、6年かかっている。さらに、一般的には女子は18歳ぐらいまで、男子は20歳くらいまで身長が伸び続ける。こうした体の成長から見ると、男女ともにある程度の生殖能力をもつようになってからも成長は続き、大人の体になるまでおよそ8～10年くらいかかることがわかる（Bogin, 1999）。生物人類学者の内田（２００８）は、これをもって「生殖能力の獲得自体が大人の定義とは言い難い」と指摘しているが、つまりは第二次性徴の到達だけをもって「生理的大人」とは言えないということになろう。

これまで思春期といえば、上記に述べたようなホルモン分泌による体の成長だけが取り上げられてきたが、脳の成長そのものにふれられることはなかった。それは脳の発達においては出生前後が中心であり、その後はあまり変化がないと考えられていたからである。しかし、今世紀に入ってからの脳神経科学の発展によって、思春期の脳が体の成長と同様に、大きな変化をすることが明らかにされつつある。つまり、脳は思春期前にほぼ完成していると考えられていた従来の定説は覆され、むしろ大がかりな再構築が行われていることがわかってきたのである。

もともと神経細胞同士の結合部分であるシナプスは胎児期から増え始め、出生時には大人と同じレベルに達している。その後の乳幼児期に大人の2倍にまで増え、一転して減少することにより大人と同じレベルになることがわかっていた。そのため思春期前にほぼ完成していると考えられていたのである。ところが、最近の研究では、シナプスは一貫して減り続けるわけではなく、体が爆発的に成長する思春期の頃にもう一度成長することが明らかにされたのである。ここで言う脳の成長とは、神経回路の拡大とその後の整理統合による脳神経細胞ネットワークの再構築、すなわち高度化および高速化を意味する。

つまり、人間は、体の成長と同様に、脳の成長においても出生時と思春期という2つの成長スパートをもっていると考えられるようになってきた。そして、この脳の発達上の思春期スパートにおいて成長が著しい部分が、論理や空間的推論をつかさどる頭頂葉、言語をつかさどる側頭葉、さらに不適切な行動を抑制する前頭葉であることが明らかにされた。とりわけ前頭葉は、その成長が安定する時期が遅く、20歳をすぎるということもわかってきたが、いずれも従来から思春期以降に発達すると考えられてきた人間特有の機能と一致している。つまり高度な認知機能と言語能力、そして自我機能である。

このうち自我機能とは、本能的な欲求と環境（＝社会）を調整しながら行動を決定する現実判断能力を意味し、いわば心理的大人としての社会的な判断をくだす機能に他ならない。したがって、脳の成長という点からも、思春期以降もその成長は続き、大人と同じレベルの脳に発達するのはやはり10代後半から20歳前後までかかるということになる。結局のところ、最新の脳神経科学研究が、思春期とは出生前後と同様に体だけではなく、心身ともに著しい成長を遂げる時期であることを明らかにしたことになる。

そして、この思春期の脳の成長によって獲得される自我機能を基盤とする総合的能力が「内省」する力であろう。この「内省」とは、ある体験に対して自分のなかに動く感情や感覚に気づこうと努めることを指す。つまり、その場に起きている体験に身を委ね、自分のなかに起きている気持ちをそのまま生き生きと受け取るという体験学習能力である。先の長い引用になった里子（＝わたし）でいえば、祖母とのやりとりから自分が、「行きたいわけではなかったのだと感じ」「こんな問いをした時に欲しい答えを、祖母に期待していただけなのだ」と気づいていったプロセスが内省に他ならない。本書では、「心理的大人」の中核にこの内省する力＝体験学習能力を置くこととしたい。

2　発達加速化現象

日本を含めた先進諸国においてこの1世紀ほどの間に子どもたちの身体的成長、とりわけ第二次性徴が早まったことは、発達加速化現象（Acceleration）と言われてきた。現在では、平均的には小学校卒業前後に第二次性徴を迎えることになる。そして、成長の早い子どもは小学校高学年（10歳ぐらい）で第二次性徴が始まる一方で、遅い子どもは中学校卒業前後（15歳ぐらい）ということも起きている。この第二次性徴は、男女でも平均2年の差があるが、個人の比較では最大で5、6年にもなるこの幅こそが、児童期から思春期にかけての子どもの発達の多様性の根底にある（注3）。先に記したように、本来小学生は児童期であるが、高学年ではすでに思春期に入ってしまうものと、思春期前の児童期のものが混在することになる。また、思春期に入る前の中学生もいることから、中学生がすべて思春期とは言えないことにもなる。

一方、発達加速化現象以前の子どもたちは、上記で述べたような仲間関係を育んで社会性を身につけると同時に、ある程度親からの自立を成し遂げつつある10代半ば（日本の学校段階では中学卒業前後）に至って第二次性徴を迎えた。実際１９４７年に新制中学校が設立された頃からしばらくはそうであったと考えられる。この時期は、認知・思考能力という点で具体的操作から形式的操作（注４）への発達時期として知られる。こうした認知・思考能力の発達は、自分自身や保護者、またその関係を冷静に対象化することを可能にするという点で、自我の現実判断能力の土台ともいうべきものであろう。したがって、10歳ぐらいから第二次性徴が始まる10代半ばまでは、認知・思考能力が発達して現実判断能力がついて、内省する力も育つ大事な期間であったと考えられる。このため児童期である小学校を卒業し、中学生になっても思春期を迎える前であったこの時期を指して、前思春期という言葉が使われ、そこには「穏やかな」という形容詞がつきものであったのである。

発達加速化現象による児童期の短縮は、今の子どもたち（そのすべてというわけではないが発達の早い多くのもの）にとって、こうした自我機能を育てる穏やかな前思春期を喪失させることになった。ところが、思春期の子どもたちを見てきた精神科医の牛島（１９９１）が指摘するように、この発達加速化現象が子どもたちの発達、つまりは「子ども」から「大人」への道筋にどのような影響を与えてきたかについて検討したものはほとんど見当たらない。

この発達加速化現象による児童期の短縮（＝穏やかな前思春期の喪失）によって身体的成長と心

理的成長のアンバランスは増幅され、自律と統制をめぐる葛藤が増したことはまちがいない。現在の高校生に先にあげた自我機能の中核ともいうべき現実判断能力や内省する力（＝体験学習能力）が欠如しているのはそのためであろうという仮説が成り立つ。子どもの思考と言葉の発達を中核とした高次精神機能の発達研究を行ったヴィゴツキー（１９８４）は、思春期の子どもたちが自分自身の内面過程を自覚し、反省が可能になる「内省的思考」を重視した。一方で、この「内省的思考」が「社会的要因」や「生活が子どもに提起する課題」の影響によって発達が遅くなることを指摘していた。

3　仲間関係の変質

一方、異質性が認められるピア・グループに至るまで、つまり仲間集団が同一であることを絶対的な条件とするギャング・グループやチャム・グループにおいては、仲間集団のメンバーに対して同じであるように同調圧力（peer pressure：Brown, 1989）がかかることになる。この圧力はきわめて強力であり、大人からみれば異様と思えるほど仲間と同じであろうとする心理機制を生み出す。そして、それは上述の前思春期が喪失されたなかで起きている。現実判断能力や内省する力が欠如しているゆえに、さまざまな反社会的な行動が仲間の圧力のもと集団で行われ、ときとして大人の想像を越えるほどに暴走してしまうのである。

また、仲間集団が同一であることを絶対的な条件とするギャング・グループやチャム・グループにおいては、同一であることを確認するためのゲーム的な仲間はずし、短期間に順繰りに仲間からはずされていくローテーション型のいじめが起きやすい（堀田、２０００）。けんかなども含めてこうした人間関係のトラブルから子どもたちが学ぶことは、発達上必要なプロセスであるといえよう。こうして同質性を特徴とするギャング・グループ、チャム・グループから異質性を特徴とするピア・グループまでの発達過程においては、こうした対人関係のトラブルが必然的に発生する。

不幸にも事件になるような「いじめ」は、特定の子どもに対して長期間にわたって固定化し、かつ体への直接的な攻撃をも含め、きわめて陰湿な行為となっている。しかも特定の障害をもったものへの迫害など、とうてい人間関係のトラブルから学ぶなどとはいえないような状態が起きているようだ。同時に全国調査や事件報道からわかるようにその裾野はかなり広がっていると判断せざるを得ない。したがって、上記の発達加速化現象による前思春期の喪失を背景として、子どもたちの仲間関係の発達には、以下のような3つの変化が起きていると考えられる。

①ギャング・グループの消失：昨今、小学校高学年では、放課後子どもたちが集まって遊ぶことさえ難しくなってきているという。塾やお稽古事の予定がつまっている子どもたち同士の日程調整がままならず、野球やサッカーなど大人数で戸外で遊ぶことが不可能になっている。ある学級においてそれぞれの子どもに1週間の予定を尋ねた後で、遊び仲間を特定してもらい、相互選択を手がかりにして、その仲間集団ごとに結果を整理すると、どの曜日も誰かの都合が悪くて全員

がそろって遊べる日はなかったという（注5）。

また、「子どもの放課後全国調査」によると、放課後に「遊ばなかった」と回答した児童が全体の4割（39・7％）を占めて一番多く、次いで「家の中で一人で遊んだ」と回答した児童が1／4（23・9％）にもなっている。したがって、家の外で「友だちと一緒に遊んだ」と回答した児童は2割（19・4％）しかいないことになる（注6）。また、１９８６年当時の小学生の遊びを10年前および20年前と比較調査した結果でも、大人数での屋外遊びが減り、小人数の屋内遊びが主流になっていることが明らかにされている。10年前、20年前の第1位が「鬼ごっこ」であるのに対して、１９８６年はファミコンが第1位というのは象徴的であろう。そして、その原因はファミコンに代表される新玩具類の発達と、塾通いで放課後の遊び時間が減ったことが分析されている（注7）。

さらには、高度経済成長期が終わる１９７４年から１９９１年まで17年間、東京で子どもの遊びを撮り続けた萩野矢（１９９４）も、『街から消えた子どもの遊び』と題した写真集で、「戸外で遊ぶ子どもたちの姿は年を追うごとに少なくなっていった」と記し、ライフワークとしての「子どもと遊び」は「外遊びの消滅で挫折することとなった」と述べている。こうした写真集や調査研究などが、まさにギャング・グループの消失を明らかにしている。

②チャム・グループの肥大化：一方、チャム・グループはこのギャング・グループの消失と入れかわって、子どもたちの間で肥大化してきている。つまり、今の学校教育のなか（児童期から

思春期）において見られる多くの友人関係は、きわめて薄められた感じのチャム・グループであろう。おそらくこれには日本の文化風土として集団の和を重んじる傾向がもともと根強いということもあるだろう。そして、今の子どもたちの対人関係の特徴といわれる希薄化は、上に述べたようにギャング・グループを十分に経験しないままにチャム・グループを形成していくなかで見られる。

たとえば、高校生の友人関係に関するアンケート調査（注8）によると、「一人の友達と特別親しく付き合うよりは、グループ全体で仲良くする」という項目に半数近くのものが肯定しているのに対して、「多くの人と仲良くするよりは、一人の友だちとの付き合いを大事にする」という項目を肯定したものは1／4しかいなかった。また、「仲間はずれにされるのは絶対いやだ」と64％のものが答え、「何をするにも、皆といっしょだと安心する」「できるだけ仲間と同じように行動したい」などの項目に3～4割が肯定している。この結果からは、「1．仲間はずれにならないようにと心掛けながら、とにかく仲間といっしょに行動し、仲間うちの流行に遅れたりはずれたりしないようにするといった、仲間に対する同調性が強い、2．その仲間に対する強い同調性は、心理的に一定の距離を置いた、表面的な行動レベルでの同調であり、『群れ志向』的な態度をあらわす皮相的な『かかわり』が目立つ」と分析されている。

また、最近では教育学者の藤川（２００８）が、小中高校生に広がる携帯電話の問題を取り上げて、小集団のなかで価値観に違いがないことを確認し、物理的に離れていても同調しつづけるために「ケータイ」が使われていると指摘している。

したがって、この年齢段階で多発している陰湿ないじめは、こうした同調性とギャング・グループを十分に体験しないままにチャム・グループを形成していくという背景のなかで、自分たちにとって栄養素のように必要な集団を維持していくために起きているとも考えられる。そこでは自分たちだけでは集団のまとまり（＝凝集性）を維持できないために、「スケープゴート（いけにえ）」としてのいじめの対象が必要になってくる。集団心理学的にいえば、いじめられているものが「スケープゴートリーダー」にほかならない。すなわちいっしょにいじめるという行為（それは彼らにとって失われたギャング・グループを体験するといってもよい）によって、かろうじて集団が維持されているのである。

③ピア・グループの遷延化：本来ピア・グループにおいては、仲間に対して意見の相違や否定的な感情をも伝えようとするほどの誠実さが必要である。真の親友とより深い親密な関係を作り上げていくうえでは避けて通れないプロセスといえよう。ところが、最近の子どもたちは、他者との違いをはっきりと表現することができなくなってきている。そうした彼らにとっては、他者との違いを言うこと、あるいは「ＮＯ」と言うことは、攻撃的にとられかねない。当然、ピア・グループの形成という課題達成が難しいものになりつつあり、先に述べたように高校生段階ですらピア・グループがみられず、薄められたチャム・グループが目立っている。最近では、大学カウンセラーの斎藤（２００８）が、学生グループの話し合いが日常慣れ親しんだ交流モードである

同質性の相互確認に安住しがちであることを指摘している。この同質性の相互確認とは、先に藤川が「ケータイ」で指摘したのと同じレベルである。そうした点で、まさにピア・グループの形成が遷延化してきているといえよう。

現在の高校生の発達と仲間関係を考えるにあたっては、こうした視点が必要であろう。さらに、本書では、「子ども」から「大人」への移行を考えるにあたって、この仲間関係＝子ども集団の存在が大きな意味をもつと認識している。これまで親子関係、とりわけ母子関係に傾いていた発達心理学研究において、今後は乳幼児期からの仲間関係を含めた子ども集団での発達が大きな課題であるととらえているからでもある。

４　集団のなかでの育ち再考

先にこの時期の子どもの心理発達の核として、養育者との二者関係を中心にした保護された安全な人間関係のなかで、基本的な安心感をもつことをあげた。しかし、それ以上に情緒的な関係が、どのような養育者と、どれほど必要かについては議論がわかれるだろう。たとえば、この問題で世界に目を向けた心理学者の柏木（２００２）は、「子どもの養育を、誰が、いつ（まで）、どのように行うかは、社会、文化によって異なる」として、文化人類学から多様な家族３例（イスラム教家族、西サモアの大家族、ヘアーインディアンの共同生活）を紹介している。また、発達心理学と文化人類学に橋をかける研究をしている箕浦（１９９０）も、ケニア、韓国、サモア、ヘアーインデイアンなど養育者との二者関係が絶対ではない多様な家族形態を取り上げている。

また、幼児の世界は、自分を中心にして動いているかのように体験される世界（＝二者関係）から社会的な三者関係へと展開していくと述べたように、従来の発達心理学では、この二者から三者関係への展開を当然としていた。しかし、二者関係は特定の一人の大人でしか発達しないものなのかという疑問と同時に、その道筋しかないのかという疑問もあり得る。児童養護施設の立場から高田（２００８ｂ）は、「二者関係は特定の一人の大人でしか発達しないものなのか」という疑問を投げかけている。そして、子どもの養育において「安全感を確保することが何よりも大切なことであり、大人との情緒的な関係はその上にめざされるものである。『子どもが脅かさない生活環境』を作ること安全を求めて近寄ってきた子どもに安全を保証すること、つまり『大人が守ってくれる』と思えるようにすることが、集団生活か家庭的な養育環境かという養育形態にかかわらず大切」であり、「常に子どもの安全を保障する大人がいる（一人に限らず交代で複数でも）ことが、養育環境には必須である」と主張する。その上で「安全感が感じられる環境として大切」なものとして、「予測が立つ生活（規則正しく日課が流れること、周りの人の対応がある程度一貫していることなど）、休息休養を邪魔されない居場所の確保」（高田、２００８ａ）をあげている。

そして、この議論を進めれば、集団のなかで子どもが育つことの意味を考えることになる。これもまた、児童養護施設から見れば、集団生活は条件が整えば（注９）、子どもの育ちを保障できるし、より積極的な面をもつということを確認することになろう。昨今の子育て支援は、社会全体で子どもを育てるという認識のもと、社会的な子育て資源を整えようとする方向にある。その重要な資源の１つが子ども集団であるというのが本書の基本認識でもある。

近年では、乳児から集団保育で育つ子どもたちが増えるにつれ、そうした子どもたちの発達が研究されて、子どもは乳児期から集団生活を楽しみ、他の子どもたちから学んでいることが明らかにされてきた（柏木、２００８）。そして、子どもが乳児期から「他の子どもに向かって開かれている存在」であることが確認され、あらためて集団のなかで子どもが育つことの意義が見直されている。さらにいえば、心理学者のハリス（１９９８）や人類学者のフルディ（１９９９）、人間行動進化学者の長谷川（２０１１）たちは、人間の先祖は集団で子どもを育てる共同保育を行っていたと考えている。つまり、子どもの生活環境は、もともと異年齢の子どもたちがいっしょに育つ場が原型（リドレー、２００３）であるということになる。こうしたことをふまえて長谷川（２０１１）は、以下のように指摘している。「親の役割は重要だが、『子どもは社会で育てるもの』という考えは、１つの政治理念や社会思想ではなく、ヒトの生物学的な特性なのだと理解すべきだろう」。

本書ではこうした動向をふまえて、「子ども」から「大人」への移行における子ども集団＝仲間関係の存在が大きな影響力をもつという立場に立っている。そのうえで移行支援としての学校教育に注目しているのである。

第5節　自律と自立

フロイト（1905）の精神分析理論には、人間の意識には3つの階層（意識、前意識、無意識）があるとする心の局所論と、以下のような心の構造論（イド、超自我、自我）が含まれる。

①イド（エス）：人間のエネルギーの源泉とも言うべき本能的な欲求を意味する。フロイトは、それが無意識的なものであるところから、ドイツ語の非人称を意味するエス（Es）と命名したが、英語圏ではそのラテン語であるイド（Id）を用いる。不快のものを避けて欲求を満たす方向をめざす「快楽原則」に従うとされる。

②自我：そのイドと環境（社会）を調整しながら行動を決定する役割を果たす。いわば現実判断能力の基盤ともいうべきものである。

③超自我：文化・社会に特有なマナーやルールをも含めた道徳や規範意識ともいうべきもの。乳幼児期のしつけや教育を通して自分自身のもの（内在化）になっていく。

これをふまえてフロイトは、人間は生まれたときはイドだけの状態であり、乳幼児期のしつけや教育によって超自我と自我が育つと考えた。先に述べた最初の体系的なしつけである排泄訓練（トイレット・トレーニング）をとりあげて考えてみよう。ここには「おしめをとる」という目標があり、ある程度の訓練期間が不可欠という意味で教育の始まりでもある。当然、排泄欲求（＝

イドのひとつ）に対して、「今ここでしてはいけない」（＝ルールでありマナーでもある）ことを学び、内在化させ（＝超自我の形成）、我慢する自分（＝自我）が育つことは乳幼児期の大きな課題であり、主として養育者が行う「しつけ」のひとつになっている。この段階から子どもの自己コントロール感＝自律性が芽生えると述べたように、この超自我は自らを律する「自律」を意味する。

　この超自我形成の原点は、欲望（＝イド）を「我慢すること」であり、子どもにとってさまざまな生活のなかで我慢する経験は多様に存在するはずである。しかし、あり余るほどの食べ物やさまざまな玩具をもつ今の子どもたちが、高度経済成長期以前の子どもたちと比べて、本来四季のなかに自然に存在する暑さや寒さをはじめとして、共通に体験するような「我慢する」機会がきわめて少ないことがわかる。

　一方、子ども集団のなかでの育ちにおいては、その集団（多様な対人関係）のなかで、自分の欲求（＝イド）が通らないことを何度も経験しながら、社会（＝それぞれの集団）のさまざまな規範（ルール・マナー）を学び、場面ごとに我慢することを通じて内在化された超自我を形成し、同時に社会に適応するための調整機能を担う自我を育てていくことになる。小学校教員の中野（２０００）は、子どもたちに「学校という『社会』で『集団生活』している以上、やりたくなくても『我慢』してやらなくてはいけないこともある」ということを伝えているという。より具体的には、次のような言葉である。「クラスという『集団』で生活している以上、すべてにおいて自分の思いどおりに進むはずはない。100%満足ということはあり得ない。80%ぐらい満足してもらい、残りの20%は他の子のことも考えて我慢する姿勢が大切だ」。この中野の言葉で、ひとつのキーワードになっている「我慢」ということが、「今ここでしてはいけない」（=ルールでありマナーでもある）ことを学んでいく際の核になるのである。

先に述べたように、家庭のなかで保護者との関係においては、「我慢すること」が少なくなっている一方で、学校という公的な集団ではこの「我慢すること」によって、子どもをその文化特有のあり方に馴染ませていく日常的な働きかけ（=エリクソンの「儀式化」）が行われている。したがって、児童期までの発達で重要視される自律の獲得においては、学校教育が期待されることになる。

一方、思春期の発達においては、これまで述べてきたように自らが立つ「自立」が焦点となろう。ここまでの議論をふまえ、「子ども」から「大人」への道筋としての発達を概観するにあたって、茶の湯などの稽古事の修行段階を表現する「守、破、離」という説明概念を用いてみたい。この「守、破、離」とは、師の教えを「守る」初期、それを「破る」中期、そしてそこから「離れる」後期という修行の3段階を意味する。「千利休の修行論」のなかで笠井（1991）は、次のように説明する。「『守』とは師匠から教えられたことを守り、修得するという段階であり、他律的な修行ということができる。次の『破』とは、教えられたところから、さらに展開して新しく工夫していく段階で、自立的な修行といいうる。このように、教えられたことを修得し、それを展開して工夫するというだけでは、まだ十分とはいえない。この『守』と『破』の二つを通り越して、自由自在になるようにしなければならない。しかも、自由自在になったところで、教えられたことや工夫したことからはずれていないというのが『離』の世界である」。

これにしたがうと、児童期までは大人の教え（社会の規範、ルールやマナー）を「守」ることが中心であり、我慢して自らを律する「自律」が重要になっている。それに対して、思春期はまさにそれを「破」る時期であり、試行錯誤の時と言える。そして、一人前の大人になるまでに自立＝それまでの教えから「離」れて自らの判断基準を確立していくことが高校生の発達課題として重要であることはいうまでもない。

ここでいう自らの判断基準の確立（＝自立）とは、本能的な欲求と環境（＝社会）を調整しながら、内省する力に基づいて自らの行動を決定する現実判断能力をもつことである。いわば「心理的大人」としての責任ある判断を下せるようになることを意味する。第1節であげた脳死と臓器提供という問題に立ち向かって、自分の意見を確立することを社会が期待する年齢が高校生段階である。一人ひとりが、個別的かつ独自の体験から、自らの考えを深めていく際に必要なものが内省する力であり、それを表現し合いながらお互いに受け止めて共有していくことによって深めていくことができる場が学校教育であるといえる。

しかしながら、現実には高校生一人ひとりには、「心理的大人」と「生理的大人」「社会的大人」とのアンバランスが存在する。ここで述べてきたことを使えば、児童期までの発達課題として重要視される自律の程度も、思春期の発達課題である自立の程度も多様であるといえる。「子ども」から「大人」への長い移行期間において、必然的に生じることになるこうしたアンバランスとその多様性をふまえて、彼（彼女）らの自律／自立を援助していくことは社会全体の責務であり、とりわけ学校教育に期待される役割であろう。

【注】

注１　改正臓器移植法の施行から9カ月後、初めて15歳未満の子どもの脳死判定がなされたことが報じられた。家族の了承による臓器提供のなかで、国内初の子ども同士の心臓移植手術が行われた。「18歳未満から提供された心臓の移植を受ける患者は、登録時に18歳未満だった待機患者を優先して選ぶ」というルールによるものとされる（２０１１年4月13日付け各紙）。

注２　前思春期のchum関係を重視したサリバン（１９５３）は、次のように指摘している。「この人格段階はもし充分に開花すれば、実に多数の相当重症の欠点を持つ人々が、さもなくば重症の精神障害に必ず陥るのを救うという信じられない程の重要性がある」。

注３　この第二次性徴の性差が平均で2年あることが、先に述べた結婚年齢の差に対応するとも考えられる。ただし、わが国は１９８５年に女性差別撤廃条約を批准しているため、この婚姻年齢の男女差については国連女性差別撤廃委員会から改善勧告を受けている（坂本、２００８）。

注４　発達心理学者のピアジェ（１９６４）は、11、12歳から14、15歳にかけての時期を形式的操作期（formal operational period）とよんだ。この形式的操作期とは、論理的思考を展開する場合に、その内容と形式を分離し、内容が具体的な事実に関してではなく、単なる可能性の問題や、事実に反する仮定的な出来事についても同一の論理形式を適用できることをいう（子安、１９９６）。

注５　千葉市教育センター（１９８７）の市内小学校5年生約４００人を対象とした「子どもの遊び環境調査」。

注６　小学校５、６年生約３２００人を対象とした全国調査（深谷他、２００６）。

注７　毎日新聞１９８９年11月６日付け記事。

注８　ライフスタイル研究所（１９９６）の首都圏男女高校生９００人に対する友人関係調査（福富、１９９６）。

注９　なお、現在のわが国の児童養護施設では、児童福祉法で定められた職員配置や児童１人に対する居住スペースなどの基準がある。このうちの職員配置基準は、１９７６年に児童６名に対して職員１名となったが、以降現在まで変わっていない。これについて児童精神科医の滝川（２００４）は、子どもたちが健やかに育ちうる条件とはいえず、「社会的な『ネグレクト』というしかない」と断じているが、われわれもまったく同感である。

【引用文献】

・Borgin,B.　Patternsof Human Grouwth　Cambridge University Press　1999

・Brown,B.B.　The roleof peer groupsin adolescents' adjustmentto secondary Schoolin Berndt,T.J. & Ladd G.W. (ed)　Peer Relationshipsin Children Development John Wiley & Sons,Inc.　pp.171－196　1989

・千葉市教育センター　子どもの遊び環境─「子どもの生活と環境」に関する研究（１）　１９８７

・Coleman, J. & Hendry,L.B.　The Nature of Adolescnce（3rd edition）　Taylor & Francis Group Ltd　1985　白井利明　他（訳）　青年期の本質　ミネルバ書房

・Eccles, J.S. et al.　Development During Adolescence "American Psychologist, 48（2）pp.90－101　1993

・Erikson, E.H.　Toys and Reasons: Stages in he Ritualization of Experience W.W.Norton & Campany, Inc. 1977　近藤邦夫（訳）　玩具と理性─経験の儀式化の諸段階　みすず書房

・Evans,R.I.　Dialogue with Erik Erikson　Harper & Row Publishers Inc.　1967　岡堂哲雄・中園正身（訳）　エリクソンは語る　新曜社　１９８１

・Freud,S.　Three essays on the theory of sexuality　1905　懸田克身他（訳）　性欲論三編　フロイト著作集５　性欲論、症例研究　人文書院

・藤川大祐　ケータイ世界の子どもたち　講談社現代新書　２００８

・深谷昌志・深谷和子・高旗正人　いま、子どもの放課後はどうなっているのか　北大路書房　２００６
・福富護他　続現代高校生のライフスタイル、意識、価値観　ライフスタイル研究所　１９９６
・Gillis, J.R.　Youth and Histry: Tradition and Cange in European Age Relations, 1770－Present（Expand Student Edition）　Academic Press, Inc.　1981　北本正章（訳）〈若者〉の社会史―ヨーロッパにおける家族と年齢集団の変貌　新曜社　１９８５
・Hadfield,J.A.　Child and Adolescence　Penguin Books　1962
・Harris,J.R　The Nature Assumption　Bloomsbury.　1998　石田理恵（訳）子育ての大誤解　早川書房　１９９８
・長谷川眞理子　ヒトの子育て―ヒトは共同繁殖　UP、４５７　pp.28－31　２０１１
・堀田香織　回想の中の「いじめ体験」の諸相　東京大学大学院教育学研究科附属学校臨床総合教育研究センター　学校教育臨床研究、１（１）　pp.7－15　２０００
・Hrdy,S.B.　Mother Naure: A Historyof Mothers, Infants, and Natural Selection Pantheon　1999
・笠井　哲　千利休の修行論　倫理学９　pp.47－56　１９９１
・柏木惠子　家族心理学　東京大学出版会　２００２
・柏木惠子　子どもが育つ条件―家族心理学から考える　岩波新書　２００８
・近藤邦夫　学校臨床心理学への歩み：近藤邦夫著作集　福村書店　２０１０
・子安増生　認知の発達　大村彰道（編）教育心理学Ｉ　東京大学出版会　１９９６
・箕浦康子　文化の中の子ども　東京大学出版会　１９９０
・中野健司　学校のクラスという集団の中で、「個」を尊重するための実践例１９８７　近藤邦夫・岡村達也・保坂　亨　子どもの成長　教師の成長　東京大学出版会　２０００
・中山太郎　国民的合意をめざした医療―臓器移植法の成立と改正までの25年　はる書房　２０１１
・名取弘文　こどものけんり―「子どもの権利条約」子ども語訳　雲母書房　１９９６
・小浜逸郎　正しい大人化計画　集英社新書　２００４
・萩野矢慶記　街から消えた子どもの遊び　大修館書店　１９９４
・大日向雅子　母性神話とのたたかい　草土文化　２００２

・Piaget, J.　Six Etudes De Psychologie　滝沢武久（訳）　思考の心理学　みすず書房　１９６４
・Ridley, M.　Nature via Naure" Felicity Bryan　中村佳子・斎藤隆央（訳）　やわらかな遺伝子　紀伊国屋書店　２００３
・斎藤憲司　教育のコミュニティとネットワーク作り　中釜洋子・高田治・斎藤憲司　心理援助のネットワークづくり　東京大学出版会　２００８
・坂本洋子　法に退けられる子どもたち　岩波ブックレット　２００８
・実方伸子　保育の場からみる子どもの貧困　浅井春夫・松本伊智朗・湯沢直美（編）　子どもの貧困―子ども時代のしあわせ平等のために　明石書店　pp.１７２-１９２　２００８
・Schaffer, H.R.　Making Dicision about Children　1998　無藤隆・佐藤恵里子（訳）　子どもの養育に心理学がいえること　新曜社
・Sullivan. H.S.　Conception of Modern Psychiatry　W.W.Norton.　1953　中井久夫・山口隆（訳）　現代精神医学の概念　みすず書房
・高田　治　現場で感じてきたこと、現場を離れて考えたこと―子どもへの援助、職員のサポートについて　心理治療と教育　19　pp.１６０-１６９　２００８ａ
・高田　治　児童福祉施設はネットワークづくりで決まる　中釜洋子・高田治・斎藤憲司　心理援助のネットワークづくり　東京大学出版会　２００８ｂ
・高田晴子　ざわめきやまない　理論社　１９９５
・滝川一廣　新しい思春期像と精神療法　金剛出版　２００４
・牛島定信　青年期精神療法の治機転―とくに母子の分離をめぐって　馬場謙一（編）　増補青年期の精神療法　金剛出版　１９９１
・内田亮子　生命をつなぐ進化の不思議―生物人類学への招待　ちくま新書　２００８
・Winnicott.D.W. Playing and Reality "Pelican Books　1971　橋本雅雄（訳）　遊ぶことと現実　岩崎学術出版社
・臓器移植法をとい直す市民ネットワーク　脳死、臓器移植Q&A50　ドナーの立場でいのちを考える　海鳴社　２０１１

第2章
学校から社会への移行

移行支援としての学校教育、とりわけ高校教育の役割を考えるにあたって、本章では「学校」から「社会」への移行を取り上げる。前章では発達という視点をもって「子ども」から「大人」への移行を取り上げ、現代日本社会においては「子ども」から「大人」への移行が長期化し、かつ多様化していると述べた。同様に、この「学校」から「社会」への移行も、日本を含めた先進諸国共通に長期化し、かつ多様化したという捉え方が一般的である。イギリスの社会学者であるファーロングら（１９９７）は、次のように指摘している。

「１９８０年代に進行した若年労働市場の再編は、より高度な教育資格と（従来とは）異なるスキルへの需要を同時にもたらし、それはひるがえって、若者の労働市場への参入年齢を引き上げた。こうした変化は、学校から社会への移行の大幅な長期化と多様化をもたらし、その結果80年代後半までには、若者たちはより幅広く、きわめて多様なルートをたどって労働市場に向かうようになった」。

前章の発達論をふまえ、本章ではこうした視点から、現代日本社会における「学校」から「社会」への長期化と多様化について論じ、その移行を支援する学校教育、とりわけ高校教育の役割をとらえ直してみたい。

第1節　「学校」から「社会」への移行の長期化：歴史的概観

このうちまず「学校」から「社会」への長期化を、「子ども」から「大人」への移行の長期化と重ねて歴史的にとらえると、次のような議論になろう。

「子ども」を「大人」にしていく社会状況を人類の歴史という長いスパンからとらえると、初期共同社会に存在していたのが（あるいは現代でも未開社会に残っている）「イニシエーション」という通過儀礼であろう。この背景にある発達観においては、「子ども」と「大人」が質的に違うものとしてとらえられ、段階的、飛躍的な移行が想定されている。これによって、「子ども」は一夜にして（あるいは数日、数週間かけて）「大人」へと変身する。実際は、その社会、つまりは周囲のものが皆、それまで「子ども」であった彼あるいは彼女を「大人」として認めるようになる。この根底には、前章で述べた発達とは「子ども」から「大人」への連続的な過程という発達観とは異なる、ある時点から明確に線が引かれて「大人」になるという非連続的な発達観がある。

やがて人類の進化＝社会が複雑化するにしたがい、「子ども」を「大人」へと社会化するための移行期間とその過程が誕生する。その第一が中世身分制社会の徒弟制であり、第二が近代市民社会の学校である（森、１９９８）。これを「子ども」という概念から歴史的に俯瞰したのがフランスの歴史学者アリエス（１９６０）である。その議論を以下にまとめてみよう。

これまで記述してきたように、今日の私たちの社会は、年齢を基準に構成メンバーを分ける基本として「大人」と「子ども」という二分法を使っている。法律をはじめとして社会的活動のさまざまな局面において、この区別によって異なった扱いを受けることを当然のように受け入れている。その前提として、「大人」とは一人前の社会人であり、「子ども」とは未熟で保護されるべき存在という認識があるといってよいだろう。

しかし、アリエスは、こうした「子ども」という概念が中世以降に誕生したという斬新な主張を行ったことで今日知られている。すなわち、中世までの社会においては、「子ども」という観念は成立していなかった、子どもは小さな大人にすぎなかったということを、絵画や書簡などきわめて具体的な事物を分析することによって明らかにしたのである。たとえば、ほぼ12世紀まで芸術の世界で子どもは認められておらず、描かれることすらなかった。ここから子ども期の発見は13世紀に始まるというのがアリエスの主張である。これに付随して、習俗という点でも半ズボンなど子どもと大人を区別する「服装」の登場も指摘している。また、言葉のうえでも限定した意味で使われておらず、「あいつ（gars）」と言われるような感覚で、「子ども」という言葉が使われていたのである。このように年齢区分が不確定であることが、あらゆる活動にまで及んでいた。

　こうして中世のヨーロッパ社会では、乳幼児期を終えた「子ども」は、そのまま共同生活に組み込まれた。「子ども」期とは、「『小さな大人』がひとりで用を足すにはいたらない期間、最もか弱い状態で過ごす期間」（＝約6、7年）でしかなかった。したがって、中世では7歳前後で、子どもたちは大人といっしょになり、仕事や遊びなどの日常生活をともにしていた。この7歳以降の「子ども」は、大人と比べて体は小さく能力は劣るものの、いわば「小さな大人」とみなされていた。したがって、7歳以降の現在でいうところの児童期の「子ども」は「子ども」あつかいされることなく、見習い修行に出され、日常のあらゆる場で大人といっしょに働き、遊び、暮らしていた。

　このようにアリエスは、「子ども」という現在私たちが自明なものとしてとらえているものが、社会・歴史といった文脈のなかから生まれてきたことを明らかにした。また同時に、学校や家族といったものも、そうした文脈からとらえることが可能であることを提示した。こうしたいわば「子ども」期の誕生、つまりは7歳以降への「子ども」期の延長から、「子ども」が教育やしつけの対象として見られるようになったのである。こうして「子ども」を理性ある人間（ヨーロッパ社会においては良きキリスト教徒）に育てることが目標とされ、近代学校教育の成立へと向かう。中世においても学校は存在していたが、今日あるところの一般的な教育は徒弟修行のような形であった。しかし、7歳以降の「子ども」期の延長から、教育は大人社会から隔離された学校へと移行していく。すなわち、それまで見られなかった特別な空間と場所によって区切られた学校が生まれ、年齢によって段階別にされる規律の場として整備されていくことになる。

つまり、アリエスの主張をまとめると、「子ども」期が延長されたことによって、「子ども」から「大人」への移行期間が長期化し、その移行期間を援助する教育期（＝学校制度）が生み出されたということになる。すなわち、「子ども」は生産活動を免除されて、「大人」への移行のための準備期間（＝教育期）が与えられるようになったのである。こうして歴史的にとらえれば、本来学校教育は「子ども」から「大人」への移行支援という機能をもって登場したことがわかる。

日本にあてはめれば、１８７２年の明治政府による学制発布により学校制度がスタートした。当初、就学率は学制発布から10年後の１８８２年にして3割ほどにすぎなかったが、授業料無償化など経済的要因や、皆が行くのに遅れまいとする心理的な要因などにより急激に上昇し、20世紀に入る頃には9割を越える。それより以前、１８８６年の小学校令で尋常小学校への4年間の就学が義務制になったが、この年限は１９０７年に2年間延長され6年間になっている。つまり、4年間の教育期が生まれ、それが6年へと延長されても9割以上の子どもたちが学校に通う時代が訪れたのである。実際、就学率は1902年には91％を越え、1908年には98％弱にまで達する（岩木、2004）。

やがて日本社会の発展とともに、この義務教育である初等教育6年の後に進む学校として、2年制の高等小学校・青年学校普通科と5年制の中学校および4～5年制の高等女学校・実業学校が整えられていった（山住、1987）。しかし、実際、この中等教育機関に進学できるものは2割ほどにすぎなかった。1941年からは、国民学校制度が発足したことにより義務教育年限は8年になるはずだったが、戦時下のためその実施は延期された。それどころか1943年の中学校令によって、中学校・高等女学校・実業学校の修業年限は4年に短縮されてしまう。さらに、1944年度からこれらの中等学校生徒は勤労動員され、1945年4月からは1年間授業停止となった（大田、2000）。このように第二次世界大戦中の日本では、それまでの人間社会の発展に逆行する教育期間の短縮が国家によって実施された。

第二次大戦後の1947年に新制中学校（＝前期中等教育）、翌1948年に新制高等学校（＝後期中等教育）がスタートする。いうまでもなく、このうち中学校までの9年間が義務教育となったのである。なお、戦前の義務教育とは、実際に子どもに課せられた就学義務であり、戦後の社会の就学保障の義務＝保護者による就学義務とはまったくちがうものである（この「義務教育」については第4部第2章であらためて考えたい）。序章でふれたように、発足当初4割程度であった高校への進学率は、その後急激な上昇を続け、30年経った1970年代後半には9割を越える。こうして現代日本社会では、子どもたちは9年間の義務教育（小学校6年間と中学校3年間）に加え、高等学校まで進学していく現状、すなわち「学校」から「社会」への長期化がみられるようになる。

ここで、初等教育、中等教育という用語を整理しておこう。初等教育とは英語の primary (or elementary) educatin、中等教育とは secondary education にあたる（ちなみに高等教育は higher education である）。それぞれ第一段階の教育、第二段階の教育というのが本来の意味である（志水、２０１０）。したがって、日本でいえば、戦前では第一段階の教育である初等教育が4年間から6年間へと整備されていったのに対して、戦後はスタートからそれに加えて第二段階の教育である中等教育の3年間が制度化（＝義務教育）されたことになる。そして、この第二段階の中等教育後半の3年間にあたる高校教育を、より多くの子どもが受けることになっていくという形で長期化が進行していったのである。

第2節　アーミッシュスクール

ここで現代日本社会とは対極的にあると考えられるアーミッシュ社会とその学校教育を紹介しよう（フィッシャー、１９８６／クレイビル、２００８）。アーミッシュとは、アメリカとカナダで近代文明を拒否して独自のライフスタイルを２００年以上も維持しているキリスト教プロテスタントの一会派である。彼らは教区と呼ばれる数十家族からなる小さなコミュニティを形成し、信仰に基づいた簡素な生活を長年変わらずに続けているが、それは以下のような特徴をもつ。①農業を基盤とする家族中心の生活。②２００年前の生活を維持（移動手段としての車を使わず、馬車を利用。電気も使わないためテレビ、ラジオは禁止）。③独特の衣服（女性の日常着は単色のドレス、白のエプロンと帽子、男性は白か単色のシャツ、黒の吊りズボン、黒の帽子が基本的）。④英語ではなく、ペンシルベニアダッチ（ドイツ語）が母国語。

なお、こうしたアーミッシュの生活を規定する口伝のルール集『オルドヌング（ordnung）』がある。これはアーミッシュとして期待される行動を詳細に説明したものである。長い年月かかって作り上げられたもので、通常は書かれたものではない。しかし、決して不変なものではなくて、年2回開かれる聖餐式前の特別な会合で、『オルドヌング』のいくつかがさらに明確にされたり、修正されたりする。子どもたちは口伝えによって、また大人の行動からこの『オルドヌング』を学ぶ。

とりわけここでは、彼らが8年制の学校を設立して運営していることに注目したい。このアーミッシュスクールは、１９４０年時点では4校にすぎなかったが、その後各地で急速に増えた結果、２００１年時点では、アメリカに１２５２校、３万人以上の生徒が学んでいる（杉原、２００４）。実は、もともとアーミッシュの子どもたちも公立学校で学んでいた。それはアメリカの農村部が今のアーミッシュの人々と変わらぬ生活をしていた時代であり、同時にアメリカ初期の義務教育が8～14歳までの6年制であった時代のことでもある。ところが、7～16歳の9年間を義務教育期間とする州が増えるにしたがって、8年間で十分だと考えるアーミッシュ社会は、高校（9年目からにあたる）に子どもを通学させることを拒否するようになったのである。その結果、保護者に罰金が科せられたり逮捕されるなど、１９７２年に裁判でアーミッシュスクールが正式な学校と認められるようになるまでさまざまな軋轢が続いたのである。現在、アーミッシュの子どもたちは共同体によって運営される8年制のアーミッシュスクールに通学している（注1）。

このアーミッシュ出身で9年目からの高校に進学した子どもは、アーミッシュ社会にとどまることはほぼ不可能だとされる。アメリカでも高校は広域からの通学になり、当然高校に進学することはアーミッシュコミュニテイの外へと出ていくことを意味する。この高校進学者たちが卒業後にアーミッシュコミュニテイのなかにとどまって生活していくことは稀である。

アーミッシュの若者にも、このアーミッシュスクールを終えた後に第1章であげた「破」の時代があることにもふれておこう。アーミッシュの宗教・社会・生活を紹介したクレイビル（２００８）は、「なぜ、アーミッシュの若者は、十代に反抗するのか?」というタイトルで以下のように取り上げている。

アーミッシュの若者は、しばしば10代後半に「若者グループ」に参加する。このグループのなかにはアーミッシュの伝統に従うものもあれば、週末に伝統的な洋服を脱ぎ捨てるなど公然と反抗するものたちも現れる。少年のうちおよそ3割が車を所有し、4割は免許をもっていて、一度か二度運転したことがあるものは7割にものぼるという。実は、アーミッシュの社会では、洗礼を受けていない子どもは教会の支配下にはないのである。アーミッシュの教会は、成人（＝大人）になってからの洗礼をきわめて重視していて、その時期は一般的に16〜21歳の間になっている（少年よりも少女の方がその時期が早い傾向があるのも興味深い）。また、洗礼は結婚の必要条件でもある。したがって、こうした反抗期は、アーミッシュの文化を拒否したり受け入れたりする「選択可能な時期」と位置づけられている。つまり、教会の教えと宗教実践（つまりは『オルドヌング』）に従うことを誓う洗礼の前に、「外の世界を探検し、経験し、そして反抗する時間が与えられていることを意味している」。これは、まさに試行錯誤の「破」の時代といえよう。しかし、驚くべきことに8割以上のものが洗礼を受けることを選択してアーミッシュに留まることになる。なお、アーミッシュ社会では、洗礼を受けることが前章でふれた「社会的大人」として認められることに他ならないが、この時期に幅があることも興味深い。

いずれにしてもこうしたアーミッシュ社会の在り方は、逆に現代日本社会をはじめとする先進諸国（＝より高度な産業社会）に見られる「学校」から「社会」への長期化をより鮮明に照らし出す。産業社会の発展にともなって学校教育は、家庭や地域社会が伝承してきた知恵というよりは、特定の地域や階級を越えた社会（あるいは国家）で必要な知識を学ぶ場として整備され、産業社会で必要とされる人材を育成するようになっていった。この社会の発展とともに「学校」から「社会」へのプロセスは長期化せざるを得なかったのである。そうした面で学校制度は、その社会の在り方を映し出す鏡のようなものでもあろう。

戦後にめざましい経済発展を成し遂げて人々の生活が激変した日本社会とは対照的に、アーミッシュの人々は近代文明を拒否して独自のライフスタイルを２００年以上も維持し続けてきた。彼らにとっての学校教育は、子どもたちが限定的な地域社会（＝アーミッシュのコミュニティ）にとどまることを前提にしたものである。それゆえに地域を越えて受けることになる高校教育を拒否したことは必然であったろう。そしてまた、その対極にある戦後の日本社会の「学校」から「社会」への長期化もこれまで見てきたように必然だったのである。

第3節　「学校」から「社会」への移行の多様化

一方、こうした「学校」から「社会」への長期化は、期間そのものの多様化をも生み出すことになる。現代日本社会でいえば、前章で述べたように義務教育9年間の中学校卒業で就業するものがいる一方で、中学卒業後さらに7（ないし5）年間大学（短大）まで、さらには9年間大学院（修士課程）まで進学するものも存在する。すでに、１９９３年には大学（短大）進学者数は高校就職者数を上回り、２００７年からは大学進学率そのものが50％を越え、その先の大学院（修士課程）に進学するものも増加し続けている。２０１０年3月データでは、社会人を除いた大学院進学者は約8万人、そのうち22歳は4万2000人である。この大学院進学者（＝18年間の学校教育を受けるもの）の数は、同世代（これより7年前の2003年3月データ）の中学卒業後に就職したもの（＝9年間の学校教育を受けたもの）と比べると10倍近い数字になることが「学校」から「社会」への長期化と多様化を象徴している。

ここで再び、学校制度の歴史に立ち戻ろう。世界の学校教育の歴史は複線型から分岐型、そして単線型へと進化したと見るのが通説である。近代以前のヨーロッパ社会では、支配者層の子どもたちを教育する学校と被支配者層の子どもたちを教育する学校がまったく別に存在し、それぞれの「学校」からそれぞれの身分「社会」へと接続し、相互に乗り入れることはなかった。これが「複線型」の学校制度である。江戸時代までの日本の状況がこれにあたる。「子ども」から「大人」への道筋は、階級ごとに「学校」から「社会」への通路とほぼ重なっていて、相互の行き来はきわめて難しいために職業選択の自由はないに等しい。ただし、それぞれの移行は安定的でリスクは少ない。

やがて市民国家の成立と並行して第一段階の初等教育が統一されることになる。しかし、その先の第二段階の中等教育では、さまざまな階層に属する子どもたちが11～12歳時点で、社会に出たり、異なったタイプの学校へと進学していく。これが「分岐型」であり、先に述べたように戦前の日本がとっていた学校制度でもある。そして、この学校制度がいわば「子ども」から「大人」への道筋を拡張して、「学校」から「社会」に出て行くにあたって職業選択の自由を保障することとなった。

一方、戦後の日本は、中等教育前半＝中学校までの義務教育化によって、「単線型」の学校制度をもったことになる。実際のところ、本書が注目する第二段階（＝中等教育後半）にあたる高校教育は、普通科や専門学科（農業、工業、商業など）、高等専門学校や専修学校などのタイプの異なる学校が併存している。しかし、義務教育である9年間は小学校、中学校という単一の教育機関にすべての子どもが通うことや、高校段階のすべてのタイプの学校から高等教育への進学可能性が制度的に開かれていることから日本の学校制度は単線型に分類される。そして、こうした整備された学校制度によって、憲法で保障されている職業選択の自由が確立されている。

これをふまえて中等教育に限定して考えてみよう。教育社会学者の志水（２０１０）は、日本の第二段階である中等教育は教育の①内容、②理念、③制度という3つのレベルにおいて正反対の方向性をもつ教育作用を施す要請にさらされていると以下のように分析している。①内容において「完成教育＝職業教育」と「準備教育＝普通教育」を用意する必要がある。そして、②それぞれの教育内容は、「平等主義」と「能力主義」という相反する教育理念と交差する。さらに、③制度上は、中等教育自体が義務教育としての前期中等教育機関である中学校と、義務制でない後期中等教育機関である高等学校に分割されている。その結果、高校の「多様化」政策が必然的に要請されることになり、近年生徒数の減少によりさらにその勢いが増しているのは序章に述べた通りである。

現在では、この「学校」から「社会」への移行にあたってさまざまなリスクが存在する。戦後日本の高度成長期とともに普及した学校教育の職業振り分け機能は、学校のランクに枝分かれしながら、就職という最終目的地へのスムーズな流れを確立していった。この振り分け機能の特徴は、「ゆるやかな選抜」にあり、自分の学校のレベルによって可能な職業が見通せるという利点をもち、職業選択からくる「職に就けないリスク」を最小限に抑えるための「安心をもたらすシステム」であった（山田、２００４）。とりわけ高校からの就職では、一人一社制という「高校の内部選抜で選ばれた生徒が、ほぼフリーパスで実績関係がある会社に就職していく」（志水、２０１０）システムが確立していた。しかし、１９９０年代以降この「学校に委ねられた職業選抜機能」（刈谷、１９９１）は壊れ、組織間で人々を受け渡しする慣行は消えてしまった。その結果として、若者からニート、フリーター、あるいは非正規労働者やワーキングプアと呼ばれるものが多数生まれている現状がある。実際、ブリントン（２００８）は、バブル崩壊後の１９９０年代に高校を卒業して社会に出た若者たちが「大人に移行する過程で行き先を失っている」実態を描き出し、とりわけ高校から社会への部分の崩壊を実証的に明らかにしている。また、同じく乾（２００６）は、高校から社会に出ることの難しさを具体的な事例によって描き出している。こうした事態は、「学校」から「社会」への移行が長期化し、かつ多様化、複雑化したことによってもたらされた「個人化」（ファーロング、１９９７）と「リスク化」（山田、２０００）ともいえる。

第4節　「子ども」と「大人」のグレーゾーン化

ここでは、こうした「子ども」から「大人」へ、同時に「学校」から「社会」への多様化と複雑化の根底に目を向けてみたい。そのために現代社会におきつつある以下のような新たな視点を採用する。それは、現代社会では「子ども」期を生み出した条件が崩れはじめて「子ども」期が消滅しつつあり、「子ども」と「大人」の境界がなくなりつつある＝グレーゾーン化という視点である（保坂、２０１０）。

現代アメリカのメディア研究者であるポストマン（１９８２）は、「子ども」という概念を生み出した社会状況は近年大きく様変わりし、近世以降に成立した「子ども」は現在消えつつあると主張する。彼は、印刷技術の登場によって出現した読み書き能力を修得する必要性こそが「子ども」期という大人と区別された時期を生み出したと考察している。中世社会において7歳前後で「小さな大人」とみなされたのは、それくらいで自由に話ができるようになったからであり、幼児期は話す能力ができたところで終わり、「子ども」期は読みかたを覚えるという課題とともにはじめると述べている。したがって、この読み書き能力を必要とせずに、さまざまな情報を与えるテレビをはじめとする映像メディアの出現によって、「子ども」期は現在消滅しつつあるということになる。また、彼は、この「子ども」と大人の境界をあらわすキーワードとして「秘密」ということをあげている。そもそも印刷物自体が、読み書き能力をもたない子どもにとっては解読不能な文化的秘密である。読み書き能力を修得して大人になることは、こうした大人の秘密に近づくことができることを意味する。こうして話し言葉で意思疎通が可能になる7歳以降においても、読み書き能力を獲得するための「子ども」期が必要となり、学校教育が成立していったと考えられる。ところが、テレビをはじめとする映像メディアの出現はこうした読み書き能力とは関わりなく子どもが大人のもつ「秘密」に近づくことを可能にしてしまった。インターネット上に氾濫する「性」に関するさまざまな情報（かつての「秘密」）などその最たるものであろう。いわば読み書き能力とそれに伴う「秘密」という「子ども」期を生み出した条件が崩れて「子ども」期が消滅し、現代社会では「子ども」と「大人」の境界がなくなっているというのがポストマンの主張にほかならない。

　そして、高度経済成長期以降の子どもをめぐる問題のなかで、日本社会においても「子どもの消滅」が言われるようになってくる。たとえば、現在の日本の子どもの状況についての卓越した観察者である教育評論家の斎藤（１９９８）は、『「子ども」の消滅』をその本のタイトルとし、子どもが消滅しつつあるのは明白であるとまで断じている。そして、その大人と子どもの境界が消失した理由として市場原理の影響をあげて、次のように論じている。

「子どもからおとなへの段階的な上昇というイメージは、個人的な消費のレベルではほぼ完全に消え失せてしまった。むしろ、『少年ジャンプ』をサラリーマンが読んでいたり、大のおとなが『ドラクエ』に熱中したりというような、従来の子ども文化の上限が消失した例の方が多いのかもしれないし、子どもが通信教育や塾でファックスを使ったり、ファックスからパソコンに関心が移ったりしていて、一般的耐久財のユーザーの年齢の下限は下がる一方なのである。（中略）バイクや車の運転、飲酒・喫煙の禁止などの法的規制以外に、おとなと子どもの間の境界は埋めつくされてしまったのだ。かつて『子どもの誕生』（アリエス）の時代があったように、いまぼくたちは文化の問題としてみれば『子どもの消滅』の時代に立ち合っているのかもしれない」。

　そもそも近代社会の学校教育制度は、先に述べた通り「子ども」期の延長から子どもが教育やしつけの対象として見られるようになって成立したものである。つまりは、近代市民社会の「子ども」像（つまりは「大人」像）を前提として成立していた学校教育では、子どもに対する指導もまたその前提の上で行われていたといえるだろう。先に紹介したポストマンも、学校は「子どもと大人には大きなちがいがあり、大人には子どもに教えなければならない大切なことがあるという仮説にもとづいて私たちに残された唯一の公共機関である」と述べている。学校教育の二大機能ともいうべき学習指導と生活（生徒）指導は、こうした「子ども」像（同時に「大人」像）の上に成り立っていたのである。

　単純化していえば、近代市民社会における学校教育は、大人になるためには「読み、書き、そろばん」が必要な知識であり、それを教えるのが学校であるというところから出発している。当然、「子ども」像（＝「読み、書き、そろばん」ができない）と「大人」像（＝それらができる）の違いがはっきりしていて、その道筋（＝できるようになる）が示されれば、学校の役割は自明である。

先にあげた『オルドヌング』をもつアーミッシュ社会と学校の関係を考えればわかりやすい。アーミッシュスクールはコミュニテイサイズにあわせて小規模であり、そのほとんどが１教室１教師の単級学校（20〜30人規模）という特徴をもつ。その教育内容は、基礎教科としての３Ｒ（読み、書き、算数）に加え、保健、歴史、地理が教えられることが多い（注２）。通常、進化論や近代技術を含む理科は教えない。この学校を終えてアーミッシュ社会の一員となるための教育内容になっているのであり、それはコミュニテイ全体で共有されている。よりわかりやすい例を挙げれば、単学級でクラスを編成することなく、１年生から８年生まで同一の教室で学んでいることは、子どもたちに必要なものが競争ではなく、「協同と協調の精神」を学ぶことだと考えられているからである。また、学校の夏休みが5月から8月末までと長期間であることも、農作業が忙しい時期に子どもたちが手伝いをすることが当然のこととコミュニテイ全体で認識されているからである。そのため学校は農作業がなくなる冬を中心にして学期が組まれている。また、女の子は６歳（つまり学校に通う）頃から家事を手伝い始め、11歳頃には１人で料理を作れるようになることが当然とされる。さらに、家族全員の服もミシン（当然電動ではない）で作るようになるが、これもまたコミュニテイ全体、つまりは家庭でも学校でも了解されており、その基本が『オルドヌング』に他ならない。

　しかし、ここで考察してきた現代日本社会のグレーゾーン化とは、学校教育の前提となる「子ども」像と「大人」像が大きく揺らぎ、その境界線がわかりにくくなっているということに他ならない。そもそも生活（生徒）指導、さらにはより広くルールやマナー、しつけや道徳といった面においては、指導の指針ともいうべきものがはっきりと明示されているとは言いがたい。私たちはすでに、「子どもはそういうことはしてはいけない」、あるいは「そういうことは大人になってからしなさい」という言葉を聞かなくなって久しい。高度経済成長期以降、「そういうこと（＝「子ども」がしてはいけないこと、あるいは「大人」になってからすること）」がわれわれの間で一致しないからであろう。つまりは、「子どもはそういうことをしてはいけない」という一般的な「子ども」像を社会全体では共有できなくなってきている。社会全体で共有できない以上、学校と保護者の間でも共有できないのは当然であろう。「こういうことを小学生（あるいは中学生、高校生）はしてはいけない」、または「すべきである」と学校教員が判断しても、それを保護者が同意するとは限らないのである。

　教育学者の小野田（２００６）は、今の学校現場に押し寄せている無理難題要求（イチャモン）の急増現象に危機感をもち、その実態について調査研究を積み重ねている。そして、保護者の「わが子の成長と発達に関わる思い」と、学校が「本来的な役割や子どもの成長に何が必要か」と考えているものの間にズレが生じていて修復が必要であることを明らかにしている。ここにも「子ども」像、そして子どもの発達する姿、さらには学校の役割に対する認識のずれがあるといえるだろう。これまでの議論で明らかなように、保護者による「しつけ」も学校教育における生活（生徒）指導も、こうした「子ども」像の上に成り立つものである。服装をはじめとするルールやマナーなど生活全般にまでわたって、「小学生（あるいは中学生）がしてはいけないこと」について、そしてもちろん「高校生がしてはいけないこと」についても、現代日本社会では「大人」同士でさえ共通の「子ども」像をもてなくなっている。

　また、「大人」と「子ども」の間においても、共通の「子ども」像が成り立っているのだろうか。きわめて扱いの難しい問題だが、高校生の性に対する行動などは、「大人（保護者や教員）」と「子ども（生徒）」の間でその不一致たるや驚くほどと言わざるを得ない。国民性行動調査を行った医師の木原（2006）は、1990年代に入ってからの高校生の性経験率が急上昇していることを報告している。具体的なデータとして2002年調査の性経験率は、高校3年女子46％、男子37％と示されているが、次のようなデータを「驚き」とともに報告している。「性経験者の5～6割の人がつきあって1カ月以内に性関係に入っている」「その相手が1人という人はすでに半数を切り、4人以上という答えが男女ともに2割程度、平均は3人になる」。

　同様に性意識についても中学生に調査し、次のような結果を示している。中学3年生では、その4割が「中学生が性行為をしてもかまわない」と考えていること、6～7割が高校生の性行為を認めていること。こうして子どもたちの間では「中学生の時代にすでに高校生の性行為を容認する意識が形成され」「いわば『準備状態』がほぼ出来上がってしまっている」と述べている。

そして、自らの高校生の時点（１９７０年前後）では、中高校生の性行為は理屈抜きにありえないことだったのに対して、そうした「規範」はもう失われていると指摘している。むしろ、今の高校生たちには、より早く体験することが良いという仲間集団の「規範」があるといってよい。しかし、この「規範」は、「中高校生の性行為など理屈抜きにありえない」時代を過ごした「大人」たちには到底受け入れ難い。

さらにいえば、こうした高校生の仲間とは、前章で述べたように、ピア・グループに至っていない肥大化したチャム・グループである可能生が高い。同時に、こうした高校生一人ひとりを見ると、「心理的大人」としての現実的な判断力や内省する力に欠けているところがあるのかもしれないのである。一方で、この高校生たちは「破」の時代にあり、アーミッシュ社会に見るように、それこそ体験学習のための試行錯誤が最大限許容されることも重要なのである。

ここまで考察したように「子ども」と「大人」の境界がなくなってグレーゾーン化が起きつつあることが日本を含めた先進諸国共通の現象であろう。なお、現代日本社会とは、高度経済成長期以降（およそ１９８０年代以降）現在までのこの30年ほどを指すこととする。産業革命以降の近代社会は、産業化が継続的に急速に進む社会＝産業社会と定義される（直井、２００８）。したがって、高度経済成長期以降の現代日本社会とは、ポスト産業社会であり、いわゆる「ポストモダン」といわれている時代にあたる。ここで区切りとした戦後日本の高度経済成長期に、「子ども」をめぐる問題についての大きな転換点があること、さらには文化や科学、政治・社会といったさまざまな面での重層的な転換点が存在することが認識されつつある。この大きな転換点以降、日本社会がそれまでの「経済成長」という目標を失い、それに代わる新たな目標（あるいは価値）を見出せないでいることもまた共通認識になりつつあるといえるだろう。つまり、明治維新後はヨーロッパ社会を、戦後はアメリカ社会をモデルとしてきた日本社会は、今現在そうしたモデルをもてずにいるということになる。

　このように現代日本社会がめざすべき方向性が見えない混迷の時代だからこそ、個人にとっての「理想とする大人」像はあり得ても、社会全体が「理想の大人」像を共通にもつことは難しいことといえよう。それゆえ「子ども」から「大人」への「正しい」道筋もひとつではなく、多様に存在し得ることになる。先に述べたように、学校制度は職業選択の多様性を保障したことで、「子ども」から「大人」へ、そして「学校」から「社会」への道筋を拡張した。しかも、その多様で幅広い道は長期化によって先を見通すことは難しいうえに、ゴール（＝理想とする大人）さえも多様にあり得るのである。いわば「子ども」から「大人」への道筋は、視界不良で見通すことが難しいうえに、「学校」から「社会」への通路がさまざまであるためにその出口さえも見つけることが困難になっている。そうしたなかで自分の道筋は自ら切り開かなくてはならないという「個人化」には、その責任を自らが負うという「リスク化」も伴うことになる。それゆえにこそ学校教育のもつ「子ども」から「大人」への移行支援という役割にあらためて注目し、高校教育において「学校」から「社会」への移行支援というパラダイム転換が必要であるというのが本書の認識に他ならない。

【注】

注１　アメリカでは、教育は州の責任であるため就学義務に関する法律も州によって異なる。また、州によって学制もちがって、現在では４－４－４制、あるいは５－３－４制をとるところが多い。そのうちの中等教育機関は、戦後の日本がモデルとした６－３－３制の中学校（=junior high school）ではなく、ミドルスクール（middle school）と呼ばれる学校が多く、また高校（high school）は９～12年目の４年制が普通である。アメリカにおいて１９６０年代以降、こうしたジュニアハイスクールからミドルスクールへの学制変更が行われた背景の１つが前章で述べた発達加速化現象である。このうちミドルスクール（５あるいは６～８年制）は思春期固有の教育機関とされ、生徒のグループ分けでは、学年制や教科ごとの編成よりも発達段階に応じた編成が強調される（保坂、１９９８）。

注２　アーミッシュと非アーミッシュの子どもの学力調査では、アーミッシュの子どもたちは第二外国語である英語の語彙力を除いて、非アーミッシュの子どもたちと同等かそれ以上であるという結果が出ている（杉原、２００４）。

【引用文献】

・Aries,P.L.　'Enfant et la vie familiale sous l' Ancien Regime Plon, Paris.　1960　杉山光信・杉山恵美子（訳）〈子ども〉の誕生―アンシャン・レジーム期の子供と家族生活　みすず書房　１９８０
・ブリントン、M. C.　失われた場を探して―ロストジェネレーションの社会学　ＮＴＴ出版　２００８
・Fisher,S. E. & Stahl, R.K.　The Armish School, GoodBooks.　1986　杉原利治・大藪千穂（訳）　アーミッシュの学校　論創社　２００４

・Furlong., A. & Cartmel,F.　Young People and Social Change, Open University Press　1997　乾彰夫他（訳）若者と社会変容　大月書店　２００９
・保坂　亨　児童期、思春期の発達　下山晴彦（編）教育心理学Ⅱ：発達と臨床援助の心理学　東京大学出版会　１９９８
・保坂　亨　いま、思春期を問い直す―グレーゾーンにたつ子どもたち　東京大学出版会　２０１０
・池田　智　アーミッシュの人びと―「充足」と「簡素」の文化　二宮社　２００９
・乾　彰夫　18歳の今を生きぬく―高卒1年目の選択　青木書店　２００６
・岩木秀夫　ゆとり教育から個性浪費社会へ　ちくま新書　２００４
・木原雅子　10代の性行動と日本社会　ミネルバ書房　２００６
・Kraybill,D.B.　The Amish of Lancaster County　Stackpole Books　2008　杉原利治・大藪千穂（訳）アーミッシュの昨日・今日・明日　論創社　２００９
・森　重雄　モダンのアンスタンス―教育のアルケオロジー　ハーベスト社　１９９３
・直井　優　総論　液状化する社会階層　直井優・藤田英典（編）講座　社会学13　階層　東京大学出版会　pp１－38　２００８
・小野田正利　悲鳴をあげる学校　旬報社　２００６
・大田邦郎　第二次大戦前後の学校制度の変遷について　千葉大学教育学部紀要48（1）pp31－40　２０００
・Postman,P.　The Disappearance of Childfood　Dell Publishing Company. New York　1982　小柴一（訳）子どもはもういない　新樹社　２００１
・斎藤次郎　「子ども」の消滅　雲母書房　１９９８
・Steven, D.B.K. & David, L.M.N.　Amish Grace:How Forgiveness Transcended Tragedy　John Wiley & Sons, Inc.　2008　青木玲（訳）アーミッシュの赦し―なぜ彼らはすぐに犯人とその家族を赦したか　亜紀書房　２００８
・菅原千代志　アーミッシュへの旅―私たちのなくした世界　ピラールプレス　２０１１
・杉原利治　解説　生活知としてのまなびの豊かさ　アーミッシュの学校　論創社　２００４
・堤　純子　アーミッシュ　未知谷　２０１０

・山田昌弘　希望格差社会　筑摩書房　２００４
・山住正己　日本教育小史　岩波新書　１９８７

第2部

発達精神病理学からみた高校生

小野善郎

第1章　子どもの問題行動と精神病理

第1節　子どもの精神症状としての問題行動

子どもを対象とした精神医学は、まだまだ子どもの医療サービスのなかに広く普及しているわけではないが、学校教育や障害児福祉などの領域での役割は年々大きくなってきている。特に、２００７年に始まった新たな障害児教育の枠組みである特別支援教育の制度では、その対象となる児童生徒の定義として「高機能自閉症」や「注意欠陥・多動性障害」などの精神医学の概念が取り入れられており、医学的診断が制度の中核的な要素に位置づけられている。

精神医学のなかでも子どもを対象とした児童精神医学は、成人を対象とする一般精神医学とはかなり性質が異なる面をもっている。両者は対象とする患者の年齢が異なるだけでなく、扱う精神病理にも大きな違いがある。一般精神医学では統合失調症や気分障害が一般的な精神病理であるのに対し、児童精神医学では自閉症や注意欠如・多動性障害（ＡＤＨＤ）などの発達障害の占める割合が大きく、したがって、それぞれの臨床場面にもち込まれる問題も大きく異なっている。

診断分類の違いだけでなく、子どもと成人の精神医学の臨床では、症状の表れ方にも大きな違いがある。精神障害に伴う症状、すなわち精神症状には、たとえば、幻覚、妄想、抑うつ気分、不安、不眠など、さまざまなものがあり、精神科医はこれらの症状を丁寧に評価することで精神障害の診断を行っている。外部から客観的に観察できる症状もあるが、実際には患者自身が言語的に表現することではじめて確認できるものも少なくない。たとえば、実際には存在しないものが見えたり聞こえたりする幻覚は、統合失調症などの精神病性障害で認められる重要な精神症状であるが、幻覚そのものは患者が主観的に体験する異常現象（病的体験という）であり、その詳細は本人によって説明されなければ把握することは難しい。より一般的な症状である不眠についても、睡眠時間として定量化できるかもしれないが、睡眠の質は何時間眠れたかだけで決まるものではなく、やはり主観的な要素が大きいので、本人の訴えがあってはじめて精神症状として認識されることになる（小野、２００９）。

つまり、一般的な精神医学においては、患者自身がことばで表現する症状に基づく評価のウエイトが高いので、その臨床場面では精神科医と患者との言語的コミュニケーションが非常に重要な要素とならざるを得ない。それに対して、子どもの場合、特に年少の子どもの場合は、言語的コミュニケーションの制約のため、成人と同じようなことばによる表現を基本とした診療は成り立ちにくい。ことばによって説明される精神症状にかわって、子どもたちで重要な役割を果たすのが行動である。児童精神医学では子ども自身の内的体験よりも、親や周囲の大人たちによって観察される何らかの行動（多動、暴力、盗み、嘘など）が主要な精神症状として取り扱われる。

また、不安や抑うつなどの情動・気分の症状についても、主観的な感情体験として表現されてはじめて評価できるものなので、やはり子どもの場合はその未熟さのために適切に把握することが難しい。そのため、子ども自身の表現ではなく、外部から観察される情動・気分の表現型として情緒（emotion）という概念が用いられる。引っ込み思案、恥ずかしがり、かんしゃく、多弁、怖がりなどは、すべて情緒の問題として認識され、子どもの精神症状として診断・評価の要素に位置づけられる。

このように、子どもの精神医学では、子どもの行動と情緒の問題が主要な精神症状として扱われ、それらに基づいて診断と治療が行われることが大きな特徴である。もちろん、子どもたちにも内面的な悩みがあり、うつ病と診断されるような状態が存在することは事実であるが、実際には子どもたちが自ら精神科医療を求めて受診することは稀であり、たいていの場合は親や周囲の大人たちが子どもの行動や情緒に問題があると感じることが受診のきっかけとなるので、子ども自身の問題意識とは異なるところで診察が行われることが少なくない。つまり、子どもが受診するきっかけは、子ども自身が困っていることよりも、大人たちが困っていることであることが多いのである。

親は子どもの行動や情緒に関して心配したり苛立ったりすることは多い。このような親の関心の対象となる子どもの情緒・行動上の問題は一般に「問題行動」と呼ばれるが、実はこの「問題行動」そのものが、児童精神医学ではもっとも主要な精神症状なのである。そして、大人たちにとって子どもの「問題行動」が厄介なものであればあるほど、児童精神科を受診する可能性が高くなるということになる。自閉症を最初に報告した米国の児童精神科医のカナーは、子どもの症状の意味の１つとして「厄介ものとしての症状」を挙げ、子どもの心の内面で起こっている危機に対して大人が気づくきっかけになるものであるとし、子どもへの支援を展開する上での重要性を示している（カナー、１９７４）。

第2節　子どもの問題行動の医学モデル

子どもの問題行動は、日常生活のさまざまな場面で登場する。もちろん、家庭のなかでも、親のいうことをきかない、反抗的、乱暴、嘘をつくなど、さまざまな問題行動に親は悩まされることが多いが、それ以上に、子どもが集団や社会のなかで起こす厄介な行動に対して「問題行動」

という認識をもつことが多い。保育所や学校、地域のなかでトラブルを起こしたり、迷惑をかけたり、あるいは、集団のなかにうまく入れなかったり、他児と同じように学習や行動ができないことも「問題行動」と認識されやすい。そのため、子どもの問題行動は、親のしつけの課題であるだけでなく、保育所や学校での指導の課題でもあり、地域社会においては健全育成や少年司法の問題にもなるなど、多様な側面をもつ問題である。

子どもの問題行動の本質は、子どもの年齢相応の平均的な適応行動や規準、あるいは親や教員が期待する行動からの逸脱である。近代社会における子どもの逸脱への対応は、主として教育、司法、医学の領域で行われてきた。教育は子どもに社会的規範や適応的な行動を教えることによって逸脱を未然に防ぐ役割を担い、司法は顕在化した逸脱に対してさまざまな保護処分によって矯正をはかる役割を担っている。一方、医学は逸脱を精神病理として扱い、治療を受けもつとともに、予防医学的なモデルにしたがって逸脱を予防する役割も期待されてきている。

児童精神医学は医学のなかでも新興の領域であるが、子どもの問題行動に対する医学的な対応の歴史は古く、少年司法制度の誕生の頃から、すでに子どもの問題行動に対して精神医学は大きな影響を与えてきた。子どもの問題行動を医学的なモデルで理解し対応しようとする「医療化（medicalization）」は、今日の少年司法の基盤であるだけでなく、児童福祉や児童精神医学の源流にもなっている（コンラッド、シュナイダー、２００３）。

未成年者の犯罪行為を成人とは異なる司法手続きによって処遇する少年法の理念は、19世紀後半の北米での児童救済運動や少年裁判所運動を経て確立し、まもなく日本も含めて世界中に普及したが、この少年司法の理論的枠組みと実践には医学的な考え方が深く取り込まれている。精神医学的、心理学的に非行少年を理解しようとするとともに、適切な指導や教育によって更生をめざす処遇は、治療的なアプローチであり、少年司法の領域でも、子どもの問題行動の医学モデルは重要な位置を占めていた。

初期の少年裁判所の様子について社会学者のプラット（１９９４）は次のように記述している。

> 少年裁判所の判事の役割モデルは、法律家ではなく、医師やカウンセラーであった。「裁判所のセラピスト」は恰も地方の町医者がなじみの患者に時間をかけて手当をするように、「非行少年」と一対一の関係を作ることが期待された。法廷は診療所のように整えられ、関係者の用いる用語も多くが医療用語の置き換えであった。

また、少年裁判所は初期診断と予防措置という医学モデルを採用し、成人の犯罪に相当する行為だけでなく、放っておけば将来より重大な過ちを犯す徴候、すなわち「前非行状態」にも介入を行う制度を作り上げてきた。これは早期発見・早期治療によって重大な疾病を予防する予防医学の考え方に相当するもので、今日においても「ぐ犯」というカテゴリーとして受け継がれている。

　しかし、少年裁判所の理念はほどなく限界が明らかになり、それを補う試みとして、１９０９年にシカゴに設立されたシカゴ少年精神病質研究所は、精神科医ヒーリーを中心に、非行少年を精神医学的・心理学的側面から科学的に研究し、少年裁判所の臨床資源としての役割を果たそうとした。この活動の結果として、非行は個々の事例を分析することによってのみ理解することができ、ソーシャルワーカーによる社会調査、心理学者による心理検査、そして精神科医による医学的診断によって治療するチャイルド・ガイダンス（Child Guidance）のモデルが確立され、子どもの問題行動に対する医学モデルによる治療と予防は１９３０年代までに全米だけでなくヨーロッパにも広く普及した（ジョーンズ、２００５）。このチャイルド・ガイダンスのモデルは児童精神医学の１つの源流であり、子どもの問題行動は医学モデルを中心に理解され対処されてきた歴史がある。

　医学モデルにおいては、逸脱は正常に対する異常であり、その状態は病的な状態、すなわち「病理」として説明される。１つの病理には特定の原因、すなわち「病因」があり、その結果、特定の臓器や組織に病変が生じ、それに対応した症状が発現し、一定の経過をとって最終的な結果、すなわち「転帰」を示すことが医学モデルの原則である。これらの一連のプロセスが明らかであれば、その病理に対する効果的な治療や予防ができることになる。子どもの問題行動をこのような医学モデルにあてはめて理解することができれば、大人たちにとって厄介な問題を治療したり未然に防ぐことが可能になり、医療への依存と期待が大きくなることになる。

第3節　医学モデルの限界

しかし、医学モデルが実際に効果を発揮するためには、2つの前提条件が必要である。1つは子どもの問題行動の病理を具体的に明らかにすることで、ある問題行動の病因、病変、症状、経過、転帰が理解されることである。子どもの問題行動に関して、精神医学は多くの診断分類を用意しているが（たとえば、素行障害とか注意欠如・多動性障害）、これらの障害は確かに一定の行動に対する精神病理を表現するものではあるが、実際には症状の組み合わせによって定義される「症候群」に過ぎず、特異的な病因や病変が明らかにされているわけではない。したがって、同じ診断が付いたとしても、その原因や経過は必ずしも同一ではなく、個人によって異なる可能性があり、治療による転帰にも違いが生じる可能性があるので、医学モデルとしては完全なものにはならない。

もう1つの前提条件は、子どもの行動について「正常」と「異常」を正確に区別できることである。正常からの逸脱として「異常」が判別されることで、病的な症状を把握することが可能になり、それらが診断の中核的要素となるのが医学モデルである。異常は正常に対する相対的な概念であるので、ある行動が異常であると判断するためには、まずは正常が正確に定義されることが必須となる。しかし、子どもの行動に関して正常を定義することはきわめて難しいことである。

たとえば、トマスとチェス（1981）のニューヨーク市での縦断的研究では、生後2カ月という早期から9つの気質が認められることが示されたことからも、子どもの行動様式の多様性があることは明らかであり、どの気質のパターンが正常であるのかを特定することは難しい。われわれが通常、「ふつう」と認識している子どもの行動は、その集団におけるもっとも優勢な様式であったり平均的なパターンであることが一般的で、これは必ずしも「正常」といえるものではなく、あくまで「典型的（typical）」な様式であるに過ぎない。

　また、子どもの行動に対する大人の評価は、文化的・社会的・宗教的な価値観にも影響を受けることに注意しなければならない。つまり、その子どもが属する社会において、大人たちが描く子ども観や期待を基準として、子どもの行動の逸脱は認識される側面がある。子どもの問題行動に関するこのような社会文化的な要因があることも、子どもの逸脱を普遍的に定義することを難しくしている。

　このように、子どもの問題行動は医学モデルに基づいて対応される傾向が強いものの、子どもの行動は一義的に正常と異常を定義することが非常に難しく、医学モデルの根幹である「正常からの逸脱」を明確に説明できない瑕疵があることも事実である。したがって、基礎医学や身体医学と同じ次元での医学モデルによって子どもの問題行動を理解し対応できるわけではないことを念頭において、子どもの精神病理に向き合うことが重要である。

　子どもの行動に関して普遍的・絶対的な基準や「正常」が定義できないとすれば、問題行動の概念も相対的なものとならざるを得ないし、実際にわれわれが子どもの行動が「問題である」と考える具体的な内容や程度は、子どもの発達段階や子どもが置かれた状況（context）によって相対的に判断されている。医療の対象となる病理は、本来患者自身に存在するものであるが、子どもの情緒・行動の問題に関しては、子ども自身の病理だけにとどまらず、親や家族、友だち、学校や地域社会などとの相互作用の中に現れる病理も関連しており、子どもの精神病理の主体は個々の子どもだけに留まる問題ではないことが特徴である。つまり、子どもの精神病理は、その子どもを取り巻く環境も視野に入れて理解する必要がある。

第４節　包括的アプローチの必要性

子どもの問題行動を医学モデルで説明することに限界があるとすれば、医学以外の理論やアプローチも必要になる。これまでの歴史のなかで、子どもの問題行動に対する医療化はわれわれの考え方のなかにしっかりと定着しているが、その一方で、あからさまな反論は提出されないまでも、医学モデルを軸とした対応への限界は少しずつ意識され始めている。

医学モデルの矛盾と限界は、たとえば、発達障害の領域で明らかになってきている。学習障害（ＬＤ）、広汎性発達障害（ＰＤＤ）、注意欠如・多動性障害（ＡＤＨＤ）などの精神医学診断が広く知られるようになり、教育現場でもこれらの診断名が使われることが増えてきた。学習に遅れがある子どもや学級での適応や対人関係に困難がある子どもたちにこれらの診断名が付けられ、その診断名に基づいて支援が提供されるモデルが主流になりつつある。しかし、これらの医学診断は、子どもの認知機能、実行機能、コミュニケーションなどの発達特徴を説明するものではあるが、この説明だけでその子どもの学校での教育・支援計画が決定されるほど単純なものではない。学校での発達障害のある子どもへの具体的な学習指導や生活指導は、教育や保育、心理学などの専門家の知識と経験によるところが大きい。

　今、現場で起こっている混乱は、ＬＤ、ＰＤＤ、ＡＤＨＤなどの医学用語で子どもたちの教育的ニーズが表現されるようになったことで、医学的知識をもたない教員たちが子どもの見立てから疎外されてしまっていることである。確かに疾病の診断は医師の専権事項かもしれないが、すでに述べたように、子どもの問題行動に対する医学モデルには限界があるので、医師の診断だけでものごとを決めていくことには慎重でなければならない。医療化の弊害の１つは医師の権限の突出であり、それによって子どもの教育に豊富な経験・知識・スキルをもった教員の役割が過小評価されるとすれば、それは子どもにとって大きな損失である。

　もちろん、子どもの問題行動や発達障害に対して、医学モデルの意味がないということではない。それどころか、子どもの理解と支援のための主要なモデルであり、これからもさらに発展・普及していくべきものであることは間違いない。大切なことは、医学モデルはこれらの問題に対するさまざまなアプローチの１つであるということである。さまざまな困難を抱える子どもたちの発達を支援するためには、医学も含めた多くの専門領域が結集する必要があり、多様な視点からの包括的アプローチこそが必要なのである。

そもそも子どもへの支援は、その始まりの頃から、多職種による協働が基本であった。１９２３年に始まったアメリカのチャイルド・ガイダンス運動は、ヒーリーが確立した精神科医、心理学者、ソーシャルワーカーからなる臨床チームによるチャイルド・ガイダンス・クリニックを普及させ、子どもの臨床実践における多職種協働の基礎を築いた。チャイルド・ガイダンス・クリニックの臨床に関わった専門職の人たちは、１９３４年にアメリカ矯正精神医学会（American Orthopsychiatric Association）を設立し、多職種協働による子どもの臨床実践をさらに発展させたのであった。ちなみに、わが国の日本児童青年精神医学会も、医学の名前がついているものの、医師以外の会員が多く参加しており、子どもの精神医学の分野では、医師以外の専門職が深く関わっていることを象徴している。

このように子どもへの支援には伝統的にさまざまな専門分野が関与するのが主流であり、このことは、医学だけでなく、あらゆる専門領域からの包括的アプローチによってこそ、子どもの問題行動を理解することができ、そこから有効な介入や支援が生まれることを物語っている。子どもの支援に関わる専門領域は個々のケースによって柔軟に組み合わせることも重要である。多職種協働による包括的アプローチは、子どもの理解だけでなく、具体的な支援を行う実践においても、その重要性はますます認識されてきている。

第5節　子どもの精神保健

子どもの情緒・行動の問題に対して包括的アプローチによって取り組む活動が子どもの精神保健（Child and Adolescent Mental Health）である。精神保健は精神科医療と混同されやすいが、医療よりもはるかに広い概念で、医療系の専門分野だけでなく、福祉や教育も含め、ほとんどの社会サービスの領域が関与する取り組みである。もちろん、精神保健はさまざまな精神病理の予防、治療、リハビリテーションが中心的なテーマであるが、医学モデルだけにこだわらず、あらゆる社会資源を総動員して、人々の精神的健康を保持・増進することを目的とする活動である。

健康とは、世界保健機構（WHO）の健康の定義によれば、「単に病気や虚弱ではないということだけでなく、身体的にも、精神的にも、社会的にも、完全に調和のとれた良好な状態（well-being）であること」とされており、精神的な健康は人が健康であるための必須の要素である。この健康の概念は大人も子どもも同じであるが、発達の途上にあり、養育者や社会による適切な世話を必要とする子どもたちの場合は、発達段階に応じた養育が保障されていることも重要な要素になるであろう。

子どもが健全に育つことを保障するのは児童福祉の役割である。わが国の児童福祉法は、新憲法の理念を踏まえて、被虐待児や非行少年などのいわゆる「要保護児童」だけでなく「すべての子どもの福祉」を追求することを掲げた画期的な法律として、１９４７年の第1回国会で成立した（網野、２００７）。「福祉」ということばは、いずれも「幸せ」という意味をもつ「福」と「祉」という漢字からなる名詞であり、ＷＨＯの健康の定義で用いられている〝well-being〟とほぼ同じ意味である。つまりは精神保健も福祉も、目標とするところは幸福の追求であり、両者は一体的なものということになる。

また、子どもの幸福は時に親の幸福と取り違えられかねないことにも注意しなければならない。親の期待どおりに育つことは、親にとっては嬉しいことであるが、それが必ずしも子どもの幸福とは限らない。問題行動がなく、親や教員など、子どものまわりの大人たちにストレスがかからない状態が、子どもにとってもストレスがなく、適応的な状態であるとは限らない。子どもの幸福を追求する精神保健の取り組みでは、子どものまわりの大人たちへの対応も重要ではあるが、最終的にめざすことは子ども自身の幸福であることを忘れてはならない。

家庭や学校への適応を良くすることは、確かに子どもにとっては有利なことかもしれないが、その目的はあくまでも現在の適応が良ければよいということではなく、その結果として適応的な成人期への移行がなくてはならない。子どもの成育を阻害するさまざまな困難を軽減したり、対処スキルを向上させることで、子ども自身の能力を高め、適応的な大人になれるように支援することこそが重要なのである。

しかし、実際の子どもの精神保健の取り組みは、必ずしも子ども自身の「主訴」によって始まるというより、不適応的、あるいはリスクの高い行動など、いわゆる「問題行動」に困った大人の訴えから始まることが多い。このことは、援助対象の主体としての子どもの視点が軽視される要因になることに注意しなければならないものの、その一方で、子どもの問題行動が精神保健支援の出発点になるという意味ももっている。

どのような問題がきっかけになるにしても、どのようないきさつで子どもへの介入が行われるにしても、子どもへの関わりのなかで子どもの真のニーズを受け止め、子ども自身の幸福を追求するために、周囲の大人たちへの対応も含めて、支援計画を立案し実行することが精神保健のミッションである。

【引用文献】

・網野武博　児童福祉法60年の歩み　高橋重宏（監修）　日本の子ども家庭福祉―児童福祉法制定60年の歩み　明石書店　pp.18－28　2007

・コンラッド P.、シュナイダー J. W.　進藤雄三郎（監訳）　逸脱と医療化―悪から病へ　ミネルヴァ書房　2003

・ジョーンズ K. W.　小野善郎（訳）　アメリカの児童相談の歴史―児童福祉から児童精神医学への展開　明石書店　2005

・カナー L.　黒丸正四郎・牧田清志（訳）　カナー児童精神医学　医学書院　1974

・小野善郎　子ども家庭相談に役立つ児童青年精神医学の基礎知識　明石書店　2009

・プラット A. M.　藤本哲也・河合清子（訳）　児童救済運動―少年裁判所の起源　中央大学出版部　1994

・トマスA.、チェスS.　林雅次（監訳）　子供の気質と心理的発達　星和書店　１９８１

第2章　現代の思春期の精神病理

第1節　子どもの発達段階と精神病理

子どもの示す精神病理は、子どもの発達段階と密接な関連がある。日々成長を続け、新たな環境のなかに適応し続けることで、子どもは自立した成人に向かって成長していくダイナミックな存在であり、それぞれの発達段階において個体としてだけでなく、親子関係や友だち関係、社会的役割など、子どもの周囲の状況との関係性においても、さまざまな困難や危機を乗り越えていかなければならない。子どもの現在の発達段階とその時期の発達課題によって、子どもの精神病理の表現型には特徴が見られる。

乳幼児を対象とした精神医学はあまり広く知られていないかもしれないが、出生後早期からの親子関係や乳幼児の精神病理を扱う臨床として乳幼児精神医学（あるいは乳幼児精神保健）という分野がある。「赤ちゃんというものはいない。いるのは母親と一緒の赤ちゃんである」というウィニコットのことばが象徴するように、養育者に全面的に依存して生きている乳幼児においては、その精神病理も養育者や環境との相互作用が重要な要素であることに特徴があるが（渡辺、１９９４）、乳幼児自身の気質の特性に関連する精神病理もある。

現在の精神科臨床で広く用いられている国際的な診断基準には乳幼児期の精神病理はほとんど反映されておらず、特に０歳から３歳までの乳幼児の精神医学診断については対応できていないのが現状である。そのような状況に対して、乳幼児精神医学の臨床家と研究者たちはDC:0-3Rという診断基準を提唱し、そのなかで０歳から３歳までの乳幼児の心的外傷後ストレス障害（ＰＴＳＤ）、不安障害、うつ病、統制障害（regulation disorders）、睡眠行動障害、摂食行動障害などの診断分類を定義している（Zero to Three, 2005）。

たしかに、３歳以下の乳幼児にもさまざまな「問題行動」があり、それに対して養育者が心配したり困ったりすることは珍しくなく、そこには何らかの精神病理が存在する可能性は高いが、この時期の子どもへの関心のほとんどは発達に向けられる傾向があるので、精神病理としての問題意識はきわめて低い。わが国の乳幼児保健は非常に整備されていて、１歳半および３歳の乳幼児健診の受診率は90％を越えており（平成21年度地域保健・健康増進事業報告）、運動発達と認知発達の遅れだけでなく、自閉症の早期発見の努力も続けられている。最近では、5歳児健診を実施するところも増えてきているが、そこでは自閉症に加えて注意欠如・多動性障害（ＡＤＨＤ）の早期発見にも注意が払われており、いずれにしても、わが国の乳幼児保健では、「発達」が主要なテーマであり、精神病理への関心は全般的に低いのが実状である。

発達障害の早期発見と療育システムの発展は、子どもの適切な発育を保障することに貢献することは事実であるが、その一方で、乳幼児の精神病理への理解の不足を招く恐れもあるので注意する必要がある。乳幼児の不適応行動を「発達障害」という枠組みだけで理解してしまい、個々の子どもの気質、攻撃性や過度の恥ずかしがり（shyness）などの情緒的な問題を十分に検討せず、すべてを発達障害の「症状」として理解する傾向が一部に見られる。たとえベースに発達障害があったとしても、子どもの示す不適応には何らかの精神病理が関与しており、それを適切に理解することが、症状の改善には重要である。乳幼児期の精神病理への理解は、現在のわが国の子どもの精神保健の課題である。

幼児期後期から学童期にかけては、子どもの情緒障害はより一般的になる。この発達段階では、子どもたちは家庭だけでなく、子どもの集団のなかに入る機会が増えるため、対人関係や社会性の問題が目立つようになる。家庭ではふつうに話せるのに家庭外では一言も発することができない選択性緘黙や、親から離れることに過剰な不安を示す分離不安などがよく知られている。また、攻撃性も幼児期から一般的に見られる問題行動であるが、年少児の攻撃性は欲しい物を手に入れたり自分の要求をとおす目的をもった道具的な攻撃性が特徴的である。このような攻撃性は、言語的なスキルが獲得されるにつれて減少するのが一般的であるが、児童期まで持続する場合は精神病理としての意味が大きくなる（コナー、２００８）。

６歳頃から思春期が始まるまでの児童期は、フロイトが「潜伏期」と呼んでいたように比較的問題が顕在化しない発達段階として認識されてきているが、けっして精神病理と無縁な時期であるわけではない。たしかに、幼児期のように養育者の手を煩わせることは少なくなり、思春期ほど激しい問題を示すことがないので、相対的には平穏な時期かもしれないが、子ども自身の内面で何も問題が起こっていないわけではない。児童期の精神病理の特徴は身体化といって、精神的なストレスが体の症状として表現されることである。気管支ぜんそく、アトピー性皮膚炎、周期性嘔吐、円形脱毛症などのさまざまな心身症は児童期に多く、ストレスに関連して症状が変動する。はっきりとした器質的病変は明らかにされない身体症状を示す状態として、神経性頻尿、心因性難聴、心因性視力低下などもこの時期に多い。小児科医がしばしば用いる起立性低血圧症も、前思春期の子どもたちに多い身体的に表現される問題である。

思春期以降も身体化は認められ、過敏性腸症候群や過換気症候群などは中学生以降の子どもたちに多い。しかし、思春期の特徴はなんといっても「行動化」である。身体化に対しては小児科医療で対応されるものの、攻撃的行動や反社会的行動を示す思春期の子どもたちには親も教員も対応に苦慮することになる。これこそまさに「問題行動」であり、それは前章で説明したように精神病理の顕在化なのである。また、不登校も思春期になって急増するが、これもまた、1つの行動として表れる精神病理といえる。

思春期の精神病理も思春期の発達課題と密接に関連しているが、それまでの発達段階と比べて子ども自身の直面する課題は大きく、その混乱が精神病理として反映されることになる。しかし、思春期の子どもたちの「問題行動」がすべて病的なものであるとはかぎらない。それどころか、親や学校との対立などはアイデンティティを確立していくための正常なプロセスであり、そのような行動がないことのほうが問題であることもある。大人たちにとっては厄介であることからは「精神病理」であったとしても、子ども自身の発達という視点からは「正常」である場合も多いので、思春期の「問題行動」の評価には両者の視点が重要である。

他者とは違う唯一の自己、つまりアイデンティティを見つけ出すことが思春期のもっとも主要な発達課題であるとすれば、思春期の精神病理の中核は自己と他者の関係性ということになる。「自分らしさ」を見い出す作業は、同時に自分が他者からどう見られているかという意識につながる。他者を無視した過剰な自己主張は社会との軋轢を生み出し、時には反社会的な問題行動につながることもあれば、他者の目を過剰に気にすることは対人恐怖につながり、不安やひきこもりといった精神病理につながることもある。

思春期の精神病理を理解する上では、この時期の発達課題だけでなく、思春期の子どもたちの置かれた状況との関係が非常に重要である。子どもたちは1日の多くの時間を学校で過ごすが、思春期以降では仲間関係におけるさまざまなストレスや対人恐怖的な不安が高くなり、校内暴力、いじめ、不登校など、学校生活に関連した問題が発生しやすい。学校生活の枠組みや進路をめぐるストレスも、精神病理のリスクを高めるものであり、個体としての要因だけでなく、社会的、状況的な要因の影響が、思春期の精神病理のリスクをさらに高くしている。

第2節　思春期の精神障害

前章でも触れたように、子どもの情緒・行動の問題に対する医学モデルには限界があり、たとえ子どもに何らかの精神医学診断が付けられたとしても、それだけで子どもが現在示している問題がすべて説明できるわけではない。かといって、精神医学診断がまったく無意味なわけでもない。少なくとも診断によって、現在の問題を整理し、分類し、そしてその状態に名前を付けることによって、問題解決に向けた基盤が形成されることも事実である。精神医学診断はさしずめ子どもの「問題行動」の精神医学用語への翻訳といえる。「問題行動」が顕在化する思春期には、精神医学的にはさまざまな精神障害が診断される可能性がある。代表的な精神障害について以下に簡単に説明することにする。

1　不安障害

不安障害は心理的な原因、すなわち心因による精神障害で、その中核的な精神病理は不安である。不安は典型的にはパニックと呼ばれる不安発作の形で表れる。パニックは、動悸、胸痛、窒息感、めまい、非現実感などが突発し、死ぬんじゃないかとか、自制心を失ったり気が狂ってしまうのではないかという二次的な恐怖を伴う症状である。動悸や発汗などの自律神経症状を伴うことが特徴的である。不安発作が特定の状況や環境に関係なく反復的に発生するのがパニック障害、特定の場面や状況で発生するのが恐怖症性不安障害と区別される。

心因に対する反応のうち、ストレスに対して情緒・行動面の症状が生じる状態には適応障害の診断が適用される。家族関係、友だち関係、教師との対立など、生活環境のさまざまなストレスに対して、不安、抑うつ、あるいは攻撃的・反社会的行動が現れる。

より重篤なストレスであるトラウマ体験に対する反応としては心的外傷後ストレス障害（PTSD）がある。トラウマとなった出来事が繰り返し侵入的に想起される、トラウマを想起させる刺激を回避する、感覚的な麻痺や覚醒亢進といった症状が特徴的である。また、強いストレスに対して、記憶の障害（健忘）や外部からの刺激に反応しない（昏迷）などの症状を一過性に示す解離性障害がみられることもある。

2　気分障害

気分が落ち込み、意欲や活動性が低下する「うつ病」と、その反対に、気分が高揚し、誇大的で過度に活動的になる「躁病」のエピソードで特徴付けられる精神障害が気分障害である。うつ病エピソードが反復するものがうつ病であり、うつ病と躁病のエピソードが出現するものを双極性障害という。気分障害の多くはうつ病で、双極性障害は比較的少ないとされてきたが、１９９０年代後半からは比較的軽度の躁病エピソード（軽躁病エピソード）を示す双極Ⅱ型障害という診断分類が登場したことで、双極性障害と診断されることが増えており、その傾向は思春期の気分障害にも波及してきている。

かつては「子どもにはうつ病はない」と言われていたが、成人と同じ診断基準を適用して診断することが一般的になるにつれ、子どもにもうつ病の診断が付けられることは増えてきている。うつ病とは診断されないまでも、自記式の抑うつ評価尺度を用いた調査では、小中学生の13・０％（傳田ら、２００４）に抑うつ状態が認められ、高校生では35・０％にも達することが報告されている（岡田ら、２００９）。躁状態についても、思春期の子どもたちが示す苛立ち、反抗的態度、攻撃性、逸脱行動などを躁病エピソードあるいは軽躁病エピソードととらえ、双極性障害と診断する傾向があり、米国では後述の素行障害の診断が減り、双極性障害の診断が急増してきている（Whitaker, 2010）。しかしながら、わが国ではうつ病も含め、児童精神科臨床では気分障害の診断はあまり一般的ではなく、国によって診断傾向に大きな違いがある。

3　素行障害

素行障害（注1）は反復し持続する反社会的、攻撃的あるいは反抗的な行動パターンを特徴とする診断分類で、社会的文脈において重要な問題である。つまり、個人のなかでの苦悩や困難というよりも、個人の行動が他者に与える苦痛や危害が問題とされるのが素行障害であり、この点において他の精神障害とは性質を異にしている。

人や動物に対する暴力、物の破壊、人をだましたり盗みを行う、学校をさぼったり家出を繰り返すなど多様な行動が含まれ、非行と関連が強い精神障害として知られているが、児童福祉や少年司法では1回だけの行為であっても非行とみなされる可能性があるが、素行障害はより重篤で慢性的な場合にのみ適用される診断である。ただし、素行障害の診断基準に含まれる具体的な行動はきわめて多様であるため、単一の診断分類としての妥当性には論議がある（小野、２０１１）。

わが国では子どもの攻撃的・反社会的行動が精神障害として対応されることはあまり一般的ではないかもしれないが、米国では子どもの精神保健のもっとも重要なテーマになっており、児童青年精神科を受診する理由の半数以上を占めており、素行障害あるいは双極性障害などと診断されて精神科医療の対象となっている（Steiner & Karnik, 2005）。

4　摂食障害

摂食障害はかつては思春期の代表的な精神病理として知られていたが、実際には前思春期の子どもや30代から40代の成人でも思春期例とほぼ同様な症状を呈することがあり、従来から考えられていたよりも幅広いライフサイクルの精神病理と認識されている。圧倒的に女性に多い障害であるが、男性例も全体の約10％程度はあるとされている。摂食障害は食事を著しく制限して体重減少を示す神経性無食欲症と、大量の食べ物を食べ尽くす過食のエピソードを繰り返す神経性過食症とに大別される。前者は外見的にやせ細ることで容易に認知できるが、後者の場合、過食は隠れて行われることが多いため、外からはわかりにくいこともある。

容姿や外見を過剰に意識する思春期は、体型へのこだわりも強くなり、やせたいという願望をもつ中高生の女子は少なくない。神経性無食欲症は期待される体重から15％以上のやせが基本的な症状であるが、その程度の細身の体型の女子は決して少なくない。ただ単にやせているだけではそれほど病的なものではないが、急激にやせたり、無月経になった場合は本症の発症を強く疑わなければならない。もっとも重篤な例では死亡することもあり、やせがひどくほとんど食事を口にしない場合には身体管理のために入院治療が必要になる。一方、過食エピソードは生命にかかわるような危険は少ないが、自己誘発嘔吐を繰り返すことで体内の電解質（カリウム、カルシウムなど）のバランスが崩れて不整脈やけいれん発作を起こすこともある。また、衝動的な万引きなどが認められる場合もある。

5　統合失調症

統合失調症は、①妄想、②幻覚、③まとまりのない会話、④ひどくまとまりのないまたは緊張病性の行動、⑤陰性症状（感情の平板化、思考の貧困、意欲の欠如）などの基本症状で定義される精神障害で、一般の精神科医療ではもっとも主要な疾患の1つであるが、前思春期の子どもではきわめて稀とされている。しかし、思春期になると少しずつ発症するケースが現れ、20歳前後から30歳代半ば頃までが好発年齢とされている。

たしかに、中学生から高校生にかけては典型的な症状を呈する統合失調症は稀ではあるが、この時期のいらだち、不安、強迫症状、気分の変動、不登校などの情緒的な問題から後に統合失調症へと発展し、後から振り返ればそれらの症状が前駆症状であったと考えられることがある。思春期に認められる統合失調症の前駆症状は非特異的であり、正確に発症を予測することは難しいが、最近では精神病に罹患するリスクの高い人や早期の精神病の若年者を診断して慢性化を予防する取り組みが始まっており（松本ら、２００９）、思春期においても統合失調症については常に念頭においておく必要がある。

また、思春期には対人恐怖と関連した妄想がみられることがあり、それらは妄想性障害の一型とされている。妄想とは知覚や体験を誤って解釈する思考内容の歪みであるが、統合失調症の妄想は奇異で了解不能であるのに対し、妄想性障害の場合は現実生活で起こる状況に関連した妄想で、ある程度理解できるものであるという点に違いがある。体臭やおならの臭いで周囲の人が自分のことを嫌がっていると確信する自己臭妄想、視線を向けると相手が嫌な態度をとるという妄想が持続する自己視線恐怖などがその例である。これらの妄想のために対人関係を避けたり、教室で過ごすことが困難になり、不登校になる場合もあるが、妄想内容を他者に打ち明けることに抵抗があるので、顕在化しない場合も多い。

第3節　思春期の精神保健上の問題

思春期の子どもたちが示す「問題行動」の多くは何らかの精神医学診断分類として表現することはできるが、実際には診断閾値に達しない程度の問題も多く、すべての「問題行動」を精神医学的に説明できるわけではない。たとえば、万引きは間違いなく「問題行動」であるが、1回だけの万引きで素行障害の診断基準を満たすことはないので、診断が付くレベルの病理性はないことになる。だからといって、何らかの指導やケアが必要ではないということでもない。むしろ、より初期段階の問題に対応することは、その後の問題の進展を防ぐことに寄与する可能性があり、予防的な視点からは非常に重要である。

発達障害に関しては、子どもの特性を診断名で表現することは一般的になってきているが、情緒・行動の問題については精神医学診断はあまり活用されていないのが現状であるので、親や医療系以外の専門職の人たちとの会話では、診断名よりも具体的な問題行動で表現する方がわかりやすいかもしれない。たとえば、不登校、ひきこもり、非行、いじめ、自殺未遂や自傷（リストカット）など、さまざまな思春期の問題が精神保健の問題として、保護者や教育関係者の間で話題になることは多いであろう。

また、地域や学校で子どもたちが示す「問題行動」の頻度を推計するデータはあるが、子どもの精神障害の有病率は全般的に調査されていないので、子どもたちの精神保健ニーズを理解するためには、診断分類よりも具体的な「問題行動」の傾向を把握するほうが合理的である面もある。ここでは、思春期の子どもたちの代表的な「問題行動」として、不登校、暴力行為、健康へのリスク行動についてのデータを紹介しながら、この年代の子どもたちの精神保健上の問題について考えてみたい。

1　不登校

序章でも不登校の現状について触れているが、学校に行かない／行けない子どもたちの問題は、教育の問題としてだけではなく、精神保健の問題として大きな関心がもたれ続けている。かつての児童精神科の診療現場では「不登校」はれっきとした診断名として使用され、学校に行かないことを主訴として受診する子どもたちに「不登校」という病名が付けられて「治療」が行われてきた。前節で紹介したような、現在精神科臨床で使用されている診断分類には「不登校」という診断名はないので、公式の臨床統計や学術論文でこの用語が使用されることは激減してきているが、子どもたちが児童精神科を受診するきっかけとなる問題として、不登校は依然としてもっとも重要な問題であり続けている。そして、それらの子どもたちの多くには不安障害、適応障害、気分障害などの診断が付けられるようになってきている。

子どもが学校を欠席するという行動は、義務教育制度の始まりとともに出現していたが、その多くは学校をサボる、つまり怠学（truancy）とみなされていた。しかし、20世紀前半までの怠学は、家庭の貧困のために子どもが働かなければならなかったり、放任やネグレクトを基盤とした非行の結果であることがほとんどであった。これらの子どもたちの不登校は精神保健の問題以前に、福祉の問題であったといえる。

不登校が精神保健の問題として認識されるようになったきっかけは、１９４１年にジョンソンが提唱した「学校恐怖症（School Phobia）」の概念によるところが大きい。これは学校に行かないという行動を神経症的な疾病概念としてとらえ、非行による怠学とは区別しようとする考え方であった。学校恐怖症は疾病概念としての妥当性に疑問がもたれ、正式な診断分類にまでは発展しなかったが、１つの症状としての「登校拒否（School Refusal）」は児童精神科の世界に広く普及した。わが国では１９６０年代以降、児童精神医学の臨床と研究が始まったもっとも初期の頃から、「登校拒否／不登校」はもっとも大きな関心を集め続けたテーマであった（齋藤、２００９）。

わが国でも「登校拒否」は当初は１つの精神疾患と想定され、その疾病概念、病型分類、治療などが盛んに議論されたが、１９９０年代には特定の疾病というよりは症状というとらえ方が一般的となり、さらに教育の分野においても「特別な児童生徒の問題」から「誰にでも起こり得ること」という普遍的な現象と認識することで疾病あるいは障害という視点でとらえることをやめ、この状態を表す用語も特定の概念を排除したより中立的な表現として「不登校」が使用されるようになった。しかし、それでも不登校は精神保健の問題としての地位は保持されており、不登校児童生徒の増加は保健室を拠点とした養護教諭の取り組みやスクールカウンセラーの導入などを通して学校精神保健活動を発展させる原動力となってきたことは否めない。

不登校の要因は一人ひとりの子どもによって異なるので、不登校児童生徒数から特定の精神障害の有病率を推定することはできないが、不登校が子どもたちの重要な精神保健上の問題であるとすれば、これらの子どもたちの人数は学齢期の子どもたちの精神保健ニーズの総量をある程度反映するものと考えることができる。

不登校児童生徒数は文部科学省の「学校基本調査」と「児童生徒の問題行動等生徒指導上の諸問題に関する調査」では、「なんらかの心理的、情緒的、身体的あるいは社会的要因・背景により、登校しないあるいはしたくともできない状況にあるため年間30日以上欠席した者のうち、病気や経済的な理由による者を除いたもの」と定義され、毎年公表されている（図２－１）。

１９９１年に不登校の基準となる欠席日数が年間50日から30日に変更されてはいるものの、不登校児童生徒数は１９８０年代から１９９０年代にかけて増加し続け、小学生の０・３％、中

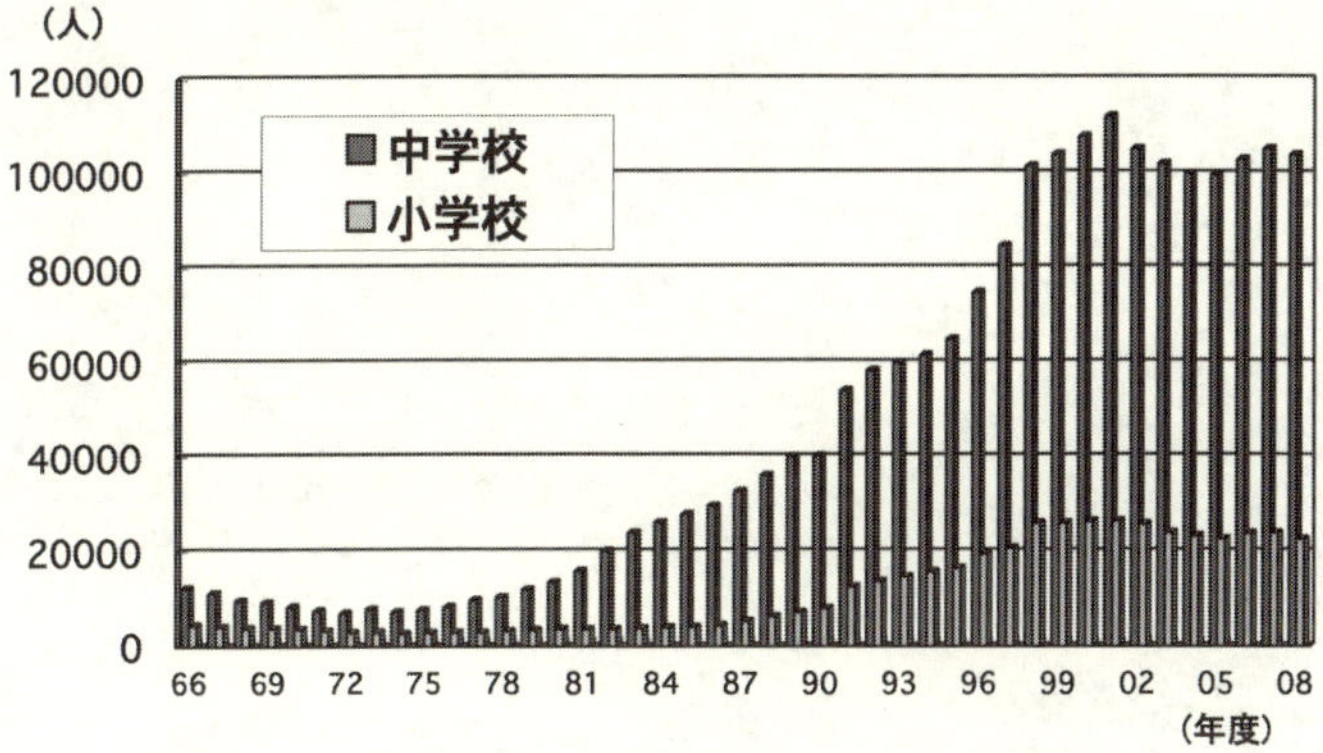

図２−１　不登校児童生徒数の推移（学校基本調査より）

学生の２・８％程度の水準を示している。もっとも不登校が多いのは中学2年生で、思春期に特に目立つ問題といえる。また、２００５年度からは小中学校と同じ定義による高校における不登校生徒数も公表されており、２０１０年度では全体で１・７％の不登校生徒が報告されている。高校の場合は、出席できないことは原級留置や中途退学につながりやすいので、実際の不登校生徒数はそれらの生徒数も加味する必要がある。２０１０年度の途中退学者は１・７％なので、高校生活を維持できない生徒は中学生の不登校生徒数と同程度の水準で存在しているものと推定される。

2　暴力行為

不登校が内向的、非社会的な精神病理を反映する問題であるとすれば、暴力行為は外向的、反社会的な精神病理の典型である。暴力は攻撃性の表れ方の１つで、人や動物、物に対して物理的な力を用いるタイプの攻撃性である。この他のタイプの攻撃性としては、盗みや嘘をつくといった潜在的な攻撃性や、社会や学校の規則、大人の監督に従わないといった権威に対する攻撃性などがあり、いずれも前述の素行障害を構成する症状となっている。そのなかでも、暴力行為はもっともあからさまで激しい攻撃性であり、家庭や学校、地域のなかで重大な問題となりやすい。家庭のなかでの暴力行為は家庭内暴力、学校のなかでのものは校内暴力、そして社会一般においては非行として扱われる問題である（小野、２００９）。

思春期の暴力行為は警察庁の「少年犯罪統計」や文部科学省の「児童生徒の問題行動等生徒指導上の諸問題に関する調査」からおおよその傾向を知ることができる。もちろん、実際の暴力行為のすべてが警察や学校に認知されるわけではないので、これらの統計データはあくまでも推定の材料に過ぎないことに注意しなければならない。実際に、警察庁の統計と文部科学省の統計では、思春期の暴力行為の傾向には以下に示すような重要な違いもみられる。

警察庁の刑法犯少年検挙者数は、戦後いくつかのピークを示しながら増加してきたが、最近は減少傾向を示している（図２－２）。刑法犯少年の多くは万引き、自転車盗など、潜在的な攻撃性に関連するものが圧倒的に多く、これらの検挙者数は警察の取り締まり活動によって変動する可能性があり、刑法犯少年の総数から暴力行為の傾向を推定することはむずかしいが、より暴力的な非行として、凶悪犯（殺人、強盗、放火、強姦）や粗暴犯（傷害、恐喝）の推移を見ても近年の減少傾向は明らかで、特に凶悪犯については過去5年間でおおむね半減している。２０１０

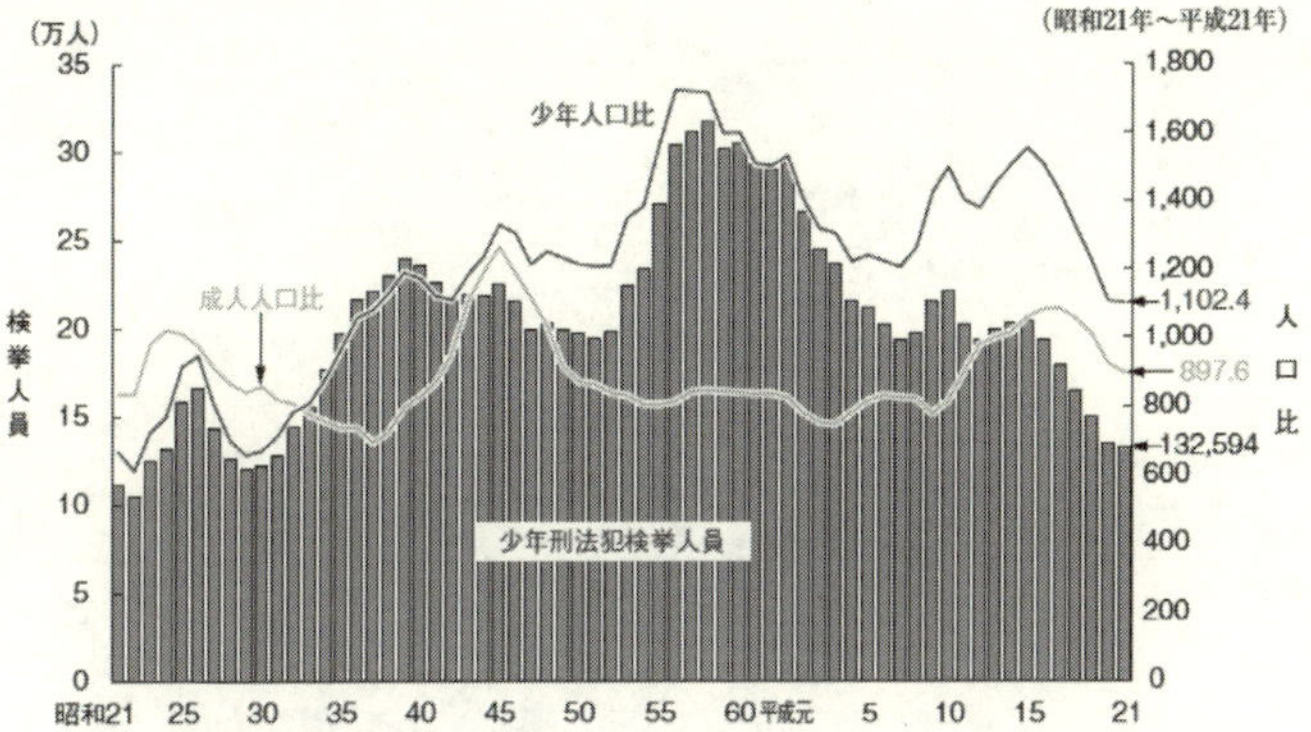

注　1　警察庁の統計及び総務省統計局の人口資料による。
　　2　触法少年の補導人員を含む。
　　3　昭和45年以降は，自動車運転過失致死傷等による触法少年を除く。
　　4　「少年人口比」は，10歳以上の少年の刑法犯検挙（補導）人員の人口比であり，「成人人口比」は，成人の刑法犯検挙人員の人口比である。

図２−２　少年による刑法犯 検挙人員・人口比の推移

年に傷害で検挙された少年は４８９５人であった。

　警察庁の統計にみる地域における思春期の子どもたちの暴力行為は減少傾向が明らかであるのに対し、文部科学省の統計による学校での暴力行為は著しい増加を示している。文部科学省の「児童生徒の問題行動等生徒指導上の諸問題に関する調査」では、「暴力行為」を「自校の児童生徒が、故意に有形力（目に見える物理的な力）を加える行為」として調査し、対教師暴力、生徒間暴力、対人暴力、器物損壊について、学校内と学校外での件数が示されている（図２−３）。２０１０年度の調査結果によれば、学校内外での暴力行為は中学校と小学校で過去４年間にわたって一貫した増加傾向を示しており、２００６年度と比べて小学校では約１・８倍、中学校では約１・４倍になっており、実数とし

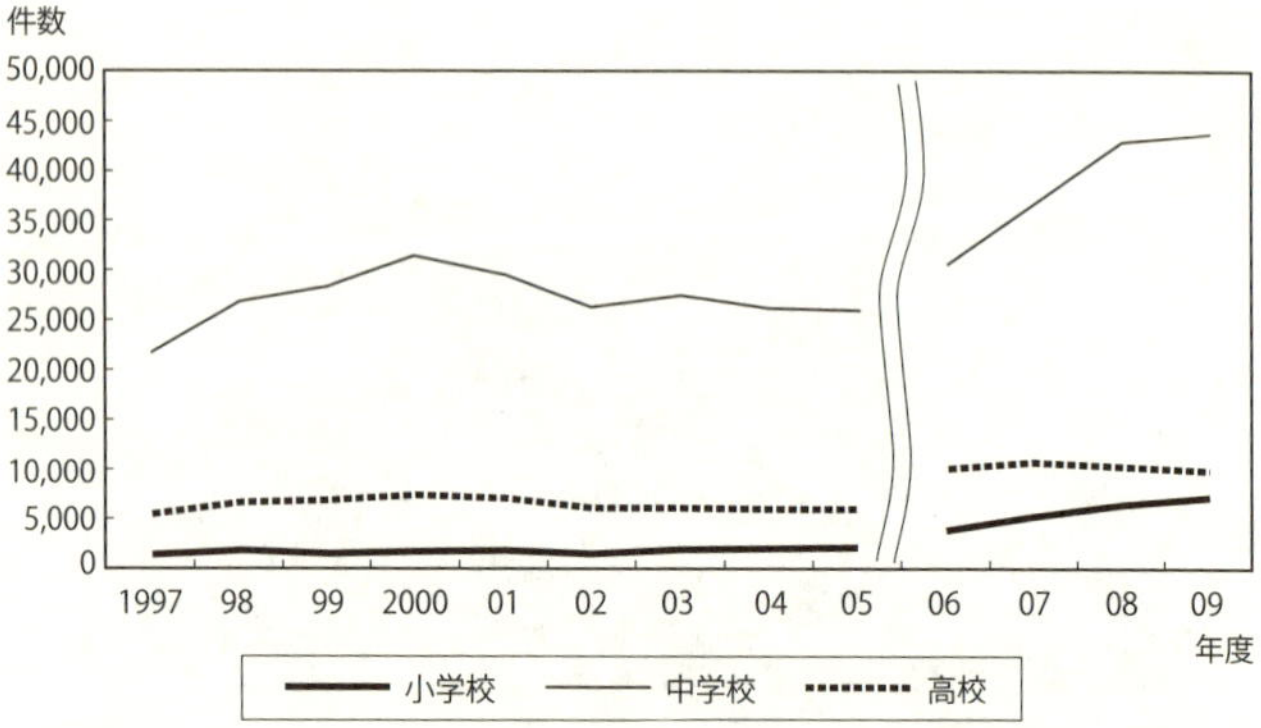

（注1）平成9年度からは公立小・中・高等学校を対象として、学校外の暴力行為について調査。
（注2）平成18年度からは、公立学校に加え、国・私立学校も調査。
（児童生徒の問題行動等生徒指導上の諸問題に関する調査より）

図2－3　学校内外を合計した暴力行為発生件数の推移

ては小中高を合計して５万８８９９件に上っている。

２００８年度の調査からは、暴力行為の件数のうち被害者が病院で治療を受けた場合の件数も示されるようになり、暴力行為の程度を推測する重要な情報が提供されるようになった。つまり、被害者が病院で治療を受ける程度の暴力行為であるとすれば、明らかな外傷を作る程度のものであると推定され、もし警察が関与したとすれば傷害事件として補導ないし検挙される可能性がある行為ということになる。２０１０年度のデータでは、対教師暴力、生徒間暴力、対人暴力で病院での治療を受けた件数は、小中高の総計で１万１４０７件で、対人的な暴力行為の約26％であった。単純に比較することはできないが、警察庁の統計において傷害で検挙された少年の４８９５人と比べて、児童生徒による相手に外傷を作る程度の暴力行為が倍以上あるということは、子どもの暴力行為を考えるうえで興味深い。

警察庁の統計にみる少年犯罪が減少傾向を示しているのに対し、文部科学省の統計にみる学校が把握した児童生徒の暴力行為が増加傾向を示しているという、同じ年代の子どもたちの暴力行為についての対照的な現象は、単にそれぞれの統計の対象となった行為の定義の違いを反映しているのに過ぎないかもしれないが、状況によって子どもたちの行動が異なることを示唆している可能性もある。つまり、子どもたちの攻撃性が地域のなかよりも学校のなかで顕在化しやすいのかもしれない。家庭では「良い子」だが、学校では「問題児」というように、子どもの行動や態度が場面によって変化することは珍しくない。暴力行為は対象を伴う行動であるだけに、それらを理解するためには状況や場面といった要素が特に重要となる精神病理といえよう。

3　健康へのリスク行動

前章で述べたように、精神保健は身体的な健康と一体となってウェルビーイングを達成することであるとすれば、思春期の精神保健は単に精神病理を予防し治療するだけでなく、身体的な健康の維持・増進とも密接な関連をもつことになる。公衆保健の視点からは、10代前半はもっとも死亡率の低い年代であり、生命を脅かすような重篤な疾患とは縁が薄い時期ではあるが、思春期には時に生命に関わるような危険な行動がみられたり、成人後の健康に関連がある行動が現れたりすることから、保健活動においても重要な意味をもつ年代である。このような思春期の子ども

表2−1　思春期の健康リスク行動

アルコール、その他の薬物の使用
喫煙
妊娠、HIVを含む性感染症につながる性的行動
交通事故を含む不慮の事故を招くような行動
攻撃的、暴力的行動
自殺行動
不健康な食行動

（Center for Disease Control and Prevention, 2010より）

たちの行動は、健康リスク行動（Health Risk Behaviors）あるいは単にリスク行動と呼ばれている。行動をあつかう精神保健活動としても、思春期の健康リスク行動は非常に重要なテーマである。

思春期の健康リスク行動としては表2−1のようなものが挙げられる（Center for Disease Control and Prevention, 2010）。ただし、健康リスク行動はこれらの行動だけとは限らず、国や文化、時代によっても変化する可能性がある。たとえば、米国では銃器の所持は重大なリスク行動であるが、銃器が法律で規制されている国々では一般的ではない。表に示したリスク行動の多くは直接的あるいは間接的に生命と直結していることも重要である。15〜24歳の死因統計を見ると（図2−4）、もっとも多い自殺（43・7％）だけでなく、交通事故（15・0％）、不慮の事故（8・5％）、他殺（0・6％）は表にあげられたリスク行動に関連したものであり、これらの行動を減らすことができれば、この年代の死亡の約7割は予防できる可能性があることになる。その意味において、思春期の死亡の多くは「予防可能な死」ともいえる。アルコール・薬物乱用、喫煙、危険な性的行動などは直ちに致死的な影響はないものの、長期的な健康への影響のために、社会的機能が低下したり、寿命が短縮する可能性があり、やはり重大な健康問題につながる行動であるが、これらの行動は思春期に始まることが多いので、やはり思春期の保健活動が重要となってくる。

自殺はもっともインパクトの強い問題で、わが国は世界的にも自殺率が高いことから精神保健の重大課題として位置づけられている。自殺者数は中高年の男性に多いものの、思春期は図2−4に見られるように全体の死亡に占める自殺の割合が非常に高く、この年代の保健活動における重要性が高い。また、思春期は自殺未遂が多いこと、メディアの影響を受けやすいことなどの特徴があり、予防活動が特に重要な時期といえるので、精神保健も重要な役割をもつことになる。

リスク行動のうち、喫煙、交通事故は近年減少傾向が認められているものの、薬物乱用、危険な性行動、暴力的行動などはその実態を正確に把握することが難しく、潜在的なケースにも注意しなければならない。米国の思春期の精神保健では薬物乱用は重要なテーマであるが、わが国の精神科臨床ではこれらの問題が相談されること

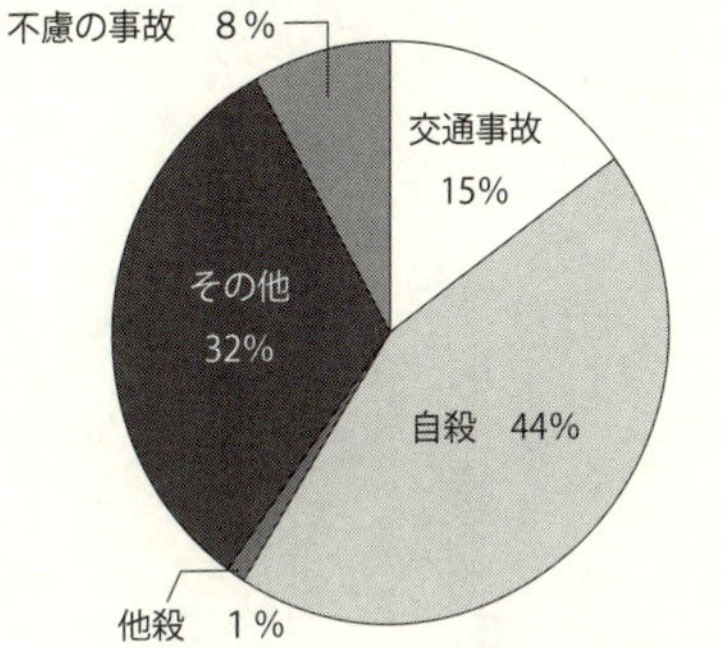

（2010年人口動態統計より）

図2−4　15歳から24歳の死因の割合

はきわめて少ない。このような潜在的なリスク行動については、公式の統計だけでは実態を反映しているとは限らないので、慎重に取り組んでいく必要があり、学校保健も非常に重要な取り組みの場として期待される。

【注】

注1　従来は行為障害と表記されてきたが、精神神経学会用語集第8版［２００８］から素行障害が用いられるようになった同様に、注意欠陥・多動性障害についても注意欠如・多動性障害に変更された。本書では精神医学用語については、この用語集に準拠した。

【引用文献】

・Center for Disease Control and Prevention　Youth Risk Behavior Surveillance—United States, 2009　MMWR: 59（SS-5）: pp.1－142　2010
・コナー D. F.　小野善郎（訳）　子どもと青年の攻撃性と反社会的行動—その理論と発達理論と臨床介入のすべて　明石書店　２００８
・傳田健三・賀古勇輝・佐々木幸哉　他　小・中学生の抑うつ状態に関する調査—Birleson 自己記入式抑うつ評価尺度（DSRS-C）を用いて　児童青年精神医学とその近接領域45：pp.４２４－４３６　２００４
・松本和紀・宮脇哲生・伊藤文晃　他　精神病発症危険群への治療的介入—ＳＡＦＥこころのリスク外来の試み　精神神経学雑誌　１１１：pp.２９８－３０３　２００９
・岡田倫代・鈴江毅・田村裕子　他　高校生における抑うつ状態に関する調査—Birleson 自己記入式抑うつ評価尺度（DSRS-C）を用いて　児童青年精神医学とその近接領域　50：pp.57－68　２００９
・小野善郎　思春期の攻撃性　精神科治療学　26：pp.５４５－５５１　２０１１

・小野善郎　児童・青年期の攻撃性・反社会的行動の発達的側面　齋藤万比古・本間博彰・小野善郎（編）　子どもの攻撃性と破壊的行動障害　中山書店　pp.17－36　２００９

・齋藤万比古　不登校　児童青年精神医学とその近接領域　50（50周年記念特集号）：pp.１４５－１５５　２００９

・Steiner H & Karnik N. Child or adolescent antisocial behavior. Sadock BJ & Sadock VA（eds）. Kaplan & Sadock's comprehensive textbook of psychiatry, 8th ed. Lippincott Williams & Wilkins pp.3441－3449 2005

・渡辺久子　序章：乳幼児精神医学の動向　小此木啓吾・小嶋謙四郎・渡辺久子（編）　乳幼児精神医学の方法論　岩崎学術出版社　１９９４

・Zero to Three. Diagnostic classification of mental health and developmental disorders of infancy and early childhood: revised edition. Zero to Three Washington,DC. 2005

第3章　発達精神病理学の視点

第1節　発達精神病理学の基本的概念

子どもの問題行動についての精神医学的あるいは心理学的なアプローチの結果として、われわれはさまざまな問題行動を類型化し、その状態に名前を付けることによって、子どもの精神病理の理解を進めてきた。そのもっとも顕著な成果が診断分類であり、子どもの問題行動は何らかの精神障害の診断によって表現されるようになった。しかし、子どもの精神障害の診断は、同じ障害の診断が付けられたとしても、必ずしも同じ原因や同じ経過を共有しているとは限らず、疾病としての均質性が保障されているわけではない。したがって、精神医学的診断で表現される精神病理は、ある時点における横断的な状態像を示すものであり、それまでの経過や将来の見通しまでも表現しているものではないことに注意しなければならない。

現在の状態として、診断が付くような精神病理があるということは、客観的に一定の基準に対する「逸脱」があることを示し、子どもの視点からは何らかの支援が必要な状態を反映していることになる。すなわち、診断はともかく支援のニーズがあることを表すのには十分であるが、どのような介入や支援が必要であるかについてまでは十分な情報を提供するものとはいえない。効果的な支援を提供するためには、現在の状態像を把握するだけでなく、現在の精神病理が発生し、それが持続している要因を明らかにしなければならず、診断のために必要な情報よりもはるかに多くの情報が必要になる。特に、発達途上で常に動的な存在である子どもの精神保健活動では、精神病理の発生に関連するさまざまなレベルの要因とそれぞれの相互作用を理解することは、治療だけでなく予防のためにも重要である。

人間の発達のプロセスに注目し、そこに影響を及ぼすさまざまな要因とその相互作用を分析し、適応的あるいは不適応的な行動パターンが発生し持続する、あるいは消退していく経路（pathway）を明らかにする考え方が発達精神病理学（developmental psychopathology）であり、精神医学診断や問題行動の記述が子どもの現時点での横断的な問題を表現しているとすれば、発達精神病理学は経時的な要素も含めた精神病理の理解であり、時間軸に沿った縦断的な精神病理学といえよう。子どもが現在示している問題行動を、単に正常範囲内のものなのか病的なものなのかを区別しその特徴を記述する精神医学診断に、精神病理の発生してきた背景を明らかにしようとする発達精神病理学の視点を加えることにより、子どもがより適応的な成人期に移行するための効果的な支援を行うことが期待できる。

第2節　発達精神病理学の定義と特徴

発達精神病理学は、独立した専門分野というよりは、多くの関連する科学分野の方法論や知識を統合し協働し合うことで、すべてのライフサイクルの異常および異常な発達の生物学的、心理学的、社会状況的な側面を明らかにしようとする概念的アプローチで、もともとは１９７０年代の統合失調症のリスクの高い子どもたちの縦断的な研究に始まり、やがて精神障害のリスクだけでなく、人間の行動がどのように生物学的、心理的、社会的要素に影響を受けているのかを探求する学問に発展し、今日の子どもの精神保健の臨床においても不可欠な方法論になってきている（Cicchetti, 2006）。

発達精神病理学は、従来の医学モデルとは異なった視点から精神病理を捉えようとする点においていくつかの特徴がある（カミングスら、２００６）。まず、発達精神病理学では、不適応は標準的な発達からの逸脱であると考え、障害を単一の病因によって引き起こされるものとは考えない。つまり、子どもの問題は、子どもに内在する「病気」ととらえるよりも、子ども自身がもつ生物学的な脆弱性や家族要因、友だち関係、社会環境などのさまざまな要因が相互作用した結果と考えるのである。したがって、障害は単に「正常」に対する「異常」といった質的に異なる状態ではなく、よりダイナミックなプロセスとしてとらえようとする点に大きな特徴がある。この特徴は、臨床的には、ある不適応状態がどのようなプロセスを経て発生してきたのかという「経路（pathway）」を重視するということにつながっている。

親から虐待されたり、親の精神障害やドメスティック・バイオレンスなどのために適切な養育を受けられないことは、子どもの心身の発達に対する重大なリスクであるが、たとえば幼児期に虐待を受けた子どもがすべて精神障害を発症するわけではないし、その逆に、精神障害を発症した子どもがすべて幼児期に虐待を経験したわけでもないことはいうまでもない。実際には、同じリスク因子をもっていても複数の結果に至ることもあるし（同一原因複数結果帰着性［multifinality］）、その反対に多数の原因から1つの結果が導かれることもある（複数原因同一結果帰着性［equifinality］）。つまり、発達経過のなかのリスク因子が直線的に一定の結果とつながっているのではなく、原因と結果との間には多様な経路が存在しており、その経路こそが現在の精神病理を理解する上で非常に重要であり、そのことによってどのような介入が必要であるかを合理的に考えることができる。

2つ目の特徴は、状況論（contextualism）と呼ばれるもので、人間の発達や行動は個人が置かれた状況（context）のなかで起こるという考え方である。状況とは、個人を取り巻くさまざまなレベルの環境的な特性であり、たとえば、親子関係における状況としては親が子どもを温かく受容している状況もあれば、拒絶的で虐待的な状況もある。また、家庭の貧困や社会的支援の欠如、近隣地域の安全のレベル、文化的価値観なども、子どもの発達と密接な関連をもった状況である。発達精神病理学では、子どもの行動が適応的であるかどうかは、これらの子どもを取り巻く状況によって判断することで、その行動の背後の要因も含めた理解をしようとする。状況論的に不適応を判断する場合は、同じ行動であっても状況によって不適応的であるか適応的であるかが変わってくる可能性がある。その結果として、横断的な症状の有無によって診断する医学モデルよりも、個人の不適応状態に対する理解が深まることが期待できる。

　もう1つの発達精神病理学の特徴は、不適応的な行動パターンだけでなく、適応的な行動パターンにも注目することで、逸脱した状態だけでなく正常な状態も同時に検討する点であり、そこが人間の不適応状態や逸脱した行動を診断し治療することに関心をもつ精神医学や臨床心理学と大きく違うところである。結果としての「障害」よりもプロセスを重視する発達精神病理学は、診断が付く状態の人だけでなく、障害のリスクの高い人、リスクの低い人を同時に検討することで、適応と不適応の発達パターンの両面から発達を理解しようとする。適応的な発達パターンを認識することは、不適応的な発達を定義するためには不可欠なことである。

　異常と正常をともに考えていくことによって、発達精神病理学は精神病理のリスク因子だけでなく、精神病理の発症を阻止したりネガティブな結果を軽減する保護因子（または防御因子）、さらにはリスクの高い状況にあっても精神病理を発症しない個人の特性としてリジリエンス（resilience）の概念を提唱した（Rutter, 1990）。保護因子やリジリエンスといった概念は、適応的な発達パターンの理解に非常に重要なものであり、これらの要因によって逆境的環境で育った子どもであっても適応的な発達を達成することが説明されるし、そのような子どもたちの発達過程は治療や予防に重要な示唆を与えるものである。リスク因子、保護因子、リジリエンスは臨床的に重要な概念であるので、次節であらためて説明を加える。

　これらの発達精神病理学の視点は、第1章で示したような子どもの問題行動を医学モデルによって説明することの限界を補う可能性がある。医学モデルが一定の症状の組み合わせとして診断する症候群は、横断的な症状の特徴を説明することはできるが、その原因や経過を説明することができない限界があるのに対して、発達精神病理学はある時点における静止した状態像よりも、それらの症状が発症してきた発達プロセスに注目することによって、現在の状態像の背景についての情報を提供することができる。また、医学モデルは「正常」と「異常」を正確に区別することが診断の基盤であるが、人間の発達における「正常」を定義することは困難である点で限界があるのに対し、発達精神病理学は不適応状態にある集団だけでなく、適応的あるいはリスクの低い集団も同時に検討することによって、逸脱した経路を明らかにすることを可能にしている。発達を常にダイナミックなものとしてとらえることによって、すべての行動や状態を正常か異常かの二分法で考えるのではなく、適応的か不適応的かという相対的な次元で考えることで、医学モデルの抱える正常の定義の呪縛から逃れることが可能になる。そして、これらの発達精神病理学の特徴は、それぞれの発達段階にある人々の不適応状態について、単なる精神医学診断よりも格段に多くの情報を提供することができ、それらは現在の不適応状態を治療したり、困難を軽減したりするための介入に有用な示唆を与える可能性をもつものである。ライフサイクルのなかで、不適応的な行動パターンが顕在化しやすい高校生の支援にとっても有用であるだけでなく、成人後の不適応を予防するためにも活用できるものも多いので、大人への移行支援の場においては非常に有望な考え方である。

第3節　発達精神病理学の主要な要素

発達精神病理学は人間のすべてのライフサイクルにわたる適応と不適応についての知識を提供し続けてきているが、その対象とするテーマは幅広く、関連する専門領域も非常に広範囲であるため、そのすべてを網羅することは難しい。ここでは発達精神病理学がもたらした有用な概念や知識のなかから、特に思春期の精神病理の理解と臨床的な取り組みに関係の深いものについて紹介することで、高校生の移行支援に役立つ概念を整理することにする。

1　攻撃性の発達経路

攻撃性は一般的には対人的暴力、器物の破壊、他者の人権や財産の侵害、社会的規範や規則を破る行動など、人間のネガティブな特性として認識される傾向が強いが、攻撃性自体は生物が生存するために必要な資質であり、必ずしもすべてが精神病理として扱われるわけではない。別な言い方をすれば、攻撃性には適応的なものと不適応的なものとがあり、不適応的な攻撃性が精神病理として予防や介入の対象となることになる（コナー、２００８）。思春期は非行や校内暴力などの形で攻撃性が顕在化しやすい年代であることから、中学校から高校にかけての生徒指導や精神保健では従来からもっとも重要なテーマである。

攻撃性は個人差は大きいがすでに幼児期から認められ、この時期の攻撃性は欲しい物をたとえそれが他児のおもちゃであろうが強引に奪い取るというような直接的なもので、道具的（instrumental）な攻撃性が特徴的である。このタイプの攻撃行動は社会性や言語能力の獲得とともに減少し、小学校低学年の頃までには頻度や強度が低下するのが一般的であるが、思春期になると大人や権威に対する対立や反社会的な行動といった形の攻撃性が優勢になるといった発達段階による攻撃性の特徴が知られている。

子どもの攻撃性・反社会的行動についての縦断的研究の結果からは、このような攻撃性が発展する発達の軌道（developmental trajectory）が存在していることが示唆されている。たとえば、ローバーら（Loeber R. et al., 1994）は、幼児期の頑固な行動から思春期に怠学、家出、深夜徘徊

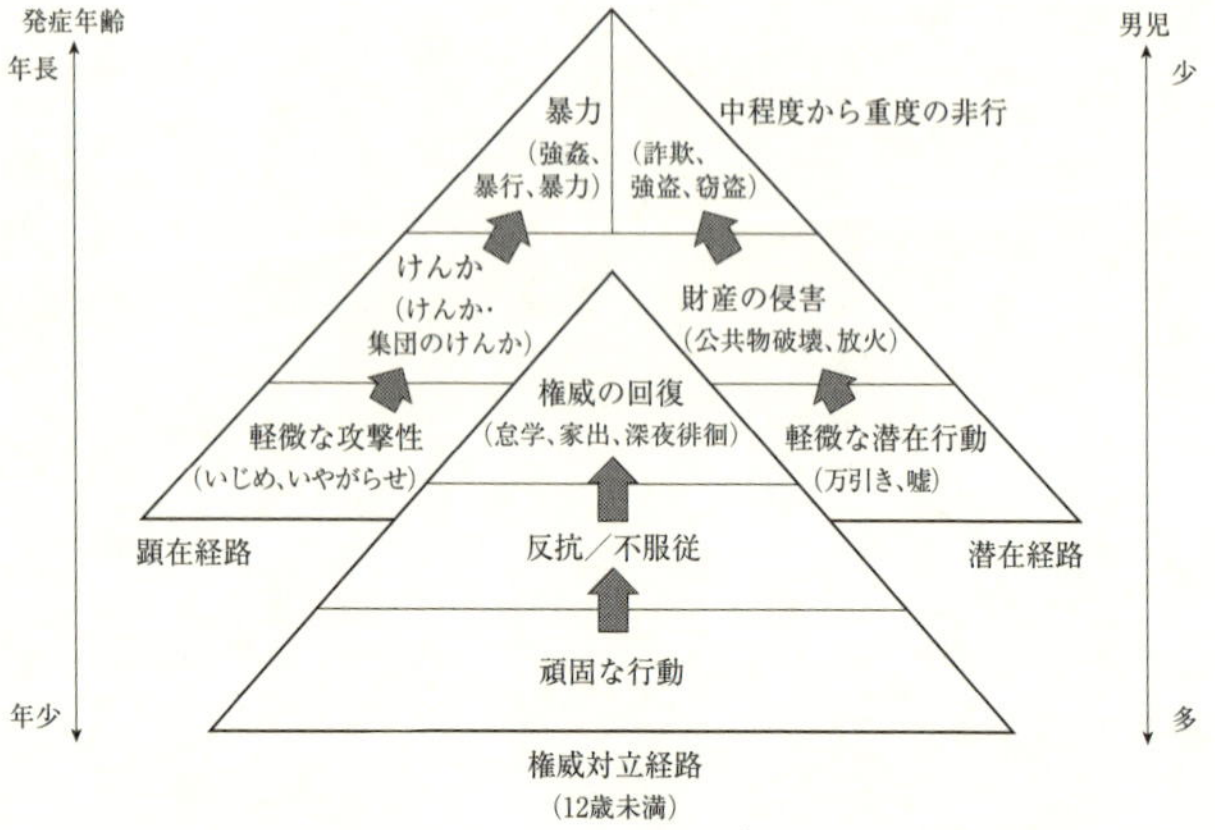

(Loeber R. et al. 1994 より)

図2−5　攻撃性と反社会的行動が発展する複数の経路

などの行動を示すようになる権威対立経路(authority conflict pathway)、嘘や万引きなどの潜在的攻撃性からはじまり、器物損壊、さらには詐欺、窃盗、強盗などの非行に至る潜在経路(covert pathway)、いじめや嫌がらせなどの軽微な攻撃性からはじまり、個人や集団でのけんかにエスカレートし、最終的に重大な暴力に至る顕在経路(overt pathway)を提示し(図2−5)、低年齢で顕在経路に入った男児の予後がもっとも悪かったことを示している。

攻撃性を示す子どものなかには、小児期から青年期・成人期早期まで持続するものとそうでないものとがあり、発達過程における安定性という観点から攻撃性を分類することもできる。このことは不適応的攻撃性の精神病理の理解、予後の予測、介入方法の検討に役立ち、臨床的な有用性が高い。もっとも一般的な分類は早期発症型と青年期発症型の二型の分類である。8歳頃までに攻撃性が認められる早期発症型の攻撃性は長期的に攻撃性が持続しやすいことが知られており、この知見に基づいて現行の精神医学診断分類（DSM-Ⅳ-TR）では素行障害の下位分類として早期発症型（10歳までに発症するタイプ）が定義されている（American Psychiatric Association, 2004）。

しかし、すべての暴力的な攻撃性がある成人が幼児期・小児期から持続的に攻撃性をもっていたわけではない。成長してから重篤な攻撃的行動を示しはじめる人たちのなかには、乳幼児期の扱いにくい気質から小児期早期の反抗的行動、学童期のいじめやけんか、そして青年期から成人期早期の暴力へと徐々に攻撃性が進行していく人たちもあり、このようなタイプの攻撃性は「累積型（accumulative type）」と呼ばれ、暴力によって報酬が得られることで学習が起こり、発達過程において攻撃的行動が強化されていくものと考えられている（コナー、２００８）。

個人の特性とさまざまな生活体験や環境の影響との相互作用によって攻撃性が発達していく経路について、発達精神病理学はいくつかのモデルを提唱している。パターソン（Patterson, 1982）は攻撃的・反社会的行動の形成と持続を説明する強圧的家族過程（Coercive Family Process）のモデルを提唱し、子どもの否定的な行動が強化されるような親子の相互作用を明らかにしている。また、ローバーら（Loeber R. et al., 1993）は縦断的研究から幼児期から思春期までの攻撃性の発達に影響する相互作用のモデルを示している（図２-６）。さまざまなリスクの高い子どもが攻撃性を発展させていく軌道（trajectory）を示唆するものであり、これらの子どもたちへの関わり

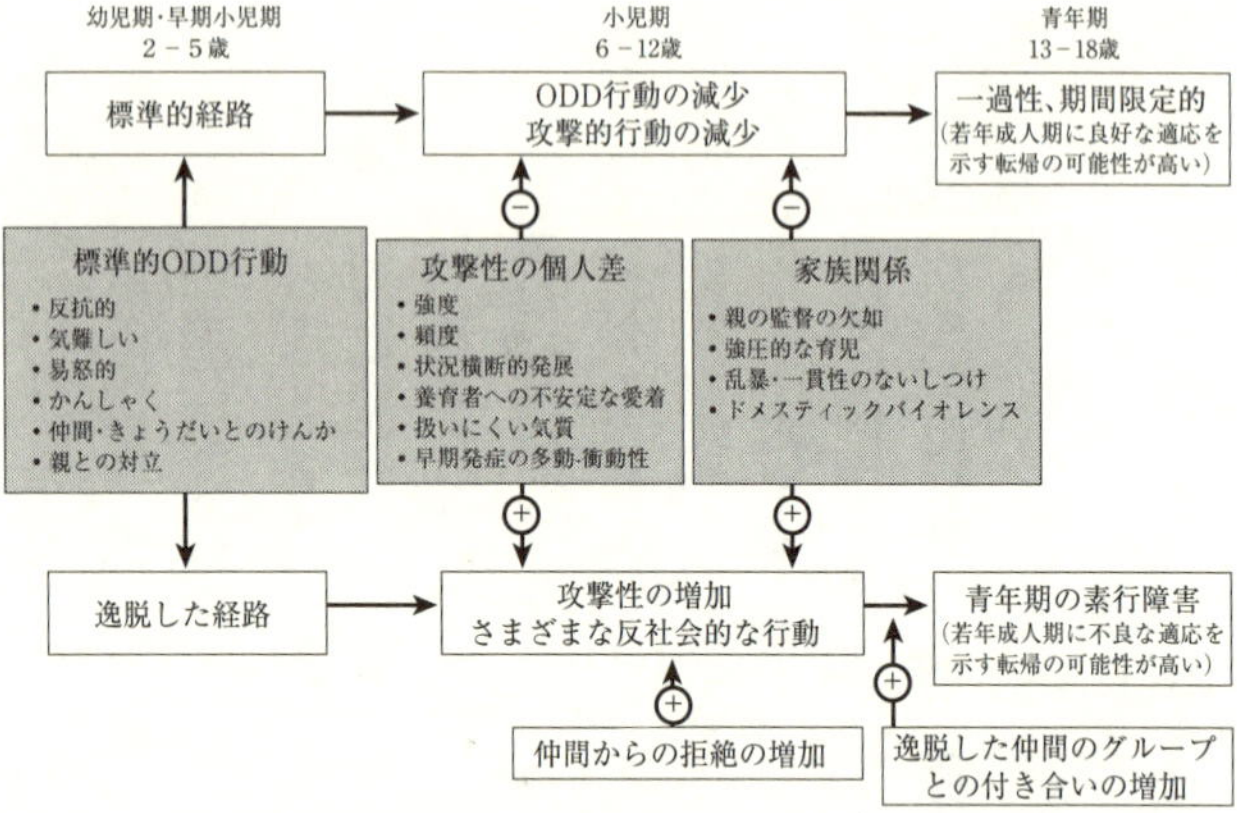

(Loeber R. et al. 1993 より)

図２−６　幼児期から青年期の素行障害に至る発達経路

においては、この軌道をより適応的な発達に変えることが支援の目標となるが、これらの発達精神病理学のモデルからは具体的な介入への重要な示唆が得られるため、臨床的にも有用なものである。

2　逆境体験と精神病理

子どもが育つ環境や状況は発達に大きな影響を及ぼすものであるが、とりわけ子どもの健康な発達に対して有害な環境や過酷な体験は、小児期や思春期だけでなく、成人期以降においてもさまざまな精神病理のリスクを高めることが知られている。近年わが国でも大きな関心をもって知られるようになった子ども虐待は、子どもにとっては過酷な体験の典型的なものである。この他にも、親との離別、不適切な施設養育、親の精神障害やアルコールまたは物質依存、ドメスティック・バイオレンスなどの家庭内での暴力への暴露、経済的困窮、社会的孤立などは、いずれも子どもの発達に有害で過酷な体験であり、これらは「小児期逆境体験（childhood adverse experience）」と呼ばれている（Felitti et al. 1998）。

子どもの社会性の発達の基盤として広く知られている愛着理論（attachment theory）は、イギリスの精神科医ボウルビーが第二次世界大戦後のイタリアの孤児院や乳児院での戦災孤児の観察から、母性的養育の剥奪が子どもの発達に及ぼす影響についての研究に起源をもち、今日では虐待を受けて生育した子どもたちの情緒的・行動的な問題は愛着障害として理解されている。身体に外傷を作るような虐待でなくても、虐待的な親子関係や養育者との適切な情緒的応答がなかったり、養育者が頻回に交代することで、子どもの愛着の発達は妨げられ、その結果、過度に他者になれなれしい態度をとったり、その反対に過剰な警戒心を示して他者と交流できないような行動を示すようになる。このような状態は反応性愛着障害と診断され得るが、さらに前者のタイプは脱抑制型、後者は抑制型と分類されている（American Psychiatric Association, 2004）。脱抑制型の子どもは小児期ではＡＤＨＤと類似した症状を示し、抑制型は自閉症のような特徴を示すことがあり、慎重に診断をする必要がある。

このような乳幼児期の養育環境が子どもの発達に及ぼす影響を長期間にわたって追跡したのがイギリスとルーマニアの孤児（English and Romanian Adoptees［ＥＲＡ］）研究である。１９８０年代のチャウシェスク独裁政権下のルーマニアで増加した孤児たちは劣悪な施設に収容されたりストリートチルドレンとなったり、いずれにしても劣悪な養育環境のなかを生き抜いていた。ラターら（Rutter et al. 2001）は、チャウシェスク政権崩壊後の１９９０年から１９９２年までにルーマニアの施設からイギリスに国際養子縁組された生後42カ月以下の幼児の追跡調査を行い、逆境体験の子どもの発達への影響を検討したところ、６歳の時点での調査では、愛着の問題（20・7％）、ＡＤＨＤの症状（25・3％）、認知障害（14・0％）、自閉症様症状（12・1％）などの所見が観察され、これらは施設生活が長かった子どもに高率であったことから、不適切な養育による深刻な影響が示唆された。その後、ＥＲＡ研究グループは15歳の時点までのフォローアップのデータを分析し、これらの４つの行動パターンは不適切な施設養育に特異的な心理的パターン（Deprivation-Specific Psychological Patterns）である可能性を示唆している（Rutter et al. 2010）（注１）。

　子ども時代の逆境体験が成人期以降の精神面だけでなく身体的な健康にも影響を及ぼすことが大規模な疫学的研究で明らかにされている。アメリカの１万７０００人以上の民間健康保険加入者を対象に、小児期の虐待（心理的、身体的、性的）、ネグレクト（情緒的、身体的）、家族機能不全（配偶者間暴力、家族の物質乱用、家族の精神障害、家族の服役）といった逆境体験と、現在の健康状態の関連を調査した研究によると、小児期の逆境体験が多いほど、喫煙、肥満、自殺企図、アルコール・物質乱用、リスクの高い性行動など、健康に対するリスクの高い行動をとることが多く、その結果、がん、虚血性心疾患、糖尿病などの疾患に罹患しやすくなって、最終的には短命に終わる可能性が高くなることが指摘された（Feliti et al. 1998）。

また、イギリスで４１１人の8～9歳の男児のコホートで非行と反社会的行動の経過を前方視的に追跡した調査でも、8～10歳の時点での反社会的行動、親の犯罪リスク、27～32歳の時点での反社会的行動が、48歳までに死亡したり障害者として認定されたりすることと有意な関連が指摘されており、反社会的な親からの養育や年少の時からの反社会的行動が、成人期以降の健康に重大な影響を及ぼすことが実証されている（Shepherd et al. 2009）。

小児期の逆境体験が思春期や成人期の精神病理につながるだけでなく、すべてのライフサイクルにわたる健康にさえ影響があるという研究の所見は、どの時点における精神障害や身体疾患にせよ、発達的な視点から理解することの重要性を示唆しており、同時に、小児期からの逆境体験を緩和し不適応行動を修正することが、精神保健のみならず全般的な保健（すなわち公衆保健）においてもきわめて重要であることを示唆している。そうだとすれば、思春期の不適応に取り組むことは、単に成人への移行を促進するだけでなく、生涯にわたるウェルビーイングを向上させる重大な仕事になることになる。

3　リスク因子、保護因子、リジリエンス

発達精神病理学の考え方では、ある精神病理は発達過程のなかでのさまざまな因子の相互作用が影響し合って形成されるとされるが、このような機序を説明する要素として、リスク因子、保護因子、そしてリジリエンスは特に重要な概念である。精神医学が定義している精神障害のほと

んどは、その原因がはっきりと解明されていないので、正確な発症機序もわかっていない。しかしながら、少しでも精神障害の因果機序を理解し、それに則した治療や予防をするためには、発症に関連する要因を知ることが手助けになる。ある精神障害の発症に関連する要因がリスク因子であり、その逆に発症を防ぐ要因が保護因子である。

しかし、精神障害と関連する要因が、すなわちその精神障害の原因であるわけではない。リスク因子はあくまでも精神障害を発症する確率が高くなる要因に過ぎず、その因果機序を説明するものではないことに注意しなければならない。実際に精神障害が発症するためには、既知のリスク因子、保護因子以外のさまざまな要因が複雑に介在しているので、限られた要因だけで決して説明されるものではない。それでも、できる限り特異的で直接的なリスク因子を明らかにすることは合理的な治療と予防に役立つ原因論を解明する重要なステップである（Cicchetti, 2006）。

一方、保護因子については、リスク因子ほどは研究されてきていない。伝統的な精神病理学では、精神病理の発症に寄与するリスク因子の探求に重点が置かれてきたため、保護因子に関する研究の歴史は浅く、リスク因子ほどの知識の集積はないのが現状である。保護因子については、2つの考え方がある。1つはリスクがない状態という概念であり、その意味において保護因子はリスク因子とは逆の状態ということになる。たとえば、リスク因子としてのまずい親子関係に対して、その逆の良好な親子関係は保護因子ということになる。もう1つの考え方は、保護因子をリスク因子が及ぼす影響を減少させる特性や状況と定義するものである。たとえば、低社会経済状況／貧困は攻撃的行動のリスク因子であり、暖かく支持的な親との関係は保護因子である。この場合、暖かい関係が子どもの経済状況を改善するわけではないが、貧困からくるさまざまな困難を緩衝することで、保護的な役割を果たすことが期待される（U.S. Department of Health and Human Services, 2001）。

精神病理のリスク因子と保護因子は、個人のレベル（遺伝、気質、認知特性など）と環境（家族、友だち関係、学校、地域）のレベルがある。たとえば、子どもの攻撃性についてこれまでに知られているリスク因子と保護因子を、個人、家族、学校、仲間グループ、コミュニティの各レベルに分けてまとめると表２－２のようになる。

リジリエンス（回復力あるいは復元力という意味の英語）は保護因子と類似しているが、リスク因子と保護因子は特定の精神病理の発症に関連する要因であるのに対し、リジリエンスは全般的なストレス状況や逆境に対して否定的な結果にならないプロセスを表す概念である点に違いがある。リジリエンスは一般に「リスクの存在や逆境にもかかわらず良い社会適応をすること」という意味で使われており、リスクの高い状況のなかでもうまく適応していく発達プロセスのことを表している（Friedman R.J. et al. 2002）。リジリエンスの概念はやや抽象的でわかりにくいかもしれないが、具体的には適応能力を高めるような個人的資質や環境要因がリジリエンスを高めることに寄与すると理解してもよいだろう。

ストレス耐性のある子どもとストレスに対して脆弱な子どもを区別する特徴としては、(1)生来

表2−2　攻撃性のリスク因子と保護因子

	リスク因子		保護因子*
	早期発症（6〜11歳）	思春期発症（12〜14歳）	
個人	怒りっぽい 物質使用 男性 攻撃的** 心理学的問題 　多動 問題（反社会的）行動 テレビで暴力場面を見る 医学的／身体的問題 低IQ 反社会的な態度、考え方、不誠実	怒りっぽい 心理学的問題 　落ち着きがない 　集中困難** 　危険を冒す 攻撃的** 男性 身体的攻撃性 反社会的な態度、考え方 対人的犯罪行為 問題（反社会的）行動 低IQ 物質使用	規範から外れることを容認しない態度 高IQ 女性 前向きな社会的志向 逸脱行為に対する制裁の自覚
家族	低社会経済状態／貧困 反社会的な親 まずい親子関係 　手荒な／甘い／一貫性のないしつけ 崩壊家庭 　親からの離別 虐待的な親 　ネグレクト	まずい親子関係 　手荒な／甘いしつけ； 　不十分な管理／監督 親の関わりの少なさ 反社会的な親 崩壊家庭 低社会経済状態／貧困 虐待的な親 その他の状況 　両親の対立**	親やその他の大人との暖かく支持的な関係 仲間に対する親の肯定的な評価 親の監督
学校	素行不良、低学力	素行不良、低学力	学校に登校している 学校活動への参加
仲間グループ	社会的きずなが弱い 反社会的な仲間	社会的きずなが弱い 反社会的、非行的な仲間 ギャング集団の一員	通常の活動をしている友だちがある
コミュニティ		犯罪、薬物、混乱した地域	

*発症年齢との関連は不明
**男子のみ

（U.S. Department of Health and Human Services, 2001より）

的な属性（気質、認知能力、自己信頼感）、⑵家族の要因（家族のもつ温かみ、家族間の親密さ、結束の固さ）、⑶家族が利用可能な外部からのサポートをもっている、または、それを活用している、という3つの点が挙げられており（Friedman R.J. et al., 2002）、リジリエンスとも関連が深い要因と考えられる。

4　発達精神病理学の臨床応用の可能性

発達精神病理学の考え方は、子どもの精神科医療と精神保健の臨床活動に非常に有益である。ともすれば診断を付けることで、子どもの問題行動をわかったような気持ちになって、その問題行動の背景に対して十分な洞察が疎かになりがちな昨今の風潮に警鐘を鳴らし、「見立て」の重要性をあらためて認識させるものでもある。

発達精神病理学では、一人ひとりのそれまでの育ち、経験、出来事が非常に重要であり、現在の横断的な状態だけで精神病理を評価しない。現在の精神病理がどのようなプロセスで形成されたのかを理解することは、単なる医学的診断よりも治療的に有用な情報を提供するものである。

このような作業は定式化（formulation）と呼ばれている。定式化の方法には、生物—心理—社会的（Bio-Psycho-Social）定式化と相互作用モデルなどがある。前者は個人の生物学的な特性、ストレス、社会的状況の3つの要因から精神病理が発症し維持されている機序を理解するもので（Winters et al. 2007）、後者は親子関係、友だち関係、社会的状況などのシステムのなかでの相互作用を分析し、不適応行動のプロセスを理解しようとするものである（Connor & Fisher, 1997）。いずれのモデルによる定式化も治療的な支援の根幹となる作業である。

また、現在の精神病理の発症と維持に関連するリスク因子、保護因子、そして個人のリジリエンスの質を把握することは、現在の問題の転帰や新たな精神病理の発症の可能性など、今後の見通しを検討するのに有用な情報となる。プロセスを重視する発達精神病理学の考え方は、現在の問題がなくなることだけでなく、将来に向かってより適応的な経路を進んでいくことにも重大な関心をもっているので、予防的な視点を同時にもつことになる。

発達精神病理学の視点は病院や診療所を舞台とした子どもの精神科医療においても有用ではあるが、その利点がもっとも発揮されるのは地域や学校をベースとした子どもの精神保健活動においてである。子どもの精神病理の発症と維持に関連する要素は、個人や家族のなかだけではなく、学校、地域社会、文化や社会制度まで幅広いが、そのことは同時に治療や予防においては、幅広い社会的要素も無関係ではないことを意味している。発達精神病理学の視点を生かした治療と予防では、個人を対象とした薬物療法や精神療法だけでなく、個人を取り巻く社会のなかに存在するあらゆる資源を活用することで、さらに効果が上がることが期待される。つまり、発達精神病理学の視点は、子どもが生活している場における治療と予防の重要性を示唆しているのである。

学齢期の子どもたちにとって、学校は主要な生活の場であり、発達精神病理学が示唆する治療と予防を実践する場として適している。わが国では１９８０年代以降の不登校児童生徒の増加によって学校精神保健のしくみが発展してきているが、どちらかといえば子どもと家族との個別的な支援が中心であり、地域の社会資源も含めた拡がりは十分とはいえない。しかし、学校の取り組みのなかでは、いわゆる「生徒指導」の活動においては、担当教員は積極的に学校外にもアウトリーチし、さまざまな関係機関とも連携した支援を行ってきた実績がある。規則違反や反社会的行動のある生徒たちの行動は学校内だけにとどまらず、他校の校区や深夜の繁華街にまで拡がる活動なので、生徒指導の活動も必然的に校外の社会資源とのつながりが強くならざるを得ない。

不登校児の心理的なケアとツッパリ生徒の「生徒指導」とは次元の違う問題と思われる人も多いかもしれないが、本章でこれまでに説明してきたように、攻撃的・反社会的行動は思春期のもっとも主要な精神病理であり、このような問題行動を示す生徒への対応は児童精神医学や精神保健の重要なテーマなのである。したがって、生徒指導の教員たちが日夜走り回って生徒たちに向き合っている取り組みは、学校精神保健の取り組みに他ならないのであり、その意味において現在の学校には地域の幅広い社会資源とつながった取り組みの相当の実績が蓄積されており、発達精神病理学の視点をもった学校精神保健を展開する十分な基盤があるものと考えられるのである。

発達精神病理学の視点をもった思春期の精神保健活動において学校は特に重要な場である。そして、思春期の適応が成人期以降の適応と健康に重大な影響をもつことが明らかであるとすれば、この時期における学校精神保健の役割と責任はこれまで考えられていた以上に重大なものとなるのである。学校精神保健がその重大な責務を果たすためにも発達精神病理学の臨床応用はますます重要になるであろう。

【注】

注１　自閉症様症状については、４歳の時点では典型的な自閉症と区別がつかない特徴が見られたが、６歳までにかなり症状が弱くなることや、社会的接近やコミュニケーションが比較的良いことから、自閉症ではなく「疑似自閉症（Quasi-Autism）」と表現されている。

【引用文献】

・American Psychiatric Association.　高橋三郎・大野裕・染矢俊幸（訳）　ＤＳＭ-Ⅳ-ＴＲ精神疾患の診断・統計マニュアル改訂版　医学書院　２００４.
・Cicchetti D. Development and psychopathology. Cicchetti D. & Cohen D.J.（編）Developmental psychopathology, Volume 1. Theory and method, 2nd edition. John Wiley & Sons　pp.1－23　2006
・コナーD.F.　小野善郎（訳）　子どもと青年の攻撃性と反社会的行動―その理論と発達理論と臨床介入のすべて　明石書店　２００８
・Connor D.F. & Fisher S.G. An interactional model of child and adolescent mental health clinical case formulation. Clinical Child Psychology and Psychiatry 2:352－368　1997
・カミングスE.M.・キャンベルS.B.・デイヴィーズS.B.　菅原ますみ（訳）　発達精神病理学―子どもの精神病理の発達と家族関係　ミネルヴァ書房　２００６
・Felitti V.J., Anda R.F., Nordenberg D., et al. Relationship of childhood abuse and household dysfunction to many of the leading causes of death in adults: The Adverse Childhood Experience（ACE）Study. American Journal of Preventive Medicince 14: 245－258　1998

- Friedman R.J. & Chase-Lansdale P.L.　長尾圭造・宮本信也（監訳）子どもに不利益をもたらす慢性的に持続する逆境要因　児童青年精神医学　明石書店　pp.３０３－３２１　２００７
- Loeber R. & Hay D.F. Developmental approaches to aggression and conduct problems. Rutter M. & Hay D.F.（編）Development through life: A handbook for clinicians. Blackwell Scientific　pp.488－516　1994
- Loeber R, Keenan K, Lahay BB et al. Evidence for developmentally based diagnoses of oppositional defiant disorder and conduct disorder. Journal of Abnormal Child Psychology 21:377－410　1993
- Patterson GR. Coercive family process. Castalia　1982
- Rutter M. Psychosocial resilience and protective mechanisms Rolf J., Masten A.S., Cicchetti D. et al（編）Risk and protective factors in the development of psychopathology. Cambridge University Press　pp.181－214　1990.
- Rutter M., Sonuga-Barke E.J., Beckett C. et al. Deprivation-specific psychological patterns: Effects of institutional deprivation. Wiley　2010.
- Shepherd J.P., Shepherd I., Newcombe R.G. et al. Impact of antisocial lifestyle on health: chronic disability and death by middle age. Journal of Public Health 31:506－511　2009
- U.S. Department of Health and Human Services. Youth Violence: A Report of the Surgeon General. Center for Mental Health Services, Substance Abuse and Mental Health Services Administration, U.S. Department of Health and Human Services　2001
- Winters N.C., Hanson G., Stoyanova V. The case formulation in child and adolescent psychiatry. Child and Adolescent Psychiatry Clinic of North America 16:111－132　2007

第4章

保健・精神保健の要としての高校生年代

第1節　発達精神病理学における思春期の位置づけ

思春期は何かと問題の多い時期であることは誰もが認めるところであるが、思春期の情緒・行動の混乱を普遍的に思春期という特別な時期のせいにすることは、彼らの「症状」を的確に理解することの妨げになる。従来の精神病理学では、思春期の混乱を「思春期危機」とか「青年期適応障害」などと名付け、明確に「病的」と認識される成人期の精神病理とは区別して、発達的な視点で理解しようとしてきた伝統がある。

思春期の混乱を発達的にとらえること自体は間違ったことではないが、この考え方はともすれば思春期の子どもたちの示すさまざまな問題を発達的に「了解可能」なものであり、したがって正常な現象と決めつけてしまう可能性を含んでいる。実際にこの考え方はわれわれの社会のなかに広く浸透しており、思春期の問題に苦労をしながらも、「思春期だから……」となかば諦めがちに許容し、彼らの示す行動に対するそれ以上の理解を深めようとしないことも多い。混乱する思春期はむしろ当たり前のことであり、精神病理としてとらえる視点は一般的ではなく、困ることではあっても異常とまでは言い切れない歯切れの悪さもある。言い換えれば、思春期の混乱は異常な現象というにはあまりにも普遍的な現象だということかもしれない。

しかし、一見同じように見える攻撃的行動や大人への反抗でも、それらの行動が出現して発展してきた経路は決して同一のものではなく、発症と持続に関連しているリスク因子と保護因子にも大きな多様性がある。これこそが発達精神病理学の視点であり、この視点なくして有効な支援やさらなる不適応の予防は不可能である。情緒的な混乱や問題行動が好発する思春期こそ、発達精神病理学の視点から子どものこれまでの育ちを整理し、適応的な成人に移行する支援の好機であるといえよう。

たしかに思春期にはさまざまな情緒的混乱や不適応行動がみられることが多いが、これらの問題は思春期に急に出現するというよりも、この時期に顕在化しやすいと考える方が正確であると思われる。第2部第2章で説明したように、思春期前の学童期には比較的問題が顕在化することが少なく、ストレスに対しても身体症状として表現されることが多いために、大人たちにとって「厄介な」問題行動を呈することは比較的少ない。思春期になるとストレスは行動として表現されるようになり、「問題行動」として周囲の大人たちに認識されるようになる。思春期の問題行動のなかには、それ以前から存在していたものも少なくないが、大人たちに気づかれてから初めて「問題行動」として顕在化するので、その場合もやはり思春期になって「発症」したかのように認識されることになる。

　もちろん、幼児期からの問題が持続していながらも、思春期になって初めて周囲の大人たちに認識されて介入が行われるのでは、治療的にもあまり好ましいこととはいえない。理想的には、より早期に問題を把握して適切な介入が行われることが望ましいが、実際には早期の問題を的確に把握して介入することはなかなか難しい。あまり「厄介物」ではない年少児の問題行動は、過小評価されたり、きつく叱ることで抑制したりすることができれば、心理的な評価や治療の対象と考えられることはない。「手遅れになる前に」手当てすることが大切であることはいうまでもないが、結局のところ思春期になって「厄介な」問題行動が顕在化しなければ、周りの大人たちはなかなか動こうとはしないものである。どのような発達経路をたどった問題であろうと、問題が顕在化した時こそ介入のチャンスである。したがって、行動として問題が顕在化しやすい思春期は、子どもの精神保健のためには非常に重要な時期ということになる。

　一方、思春期の不適応行動は成人期以降の精神保健だけでなく全般的な健康にも悪影響があることから、ライフサイクル全体を見通した保健活動にとっても要の時期ということになる。発達精神病理学的には、思春期の精神病理のリスク因子は成人期以降のリスク因子であるだけでなく、思春期の精神病理自体（つまり不適応状態）も成人期の精神病理のリスク因子になる（Ebata et al. 1990）。したがって、思春期の精神病理の治療と予防は、成人期以降のリスク因子の軽減につながり、思春期の移行支援によって適応行動を増やし、自己有能感を高めたり、将来への計画をもつことを支援できれば、保護因子を増やしリジリエンスを高めることにもなる。

つまり、思春期は乳幼児期や児童期の精神病理と成人期以降の精神病理の交錯するポイントとしての重要性があるということになる。それに加えて、思春期は第1部で詳しく説明したような、劇的な身体的な変化、社会的役割の変化、対人関係の変化のために、きわめて不安定になりやすい発達段階でもあることから、必然的に不適応、すなわち精神病理のリスクも高くなる時期である。また、今日のわが国の教育制度においては、思春期は中学校から高校、さらには大学や専門学校などへと慌ただしく移行する時期でもあり、進路の選択に伴うストレスも加わり、不適応のリスクを高める要因となっている。

思春期は「第二の誕生」と言われるほどにさまざまなリスクに満ちあふれた時期である。母親の胎内から外の世界に出る「第一の誕生」は新生児にとってまさに命がけの一大イベントであるが、いくつものリスクを乗り越えて大人になろうとする思春期もまた文字どおり命がけの道のりである。実際、思春期の死因の約7割はリスク行動に起因するものであり（第2部第2章参照）、命までは落とすことはなくても、薬物依存や反社会的行動が持続することで「社会的な死」に相当する状態になることもある。したがって、この時期の精神保健活動はとりわけ重要であり、積極的に取り組んでいかなければならないものなのである。

第2節　高校生の保健・精神保健の課題

わが国の社会制度のなかでは、思春期は中学校と高校に所属する時期に相当するが、序章でも触れたようにほとんどすべての子どもたちが何らかの高校教育を受けるようになった現在では、思春期は学校生活とは不可分のものになっているのが実情である。思春期の精神病理は子どもたちの学校生活への適応に大きな影響を与える一方で、学校制度も現代の子どもたちの思春期に大きな影響を与えているのも事実である。思春期の精神保健において高校生がとりわけ重要になるのも、教育制度との関連によるところが大きい。

各種の統計から見る限りにおいては、問題行動は中学生のほうがはるかに多く、たとえば前掲の学校内外の暴力行為発生件数は小学校や高校と比べて中学校で圧倒的に多く、発達精神病理学的な攻撃性に関する調査研究でも攻撃性のピークは14～16歳で、それ以降は減少することが示されている（Karriker-Jaffe et al., 2008）。顕在化した思春期の問題行動への対応という観点からは、中学生の支援ニーズは高校生よりも高いと言わざるを得ないのかもしれない。

しかし、別な見方をすれば、暴力行為のような外向性の問題だけでなく、不登校のような内向性の問題への対応に追われることで、潜在的なリスクを抱えた子どもたちへの支援にまではなかなか手が回らないのが現状であろう。顕在化した問題に対する対応は待ったなしであるのに対し、潜在的なリスクはあっても家庭や学校、地域であからさまな問題を示さない子どもたちの支援ニーズにはなかなか気付いてもらえないのが現実である。これらの潜在的なリスクには、低学力、仲間からの孤立、低い自尊心や自己有能感、これまでの逆境体験と現在の過酷な家庭状況などが含まれる。

潜在的なリスクを抱えた子どもたちは中学校では登校を続けることができたとしても、低学力のために高校受験では非常に不利な立場に追いやられるが、そのなかでさらに劣等感を強めたり強いストレスを負うことで、新たなリスクを抱えることにもなりやすい。事実上の「高校全入時代」となった今日では、中学時代にあからさまな問題行動を示していた子どもたちも、潜在的なリスクを抱えた子どもたちも、ほとんど全員が高校に入学してくることになる。特に、偏差値によって序列化された現在の高校教育制度においては、一部の高校にハイリスクな子どもたちが集積しやすいと思われるが、その実態については第3部で具体的に検討する。

ここで注意しなければならないことは、高校生の精神保健ニーズは決していわゆる「教育困難校」とか「底辺校」と呼ばれるような偏差値序列の下位に位置づけられるような高校にだけ存在しているものではないということである。中学生でも同様であるが、偏差値レースのただなかにいる生徒たちは、優秀な成績をあげることが「適応的」と一義的にとらえられやすく、成績が低下すれば子どもに何か問題が起こっているかと心配されることがあっても、成績が良ければ特に心配されることもない。ここにも周囲の大人たちから見落とされがちな潜在的なリスクがある。ここでの潜在的なリスクとは、発達水準に不相応なストレスであり、それに対して十分なストレス対処スキルを獲得していないというものである（実際、特進クラスの授業時間や課題の量は尋常ではない！）。

　進学校の高校生たちの不適応の実状を把握することは、偏差値下位校よりもはるかに困難で、間接的に推測する資料も非常に乏しい。児童青年精神科の臨床場面では進学校の生徒たちの無気力状態、不登校状態の相談はしばしばあり、決して彼らが精神病理と無縁ではないことは明らかである。厳しい学習指導のストレスに加え、過度に競争的な教育環境によって不安が高まったり、自信を失って抑うつ的になることもよく見受けられる。社会学者の上野千鶴子（２００８）は、偏差値序列の頂点に位置する東京大学の学生たちが内面で抱える「この一回の競争には勝てたけれども、つぎの競争で勝ちつづけることができる保障がない」という不安に着目し、現在の優勝劣敗主義の学校教育が「敗者の不満」とともに「勝者の不安」を生み出し、どちらの側にも強いストレスがあることを指摘している。これらのストレスは学校生活が破綻しない限り、親だけでなく本人も気付かないことが多い。

　あくまでも極端な例ではあるが、時に地域の有名進学校の生徒による重大事件が発生し、世間を驚かせることがある。比較的新しい事件としては、２００５年静岡県タリウム事件、２００６年奈良県医師宅放火殺人事件、２００８年会津若松事件などがある。非行歴のない進学校の生徒の突然の凶行に誰もが驚かされ、事件の背景や動機についてメディアも大きく取り上げるが、結局のところ「発達障害」によって説明されてしまう風潮が強い（高岡、２００９）。しかし、「発達障害」が直接的に激しい攻撃性の原因になることは決してないことは明白であり、強いて犯行と「発達障害」との関連を考えるとすれば、そのような特性をもつ子どもたちは集団への適応の困難から高いストレス状態にあることと、ストレスへの対処スキルが非常に限られていることから、蓄積したストレスが突発的で破局的な攻撃性として発現したものと考えることができるであろう（Ono & Pumariega, 2008）。

もちろん、少年による殺人事件そのものが最近では年間40～50件であり、高校生が殺人事件を起こすこと自体が非常に少ないので、いくつかの殺人事件からだけで高校生のストレスを論ずることには限界があるが、終戦後の少年犯罪でみられたような「生きるため」の手段としての攻撃性は今日では少なくなり、ストレスへの反応としての攻撃性がますます優勢になってきていると思われる。筆者自身の児童青年精神科診療と少年事件の精神鑑定の経験からも、今日の高校生の不適応の背景に非常に高いレベルのストレスが存在していることを強く感じている。

残念なことは、子どもたちのストレスは学校生活への適応が破綻し何らかの問題行動が顕在化することで初めて認識されることである。精神科を受診する子どもたちの親や教員が異口同音に

「特に心配なことはなかった」とか「小さい頃から手のかからない子でした」と語ることが、周囲の大人たちの子どものストレスに対する感受性の低さを象徴している。ここにも思春期の子どもたちの問題を単に「思春期だから」とか「自分たちの高校生の頃にもあった」などと決めつけて過小評価することで、子どもたちの心を理解しようとしない大人たちの姿勢が表れている。少なくとも親世代の高校時代と違うのは、現代の高校生のストレスは相当高いことであり、ストレスに対処するための選択肢は非常に限られているということである。

その意味において、あらかじめ潜在的なリスクが想定されるような高校生だけでなく、すべての高校生には一定の精神保健上のリスクがあると考えるのが妥当である。また、すでに何らかの不適応状態を呈していたり、何らかの精神医学的な診断が付けられた子どもたちだけでなく、学校側からみた「優等生」に対しても、精神保健の視点から見守る必要がある。そのため、すべての高校生を対象とした学校生活のなかでの精神保健の取り組みは非常に重要であり、適応的な成人期への移行をめざす高校教育にとっては不可欠な要素に位置づけられなければならないものである。

第3節　移行支援と精神保健

思春期はたしかにそれ自体がさまざまな不適応のリスクを内在した時期であるが、発達精神病理学の視点からは「移行期」としてのリスクが高い発達段階として理解することができる。人間は誕生から死までのライフサイクルのなかで、いくつもの発達段階を経ながら成長を続けていく存在である。ある発達段階から次の発達段階へと移行する際には、新たな能力やスキルを伴う適応が求められ、一時的な不安定や不適応のリスクが高くなりやすい。思春期はライフサイクルのなかで、大人に依存し保護的な子ども期から自立的な成人期の間にある移行期に相当するので、「依存」から「自立」という大きな変化が迫られる重大な移行期と位置づけられ、精神保健も含めた多様な支援ニーズが高い時期といえる。

現在の日本社会においては、学校教育が子どもの発達の道筋として大きな存在であり続けており（保坂、２０１０）、移行期のリスクも学校生活の中ではっきりと見い出すことができる。もっとも日常的な移行期のリスクとしては進級にともなう学級編成替えがわかりやすいであろう。それまでの学級の友だち関係や担任との関係がいったん白紙に戻り、新たな友だちと担任との対人関係を構築しなければならない学級編成替えは、子どもたちが生活し発達する場である学校生活における環境の重大な変化であり、前学年の学級から新しい学級への移行が求められる出来事である。孤立や不登校のような、あからさまな不適応状態とまではいかなくても、学校環境の移行にはふだんよりも高いストレスが経験されることになる。

思春期には小学校から中学校、中学校から高校へ進学するという移行も経験する。多くの場合、中学校の校区は複数の小学校の校区を含んでいるので、それまでの学年内の編成替えよりも大規模な対人関係の移行が求められる。そのため、移行に伴うストレスも高くなり、不適応のリスクも必然的に高くなる。不登校が小6から中1にかけて激増することは、小学校から中学校への移行のリスクの表れとして理解することができるだろう。そして、中3になると進路の選択が求められ、自ら進学する高校を決め、選抜試験を受けて、より広範囲から集まった生徒の集団に適応していく発達の道筋は、環境と対人関係の大きな変化をともなう移行の連続であり、思春期のリスクを高める要因となっているのである。

移行期は精神病理のリスクも高い時期であるので、ライフサイクルのなかでも重大な移行期である思春期には、これまでに述べてきたような多様な精神病理が発症しやすく、したがって精神保健支援のニーズも高い時期として、十分な支援を確立することが求められる。しかし、リスクが高い一方で、移行期の変化はそれまでの不適応が修正されるチャンスを提供することもある。ラターは、「主要な人生の転換点（turning points）は保護的なメカニズムの存在によってリスクの高い軌道からより適応的な発達経路に軌道修正する時期になりうる」と述べ（Quinton & Rutter, 1988）、また、トスとシチェッティ（Toth & Cicchetti, 1999）も「発達的な移行期は治療的な介入の恩恵をもっとも享受できる時期かもしれない」と述べるなど、支援のタイミングとしての重要性のある時期でもある。

つまり、思春期は精神病理のリスクが高い時期であると同時に、それまでの発達の経路の結果として発現する不適応行動を修正し、より適応的な成人期に移行することを支援するうえで非常に重要な時期でもある。精神保健の視点からは、思春期の精神病理を予防するだけでなく、思春期以前からの精神病理も含めて、現在の精神病理への治療的介入の好機でもあり、そして成人期以降の精神保健の基盤を作るという、きわめて重要な時期であるといえる。したがって、この時期の精神保健支援はライフサイクル全体のなかでも特に重要なものと位置づけられなければならないのである。

残念ながら、思春期の精神保健支援体制はこのような重要な課題を引き受けられるほどには整備されていないのが現状である。それでも、中学校までの義務教育においては、学校保健が児童生徒の精神保健にも取り組んできており、保健室での養護教諭の役割の多くは精神保健に関することにシフトしてきている。さらにはスクールカウンセラーの普及、近年ではスクールソーシャルワーカーの導入によって、小中学校での精神保健支援は着実に進展を続けてきている。また、学校内の支援だけでは対応しきれない問題に対しては、地域の児童精神科医療機関や保健師、児童相談所などの児童福祉機関も、子どもと家族の支援に関わってきている。

一方、義務教育から外れた高校生の精神保健支援体制は、子どもへの支援と成人への支援の狭間で、きわめて不十分な状況に置かれており、精神保健支援体制においては「忘れられた世代」であるかのような感がある。学校基本法で小中学校では義務づけられている養護教諭は（第37条、第49条）、高校では「置くことができる」という位置づけにあり（第60条）、高校の学校保健は小中学校のそれとは同等ではない。しかし、高校の精神保健支援の制度的な裏付けは小中学校よりも弱いままになっているものの、実際には、ほとんどの高校に保健室はあり養護教諭も配置されており、精神的な問題をもつ生徒への対応はますます重要な課題になっている。

日本学校保健会が実施した「心の健康つくりに関する調査」（２００７）によれば、養護教諭が「子どものメンタルヘルスに関する問題」で支援した子どもの1校あたりの平均支援人数は、小学校約15人、中学校約35人、高校約31人で、中学校と高校では小学校の約2倍の支援ニーズがあり、高校のニーズも中学校と同程度にあることが示されている。さらに、養護教諭が受診等を勧めた子どもの割合は、小学校約13％、中学校約15％に対し、高校では21％と増加しており、教育相談などの支援よりも精神科や心療内科などの医療機関との連携を必要とするような問題が高校では多いことが示唆されている。

精神的な問題に苦しむ高校生にとっては高校の支援だけがすべてではなく、地域の社会資源を利用することも重要である。しかし、子どもを対象とした社会資源は主として中学生までの子どもたちを対象としていることが多く、高校生には利用しにくいものが多いという現実もある。たとえば、児童精神科医療では、小児科と同じように、15歳以下の患者を対象としていたり、あるいは、児童相談所は児童福祉法上は18歳未満の子どもの相談を受け付けるようになってはいるが、実際には中学生までの相談がほとんどであり、高校生の利用は一般的ではない。かといって、成人が受診する一般精神科の医療機関では、思春期の精神病理を十分に扱えず、高校生のニーズに応え切れていないことも多い。まさに、子どもの精神保健と成人の精神保健の制度的な「移行期」のなかで、高校生の精神保健支援はきわめて中途半端な状況に置かれているのである。

思春期の移行支援は、この発達段階に特化したものでなければならない。この発達段階に固有の精神病理のリスクがあることから、十分な精神保健支援体制が必要であるだけでなく、適応的な成人期を迎えるための基盤作りも同時に行われなければならない。中学校を卒業した後の人生の選択は本来多様であるにもかかわらず、現実的にはほとんどの子どもたちが高校という場でこの移行期を過ごして成人に向かう準備をしているということは、高校が移行支援の場としてもっとも現実的であることを示唆している。ここで問われることは、高校を卒業して大学に進学したり就職することが移行支援ではなく、発達精神病理学的な視点ももちながら、子どもの育ちを総合的に支援した上で、自立的な成人期に向かう十分な準備を整えることが真の移行支援であるということである。そのためには、高校教育と精神保健は不可分のものでなければ十分な効果は期待できない。「高校は教育の場であり保健の場ではない」といった議論は不毛であり、教育と保健が統合された移行支援の場とならなければならないのである。

【引用文献】

・Ebata A.T., Petersen A.C., Conger J.J. The development of psychopathology in adolescence. Rolf J., Masten A.S., Cicchetti D. et al（編）Risk and protective factors in the development of psychopathology. Cambridge University Press, pp.333　1990
・保坂　亨　いま、思春期を問い直す―グレーゾーンにたつ子どもたち　東京大学出版会　２０１０

・Karriker-Jaffe K.J., Foshee V.A., Ennett S.T. et al. The development of aggression during adolescence: sex differences in trajectories of physical and social aggression among youth in rural areas. Journal of Abnormal Child Psychology, 36:1227－1236　2008

・日本学校保健会　子どものメンタルヘルスの理解とその対応―心の健康つくり推進に向けた組織体制づくりと連携　日本学校保健会　２００７

・Ono Y. & Pumariega A.J. Violence in youth. International Review of Psychiatry, 20:305－316　2008.

・Quinton D. & Rutter M. Parenting and breakdown: The making and breaking of intergenerational links. Aldershot　1988

・高岡　健　発達障害は少年事件を引き起こさない　明石書店　２００９

・Toth S.L. & Cicchetti D. Developmental psychopathology and child psychotherapy. Russ S. & Ollendick（編）Handbook of psychotherapies with children and families Plenum Press, pp.15－44　1993

・上野千鶴子　サヨナラ、学校化社会　筑摩書房　２００８

第3部

実践報告

第１章　A高校の現場から

田邊昭雄

第１節　A高校のおかれた状況

１　A高校の概要

都市部近郊に立地する公立のA高校は、森を切り開いた土地の上に建てられた各学年４クラス、全校で12クラス規模の学校である。男女比はほぼ半々。ただ、クラス数は高校への進学者数に合わせて、開校当初の全校30クラス規模から12クラス規模に縮小してきたという経緯がある。生徒は６時間目の授業が終わり、その後、全員による清掃と帰りのＳＨＲ（ショートホームルーム）

を終えると、午後4時までには、一部部活動の生徒を除いて蜘蛛の子を散らすようにいなくなる。経済的な理由も含めて、直ぐにアルバイト先に向かう生徒も多い。

Ａ高校はいわゆる「教育困難校」で、毎年の入学者選抜における学力検査において、合格者平均得点の下位を争う学校であり、入学後の生徒指導や教科指導にも困難をきたしている。また、部活動参加生徒は少数で、指導は一部を除けば、放課後短時間で終了し、休日の活動もほとんどないというのが実情である。鈴木（２００７）によれば、教員の多忙感を増している大きな要因の1つは休日や放課後の部活動指導である。しかしながら、Ａ高校においては、部活動がその要因となることはない。

2　遠くて長い道のり

この地域のいわゆる「教育困難校」といわれる学校の通学の便は著しく悪い。Ａ高校の周囲も霊園と森林と畑に囲まれた地で、駅からは遠く離れている。最寄り駅からは徒歩で30分はかかる。バスは通っているが便は悪いため自転車通学の生徒が多い。彼らは行儀よく通行するわけではないから、接触事故等、通学時間帯の地域住民とのトラブルは多発することになる。

さて、Ａ高校のような学校には、経済的、家庭環境的に困難な厳しい状況のなかで通ってきている生徒が多数いる。そのため、学校の許可をとっているかどうかにかかわらず、アルバイトをしている生徒も多く、そのため夜は遅くなり朝は起きられない。加えて通学時間が長いとなれば、当然のごとく遅刻や欠席が多くなる。つまり通学条件を考えた時、生徒の多くはもともと学校の生活スタイルに合わせにくい生活環境におかれているうえに、学校の立地という物理的条件が、通学の困難さをさらに助長する。それは古賀（２００４）が指摘するように、修学の継続そのものを困難にしている。

これらの悪条件のなかで、中途退学することになる生徒も多い。そのようなことになれば、その後「学び直しの場」を求めたとしても、「学び直しの場」となってきている通信制・定時制高校での通学条件の悪化も指摘（注１）されており、学び直しの道は長く険しい。こうして負の連鎖ができ上がっていく。

【エピソード①〈体育祭得点係の仕事〉】

体育祭で、得点係の生徒を指導していた教員が筆者（注２）に話しかけてきた。

「先生、いい時にこの学校に来ましたよ。今年はグラウンドで体育祭ができますからね。去年までは体育館ですよ。グラウンドではできないんだから。大体整列しないし、どこに行ってしまうか分からないから、体育館でないと心配でやれなかったんですよ」

その傍らで得点係の生徒たちが、赤組と白組の得点の掲示作業を行っていた。

「赤組に60点入ったよ」と、集計係から声が掛かり、得点係の生徒がそれまで２８０点だった赤組の得点を変えようとしているのだが、なかなか変えられない。先ほどの教員が小声で筆者に言った。

「授業はあんな感じですよ。皆とは言いませんが、暗算でアレが直ぐにできない子もいるんですよ。大体、時計が読めないというか、時間の感覚が分からないような生徒も多いんです」

その間も掲示作業は進んでいない。この教員が生徒に声をかけた。

「さー、２８０点に60点足したらいくつだー？　小学校の算数だぞー」

生徒はグラウンドの土の上で筆算をしていた。

「うーんと、３４０だ」

「そうだな。そのくらい暗算でやれよ」と、その教員は応えた。

エピソード①のように、いわゆる「教育困難校」のなかには、生徒の掌握が困難なため体育祭を体育館で実施したり、マラソン大会を廃止したりしている学校もある。それだけ生徒を集団として掌握することが難しいということである。

さて、特別支援教育の推進のために、文部科学省が行っている高校生を対象とした発達障害支援関係のモデル事業（以下「モデル事業」と記載）の研究指定をA高校が実施するにあたって、研究の講師として依頼した大学教授はこのエピソード①を聞いたり、授業参観をしたうえで、「これからいろいろやっていくにしても発達障害ということだけでなく、境界知能の問題も考慮に入れておいた方がいいようですね」と語った。実際、小数、分数、割合の計算などができない生徒も多く、他の教科においても似たような状況にある。もちろん生徒たちの能力的な問題もあるが、それだけでなく、分かるまで十分に丁寧な指導を受けることが、今まで少なかったという環境的な要因も大きく影響していると思われる。

【エピソード②〈隠れ喫煙部屋〉】

筆者は、ある日、2学年の総合的な学習の時間の自習監督に行った。それは課題別に学年の生徒が分かれて活動する時間であった。筆者が頼まれたグループは、学年のなかでもとかく問題視される傾向の強かった男子生徒ばかり10名程が登録しており、ペンキ塗りなど校内のボランティア関係の活動を行うグループだった。筆者に監督を頼んだ教員は、「第二体育館に閉じ込めて好きなことをやらせといてください」と伝言していった。その言葉に従い、第二体育館で一通り暴れさせた後、その日出席していた7人の男子生徒の話を聞くことにした。

「真面目な奴らの言うことばっかり信じて、先生たちは俺たちの言うことなんか全然聞いてくれなかった」

B君が筆者に話してくれたことである。B君とそのグループは暴力行為や喫煙でたびたび指導を受けていた。教員の指示に従わないことが多く、無断での遅刻・早退を繰り返したりもしていた。

するとＢ君が突然、「先生、おもしろいもの見せてやろうか」と言った。「何だ？」と聞くと、「付いて来なよ」という。その先は校舎の片隅、ほとんど人の行くことのない小部屋の、外に面した窓の外側だった。

「机の上に煙草と灰皿が見えるよ。覗いて見なよ」

そこは教員の喫煙部屋であった。この地域の公立高校は敷地内全面禁煙である。そのため、通常は教員も敷地内から出て喫煙している。

「学校のなかで煙草は吸えないんだよね？　先生も吸っちゃいけないんだよね?!　でも、みんな吸ってるよ。先生、知ってた？」

このときのＢ君の訴えは、公平・平等という正義を求めていた。小中学校時代も含め、今まで自分がどれだけ不当な扱いを受けてきたかを、彼は語った。強い被害者意識をもち自己評価を低めているＢ君が、そこにはいた。自分の弱さを素直には出せず、突っ張っていくことでしか自分を保てないようだった。それはいわゆる問題行動として表出され、教員との対立をさらに深めることになる。そして、授業ひいては学校生活そのものへの意欲を減退させていくことにもなる。そのような自己評価を低めたＢ君が、Ａ高校にはかなりの数存在しているのだ。

このとき筆者は、Ｂ君の語る正義に時間をかけて付き合うことにした。それがどんなに偏狭な正義であろうとも、それを無視してB君の問題行動だけを責めると、彼をその偏狭な正義のなかに押しやることになり、自分で描いた悲劇の主人公にしてしまう危険がある。被害者意識の強い生徒は、誰かに認められることを欲している。そういう経験が今までなかったからだ。だから、B君のような生徒には良いところを認めたうえで、今をどう生きるのかを、一緒に考えていくという姿勢で付き合う必要がある。

3　実技系授業の実態

A高校では、図書室の業務は司書資格をもつ実習助手が行っていた。実習助手は教員に比べて、概して1つの学校での在職年数は長い。その実習助手がかつてのA高校の状況を語ってくれた。

「体育と家庭科の時間は特に大変だった。柔剣道なんてとてもじゃないけどやらせられない。だってすぐ本当の喧嘩になっちゃうんだから。サッカーみたいな当たりの強いスポーツは今だって喧嘩になっちゃうことがある」

「家庭科は女の先生だからなおさら。調理実習なんか、包丁を持たせれば、その本物の刃物でチャンバラごっこしちゃうし、もうどうしようもない。だから私も入ったことがあるけど、TT（チームティーチング）でやらざるを得なかった。それからやっと少し落ち着いてきた」

このような状況のなかで、A高校では、授業を成り立たせるために、体育・情報・家庭科等実技を伴う教科ではTTを実施することとした。さらに3年時の選択科目を多くして、少人数の講座を多数開設した。このため教員1人当たりの授業時数は増えることになったが、それでも少人数やＴＴの方が授業をコントロールしやすくなる。このように、授業を成り立たせるための模索を行った。それは、後述のような「多クラス展開」や「指導重点校」の取り組みへと進んでいくことになる。

これらのＴＴや少人数授業の取り組みは、学力の向上とか定着といった問題意識から出てきたというよりは、授業を授業として成立させる、授業規律を確立させるという目的達成のための必要性から生じたことであった。しかしながら、その過程で得られた落ち着いた雰囲気の授業実践のなかで、その後の「モデル事業」などを通して行われた授業実践の工夫改善と相まって、生徒の学校生活に対する意欲の向上や学習意欲の向上、それに伴う学力の向上・定着に繋がっていくことになった。

４　Ａ高校を見る地域の目

Ａ高校では、ＰＴＡ関係者や中学校関係者、地域住民に授業を公開し、その後話し合いをもつという取り組みを行っていた。その話し合いの一部が以下の記録である。この記録を読んでみると、地域住民が、どのような高校を望んでいるのかがよく分かる。

参加者１：私は最初の頃から来ていますが、その8年くらい前と比べると、随分変わったと思います。まず学校がきれいになった。以前はゴミがいたるところに散乱していて、高校ってこんななの？　と思ったものです。

参加者2：たしかに最初に来た頃は、校内の清掃状況、授業の様子など目に余るものがありました。授業態度が悪すぎるのにそのまま授業を続けるなんて、この先生どういうことと思ったこともありました。これこそ税金の無駄遣いだって感じでした。ただ、ここにきて年々学校の雰囲気も変わってきて、ようやく学校らしい学校になってきたんじゃないかと思います。

参加者3：私もこの集会の当初から参加しているし、青少年補導委員の学校訪問でも何回も来ていますが、以前に比べて本当に良くなっていると思います。廊下の掲示も充実してるし、授業に取り組む生徒の態度も落ち着いています。ただ地域住民としては、登下校時の苦情などもあることはありますが、これが学校か？　と思った時代もあったのに比べれば、良くなっていますね。

参加者4：1年前と比べても良い意味で驚きました。授業を聞いている生徒さんが多くなっています。ひざ掛けや机の上のジュースなども無いわけではなかったけれど、少なかったと思います。寝ている生徒にも無視せず優しく起こしていく、何回も起こしていく先生の姿が見られて、目が行き届くようになったんだなあと思いました。

参加者５：少人数制の授業は緊張感もあり、先生の目も行き届いているようですごく良い。以前は授業でもほとんど教科書は使わずに、先生がもってきたプリントでやっていましたが、今日は教科書を開いて授業をしている教室が多かった。教科書を使えるようになってきたんだなあと思いました。ただ、中学校でA高校と言うと「えーっ‼」と絶句という感じの保護者が多いんです。まだまだ、以前のイメージが定着している感じで、もう少しよく見てもらえるといいんですが……。

地域住民の望む学校は、素直に言うことを聞き、授業にも真剣に取り組む真面目な生徒が集うきれいな「学校らしい学校」である。そうでなければ、まさに税金の無駄遣いであり、地域の小中学生に悪影響を与える邪魔者以外の何ものでもないのである。そこからは、地域の望むような学校にすることのできなかった教員集団に対する苛立ちも見てとれる。

それが一様に、最近は「きれいになった」「学校らしい学校になってきた」「落ち着いている」「良くなっている」等、肯定的な評価に変わってきている。その背景は、少人数教育の実施にある。この話し合い自体、後述の少人数教育やＴＴなどの取り組み実施後のことであるので、そのような評価が出てきている。ただ参加者3のように、全体的には肯定的な評価をしながらも、地域住民としてより身近な登下校時などについては、まだ苦情もあることはあるのである。

学校に対してもアカウンタビリティが強調され、コンプライアンスが強調される昨今の社会状況のなかで、さらには少子化に伴う受験生の確保の問題とも相まって、納税者である地域住民の理解を得ること、ひいては一般県民の理解を得ることは絶対である。そこで学校は、必要以上に地域の目を気にせざるを得ない。その結果として、その学校に集う一人ひとりの生徒に対して、どのように対応していくのがベストなのかを考える以前に、地域から後ろ指をさされないようにと苦慮することが多くなる。

5　苦情電話

①「お宅の生徒が煙草を吸いながら堂々と帰っていく。あんなんでいいの？」
②「マンションの踊り場でオシッコされたんだけど、どういう教育をしているんだ」
③「公園で夜中からずっとたむろしていて怖いんだけど」
④「自転車でぶつかってきてそのまま行ってしまったが、謝りもしないでどういうことだ。どんな教育をしているんだ」
⑤「生徒さんが、店の駐車場に置いてある消火器をみんなばら撒いちゃったけど、何とかしてください」

このような苦情電話が毎日のように入る。もちろんそのなかには誤解もある。近くのいわゆる「進学校」と制服が似ているため、その学校の生徒がしたこともA高校の生徒のせいにされてしまうことも多い。また、一つひとつの事例には、その背景となるものがあるのだが、結局それらは捨象されて現象だけが入ってくることになる。

A高校では、従来、特別指導（注3）件数が毎年40～50件程度、指導対象者はその倍に近い数の生徒がいる。これは1つのケースで、複数の特別指導対象者が出ることが多いということで、内容的には校内外での暴力事件や通学途中の喫煙等が多く見られる。その結果、生徒たちは地域からずっと邪魔者扱いされてきた。苦情の電話は絶えることがなく、警察による逮捕事案も毎年のように報告されている。

最近はこのような苦情電話も、直接学校にくるのではなく、県教委や市教委にかかり、そこから学校に電話がくることも多い。直接話ができればいろいろな説明をしたりしながらかかわりをつくっていけるのだが、結局それもできない。そのため学校は、なお一層地域の目を気にせざるを得なくなる。苦情を訴える人は解決の即効性を求めているのだ。さらに地域の子どもたちだけが通う小中学校に比べて、高校は地元以外の広域から生徒が通ってくる。その分、地域で子どもを育てようという意識は低く、高校と地域の連携はなかなか進まない場合も多い。

第2節　学級編成弾力化の試み

前節でみてきたような学校の状況に対して、どのように対応すればよいかという1つの解答として、A高校では10年ほど前に「多クラス展開」と称する取り組みを始めたことが挙げられる。

これは1学年定員１６０名で4学級のところを、学校独自で5学級に展開した取り組みである。

1　「多クラス展開」の試み

A高校からは、学級編成弾力化の試みについての報告書が出されている。その報告書には以下のような記述がある。

「（「多クラス展開」という取り組みは）退学率や出欠状況、長欠生徒の状況で好転の兆しが見えたものの、全体として数値で把握できる要素については、現時点までに顕著な成果は現れていない。特に、この学級編成弾力化の大きなねらいである中途退学者数の減少という目標については、過去の平均的な値と比べれば、若干の改善は感じられるものの、今後ともその原因や教育活動の在り方等について、さらに検討し、一層の成果を上げる努力をしていきたい。少人数という量の改善を、どのように質の改善に具体的につなげるか議論していく必要があるものと考えている」

この報告書は「多クラス展開」開始の翌年に出されたものである。この「多クラス展開」とは、40人学級を1学級33人ないし34人に減らして編成し直し、それまで成り立たなくなっていた授業を成立させ、生徒指導上の諸問題にもきめ細かく対応していこうとしたものである。言ってみれば、学校が抱える問題への解答として、A高校では少人数教育を指向したということである。そして、その時点では顕著な成果は現れていないとしながらも、少人数という量の改善を、質の改善につなげる具体的工夫の必要性を今後の課題としていることが分かる。

その後、A高校では、この少人数教育の方向性をさらに推し進め、後述の「指導重点校」の指定を受ける。そして、それは前述の地域住民の発言にもみられるように、「目が行き届くようになった」という言葉で代表されるような好評価を得るのである。そのなかでさらに質の改善を図るための具体的な工夫にも取り組んでいくことになる。

2　「指導重点校」の指定

先に述べたエピソードなどに象徴されるように、生徒は能力的な問題も含めて基礎的な学力が不足している。そのため学習に対する意欲は低く、授業に対する集中力も持続しない。この問題に対する1つの解答としての方法論が少人数授業であった。A高校はこの「指導重点校」の研究指定を教育委員会から受け、学年の学級数分の教員の加配を受けた。その加配教員を退学者が集中する1学年に配置し、1学級40人で4学級のところを複数担任制ということで、1学級を2人の担任と1人の副担任で担当することとした。これによって、8人の学級担任と4人の副担任による、実質1学級20人で8学級の「生活集団」を編成し生徒指導にあたった。また、この「生活集団」がそのまま「学習集団」となり、1学年のすべての教科科目は20人単位の少人数で学習する体制となった。つまり、容易に授業が成立しなかった学校で、

20人の生活集団 → 目が行き届く → 生徒指導の充実

20人の学習集団 → 目が行き届く → 学習場面の成立

という絵を描いたのである。

　その結果、教師からは授業がやりやすくなった、生徒がよく見えるようになったという報告がなされている。また、生徒からも授業がよく分かるという発言が出てくるようになった。この発言は特に数学の授業についてなされることが多かった。個に焦点があたり、ゆっくり丁寧な指導がなされれば、A高校においても、一般的に高校生が苦手とされる数学においてさえ、意欲的に学習に取り組む生徒も出てくる。

３　他の研究指定の活用

　A高校では、「指導重点校」の指定に先立って、学校独自の「多クラス展開」の実践に加え、教育委員会の「教育実践推進校」の指定を受けた。この研究指定は、豊かな心の育成を目的とする事業であった。その実践のなかで「厳しく、優しく、美しく」をスローガンに規範意識を高めるための「厳しい指導」と自尊感情を高めるための「温かい指導」の融合をめざしたきめ細かい丁寧な指導の展開に取り組んでいた。そして、次節で述べるようないくつかの具体的な実践を工夫してきた。

ちなみに「美しく」は、校内、教室内の生活・学習環境の整備のことである。事務室を中心にした予算面での施設整備充実の事業は大きくこの面に寄与することになる。その結果、その当時高校ではほとんど導入されていなかった大型プリンターの導入による教室内外の掲示物の整理や教育相談室の整備充実等物理的な整備も進んだ。

第3節　質の改善の取り組み

1　生徒と学校の絆

一連の取り組み以前のA高校では、年間欠席30日以上の生徒は１００名以上を記録し、１日平均の遅刻者数は１００名程度、年間の中途退学者数は50名程度という状況を呈していた。特に中途退学に関していえば、毎年1クラス分の生徒が学校を去っていた。例年、中退率で10～15％、特に多かった学年では、入学者１６０名に対して、卒業生が90名あまりというような年度もあり、これはおよそ70名に及ぶ生徒が中途退学あるいは転学か原級留置（注４）になったということを示している。このような状況を見るにつけ、学校と生徒の絆は弱いと言わざるを得ない。「指導重点校」の取り組みとは、この中途退学者数の減少を目的とした事業でもあった。

前節でみてきた学級編成の弾力化つまり少人数教育は、教員の指導が行き届くという点が重視されたが、これは生徒の側からみれば、個々の生徒と教員とのかかわりが増えるということである。前述のエピソード②のB君も、後述のエピソード③のCさんも、みんな関わりを求め認めてもらうことを欲している。

2　さまざまな教育実践上の具体的な工夫

①朝自習の取り組み

朝のＳＨＲ（ショートホームルーム）の前に、各教科が工夫して課題を用意し、落ち着いた環境のなかで朝自習を実施。2学年の修学旅行前などは、修学旅行先の事前学習を兼ねた内容とするなどの工夫がなされている。この朝自習は当初は朝の10分間読書として行われていたものの発展である。ただし期間を定めた朝読書は現在も実施されている。

②漢字検定の受検

全校生徒が受検。検定前の朝自習は漢字検定向けの内容となる。

③入室許可カード

遅刻して来た生徒は、まず学年室に寄って担当者から指導（学年保管の個人別遅刻カードに記入）を受けた後、入室許可カードをもらい、それを授業担当者に提出してから授業に出る。学期ごとの遅刻回数によって、学期末に保護者召喚、学年主任指導、生徒指導部長指導、特別指導と段階を追った指導を行う。この入室許可カードは5枚で問題行動カード1枚と換算される。

④問題行動カード

授業妨害等で教員から指導を受けた生徒が、教員の指導を拒否した場合に、その生徒に対して指導した教員から発行されるカード。この問題行動カードの累積枚数によって、段階的な特別指導を実施。

⑤改善指導

校門あるいは生徒昇降口前での登校指導において、頭髪・服装等が学校の規程に合っていない場合に、改善措置を講ずるため、一旦帰宅させ改善を促す制度。改善後、学校に戻ってきた場合、授業は公欠（注5）扱い、戻ってこなかった場合は欠席扱いとする。

⑥始業前の音楽放送

午前8時10分からと朝のＳＨＲ開始の5分前である午前8時25分から、さらに昼休みが終了し5時間目の授業が始まる5分前の午後1時15分から、それぞれ5分間、始業の準備、心構えを作るために、全校放送で音楽を流している。

⑦ポートフォリオ的評価の実施

基本的な学習習慣が身についていない生徒が多いため、ほとんどの教科科目で、授業で使用したプリント、課題、作品など必要なものを、学校で用意した紙ファイルに、その都度教科担任が綴じ込ませ、学習履歴を生徒本人の手元に残すようにしている。それを適宜点検し、生徒自身も自分の学習履歴が振り返れるようにして、いわゆるポートフォリオ的な評価を加味した学習活動を行っている。それまで授業でのプリント類が捨てられて、学校が汚れる原因の1つにもなっていたが、この取り組みは副次的な効果としてゴミの減量という学校の環境整備にもつながった。

⑧授業の導入部分の分かち合い

生徒を惹き付けるための導入部分について、教員同士でそれぞれの実践を披露交換し合ったり、視察校での実践を紹介しあったりする研修会を自由参加で行った。

⑨教育相談の充実

教育相談室にはＳＣ（スクールカウンセラー）が週１日勤務するだけでなく、複数配置されている養護教諭の１人と教育相談担当者１人の２名が常駐し、毎日開室している状態にした。さらにＳＣとの相談に関しては、授業を公欠扱いにするなど、相談しやすい体制をつくった。

Ａ高校では、各教科とも基礎的な内容から丁寧に授業を展開する。授業で使用したプリントは無くしたり捨てたりしないように、ファイルに綴じ込むところから指導するのだ。これらの丁寧なきめ細かい指導は、何も授業に限ったことではなく③④⑤などのカードを活用した生徒指導上の実践なども含めて、教員と個々の生徒の関わる機会をできるだけ増やし、絆を構築していこうという試みでもあるのだ。形としては厳しい指導ということになるが、ルールの厳格な適用という厳しさそのものよりも、関わること自体を重視した丁寧な指導となっている。

【エピソード③〈特別指導を求める生徒〉】

筆者：どうかしたか？
生徒：うん……。また、停学になりたいなって、……停学になって、特別指導してもらいたいなって、そう思ってるの。自分じゃちゃんとできなくて！
筆者：えー、また停学になって特別指導っていうのは、そりゃ拙いじゃん。
生徒：うん……でも、もういいかな。……学校やめるかもしれないし。
筆者：やめるかもって、どうしたの？
生徒：お父さんのとこに行くかもしれない。だから、転校するの。

2年生のCさんはこの2カ月ほど前に暴力事件で停学（ここでは特別指導としての自宅謹慎と一部学校謹慎）となった。ただ、暴力事件といってもCさん自身は直接暴力を振るったわけではなかったが、助長するような行動をとったということがその理由であった。もともと被害者も加害者もCさんも同じグループで、友人間の軋轢が背景にあった。

さて、エピソード③では、Cさんは「停学になりたい」「特別指導してもらいたい」と語っている。これは、また問題行動を起したいわけではない。それでは何を求めているのか。

Cさんの母親は外国籍で、現在は父親と別居しており、経済的にもかなり厳しい状況である。授業料（当時）等の納入も時折滞る。そのなかで特別指導を受けるということが、1人で3人の子どもを育てている母親をどんなに悲しませるかということは、本人が一番よく知っている。

そんな状況のなかでも、自分では自分の生活をきちんとコントロールすることができず、仲間の行動に流されてしまう。だから、誰かに自分の行動を律してほしいのだ。また、Ｃさんは小さいときから忙しい母親に、あまり関わってもらえた記憶がない。反対に妹や弟の面倒は見なければならず、自分が癒されるということはなかった。そこで自分自身のことも誰かにかまってほしい、分かってもらいたい、そういう救いと関わりを求める気持が、「特別指導してもらいたい」「停学になりたい」という言葉になったのだろう。特別指導で自宅謹慎になれば、課題の達成状況や反省状況をみるために、家庭訪問をはじめとして教員との関わりは必然的に増える。それも担任だけではなく生徒指導主事や時に教育相談担当者やＳＣ、あるいは特別指導の「申し渡し」や「解除」の場面を通じて校長や教頭なども含めて、自分のことを心配してくれる複数の教員との関わりをもつことになるのだ。Ｃさんの求めていたものはそのような関わりだったのだろう。問題行動を起こさなくても、教員はその思いに応える必要がある。

3　揺れる教員

担任：Ｌなんか、前の学校だったらスルーしちゃうのに、ここじゃ駄目でしょ。学校がちょうど変わっていく時だからというのは分かるけれど、あの子なんか、２人で話していればホントに普通の子だし、授業だってちゃんと普通に受けている。ただ、能力が無いから、髪とかそういうところでしか突っ張れない。それを譲っちゃうと自分がなくなっちゃうみたいなんだろうけど……。結局、私が追い込んじゃっているんだよね。あの子たちは学校をやめても、結局行くところはないのに……。やりようによっては十分やっていけるのに……。結局、私が不登校に追い込んじゃっているんだよね。私のなかではそのジレンマが大きくて、ストレスになっちゃうんだろうな。

主任：Lもかわいそうなんだよね。中学2年の頃に両親が離婚して、今は母親と暮らしているけど、親子関係がもうめちゃくちゃ。入学式には父親が来ていた。昨日、母親を呼んで話したけど、全然心配してる様子はなかった。本人は最初から通信制の学校に行きたがっていたみたいなんだけど。

1年生のLさんは願書受付のときから目立つ存在であったが、入学後1カ月余りで自主退学した。Lさんは入学後、最初の頭髪・服装指導で指導対象となり再登校となったが、そのときは登校してこなかった。その後も欠席や遅刻が続き、改善指導が繰り返されたが従おうとはしなかった。A高校では入学当初に集団としての規律を確立しようとして強い指導が行われる。これは高校に入ったら自由な生活ができると思っていた生徒にとっては苦痛となる。

こんなLさんへの生徒理解が進んでいったときに、当初はLさんに否定的であった学年主任から、前述のような発言が出てくる。その生徒のおかれた困難な状況に対しては、教員も理解を示すようになる。また、このくらいの生徒は登校させて、そのなかで生徒との関係を作りながら、改善のための指導をしていくということを、前任校で行っていたこの担任にとっては、Ａ高校の指導体制のなかで行われていることに従っているとはいえ「私が不登校に追い込んじゃっているんだよね」という自分を責める思いが消えない。

学校が落ち着きを取り戻していくなかで、Ｌさんのような生徒への対応が、今後、より一層重要となる。校内での指導のなかに取り込んで、質量ともに十分なかかわりをもった丁寧な指導が望まれる。同時に、どうしても学校をやめる方向での進路変更が必要になった場合、その後についての十分な見通しをもった上で、進路をともに考えていく姿勢と体制づくりが重要となろう。そういう意味でのＳＣや教育相談担当者、特別支援教育コーディネーター（注６）の役割も重要となる。

次節に述べる「モデル事業」が始まると、講師の大学教授の指導のもと、この担任が中心となって、生徒全員を対象としたＳＳＴ（ソーシャルスキル・トレーニング）の実践が始まることになる。この実践は、最終的に担任がトレーニングの担い手になって、自分のホームルームで実施する体制をとることで、教員と生徒の関わりを重視しようとする一連の流れに沿う実践となった。この担任の自分を責める揺れる思いは、この実践のなかに昇華されていくことになるのである。

第4節　今後のA高校

1　「モデル事業」の指定

「モデル事業」は、A高校の「厳しく、優しく、美しく」をスローガンとして展開してきた丁寧な指導をさらに発展させるために、文部科学省から指定を受けた高校生対象の発達障害支援を目的とした研究事業である。その事業を推進するなかで、通年講師の大学教授は「A高校がめざした特別支援教育は、特別な誰かのための教育ではなく、発達障害のあるなしにかかわらず、すべての生徒を対象として、その成長を支えようとするものであった」と述べている。それは、学校生活全体を通したユニバーサルデザインによる特別支援教育であり、なかでも特に授業の分かりやすさを追求したものが中心であった。また、生徒の多くが困っている社会生活上重要なスキルを、ターゲット・スキルに選定して（A高校では「上手に断るスキル」などがターゲットになることが多かった）、集中的なSSTを行う実践もなされた。

この事業の受け入れは、A高校における「量の改善」から「質の改善」へという流れのなかで、必然的に紡ぎだされてきたものであったと言えるかもしれない。

2　振り返り

A高校での実践は、いわゆる「教育困難校」を地域の目、社会の目を意識して、そこに受け入れられる「良い学校」にしていこうということであった。それは教員にとっては、自分の教科科目を「教える」という本来の仕事を取り戻す作業でもあり、生徒にとっては、より丁寧な分かりやすい授業を受ける機会が増えることでもあった。それが「学校を良くする」ということだった。学校が良くなれば、教員も仕事がやりやすくなり「教えること」にやりがいをもてるようになる。それがひいては生徒に還元され、A高校を志望する受験生も多く集まり、やがて「教育困難校」というラベルが薄れていくことにつながる。そのために少人数教育という「量の改善」から取り組み、「厳しい指導」をとおして学校に落ち着きを取り戻そうとした。しかしながら、その過程で多くのLさんやB君、Cさんが学校を去ることになったのも事実である。それが年間50名に及ぶ中途退学と転学の人数だったのである。

学校は生徒で成り立っている。その生徒は、今98％という進学率のなかで高校生となる。そんなとき、経済状況や成育歴あるいは能力的な問題など、さまざまな要因で自己評価が低くなっている生徒が多く在籍するいわゆる「教育困難校」がどうあるべきかが問われている。社会の目を気にすることから、生徒そのものにどう向き合うか。多くのLさんやB君、Cさんを学校がどう支えるかが、今、問われているのではないだろうか。

その問いに対してA高校では、授業改善や生徒指導の在り方について、最終的に排斥ではない

「質の改善」へ向けて、少人数教育を基盤にユニバーサルデザインという目をもって取り組むことで、さまざまな問題を抱えている生徒そのものに向き合う方向性を模索してきている。全体への指導はユニバーサルデザインに基づく「少人数教育による質の向上」に取り組むことで、また個別指導においても、ＳＳＴなどを含めてより多くの時間をかけて丁寧に対応するという「かかわりの質の向上」に取り組むことで、生徒の抱える問題に対処しつつ、社会のなかにスムーズに受け入れられるように支援していこうとしているのである。

その意味では、進路指導を充実させる取り組みは極めて重要である。それも進路指導というよりは、この生徒たちにとっては社会のなかに居場所を確保するという意味で、進路保障の観点がことさらに重要となる。もちろんA高校もこの問題に取り組んでいる。誌面の関係で今回はその取り組みを紹介することはできなかったが、今後は、この進路保障の観点を加味したキャリア教育の問題が、A高校にとってもより一層大きな比重を占める課題となるだろう。

【注】

注1　野沢哲也　定時制「やり直し」の道険しく　公貧社会　支え合いを求めて　朝日新聞8月9日付朝刊13版10面　２００８

注2　筆者はA高校の職員の一人として、参与観察を中心とするフィールドワークを行った。そこでは、当然のことながら職員としての立場が重視されたため、「観察者」としての比重よりも「参加者」としての比重の方が大きかったといえる。

なお、個人情報等の保護のため、本稿の記述にあたっては、内容の本質を損なわない程度に複数校の事例を組み合わせるなどして改変している。

注３　「特別指導」について：特別指導は学校教育法第十一条及び学校教育法施行規則第二六条で規定されている懲戒としての停学や退学ではない。停学については家庭謹慎あるいは学校謹慎ということであり、保護者と連携協力してまた生徒の反省を促す指導である。退学については懲戒処分としての退学ではなく、「進路変更」として自主退学を促す指導である。ただし、懲戒あるいは特別指導どちらであるにしても同じ停学や退学という用語が用いられる場合もあるのでわかりにくくなっている。

なお、懲戒処分としての停学の場合、指導要録上の取り扱いは「出席停止・忌引き等の日数」ということになる。この場合、理由を付して出席すべき日数から停学期間中の日数は除かれるが、そのため懲戒処分としての記録は残ることになる。

また、特別指導としての家庭謹慎については、欠席扱いとされ、その間、毎日の反省日誌の記入や家庭学習用の各教科の課題が課される。学校謹慎（あるいは登校謹慎）の場合は、保護者が仕事等の都合で、家庭で生徒の状況を監督できない場合に、通常の生徒の登下校の時間とずらした形で登下校させ、別室にて謹慎させる。その間は授業には出ないが家庭謹慎と同様に反省日誌の記入や各教科からの課題を、教員の監督の下で行うことになる。この場合は、登校しているので出席日数にはなるが、各授業科目については当該時間の扱いは欠課となる。いずれにしても反省状況が良好であれば、所定の謹慎日数が経過した後に、その解除がなされ、通常登校に戻ることになる。

注４　「中途退学あるいは転学か原級留置」について：その学年の在籍人数が減る理由は退学・転学・原級留置の3つである。退学については2種類、法律に基づく懲戒処分としての退学と自主退学である。懲戒としての退学はめったにないが、処分理由を明示した退学処分書により学校長が退学を命ずるものである。自主退学は文字通り自主的に退学することであり、学校長あてに本人と保護者から退学願が提出される。自主退学の場合、理由は概ね進路変更ということであり、就職（アルバイト等の非正規雇用を含む）など何らかの目的をもつ場合もある。しかし、先の見通しがないままとりあえず高校は辞めるというだけの場合も多い。

転学とは、いわゆる転校ということである。単位の履修や修得が難しくなってきた状況があり、進級や卒業が危ぶまれる場合に、転学先の学校で進級・卒業することを目的に通信制高校などの単位の履修や修得が比較的容易な学校に転ずることが多い。もちろん保護者の転勤等のための一家転住の必要性から同じ全日制課程の高校に転ずる場合もある。原級留置とはいわゆる留年ということである。その学年で必要な単位が修得できなかったということから原学年に留め置かれて、更に1年間同じ教科科目を履修し直すことになる。

つまり、生徒は何らかの理由で、当該学年で単位の修得ができず進級や卒業ができない状況になった場合には、進路変更としての自主退学あるいは転学を模索するか、現在校に原学年のまま留まる原級留置を選択するかということになる。さらに法律に基づく懲戒としての退学処分の対象となり得るような場合に、教育的見地から自主退学、転学等を求められる場合もある。

注5　「公欠」について：その時間に行われている科目の授業に出ていなくても出席扱いとすること。

注6　「特別支援教育コーディネーター」について：改正学校教育法（平成19年4月）第81条により、高等学校においても特別支援教育を行うことが明記された。そして、「特別支援教育の推進について（通知）」（平成19年4月、文部科学省初等中等教育局長）のなかで、「特別支援教育は、これまでの特殊教育の対象の障害だけでなく、知的な遅れのない発達障害も含めて、特別な支援を必要とする幼児児童生徒が在籍する全ての学校において実施されるものである」とされ、「各学校の校長は、特別支援教育のコーディネーター的な役割を担う教員を『特別支援教育コーディネーター』に指名し、校務分掌に明確に位置付けること」が求められた。その職務内容としては、「各学校における特別支援教育の推進のため、主に、校内委員会・校内研修の企画・運営、関係諸機関・学校との連携・調整、保護者からの相談窓口などの役割を担うこと」とされた。さらに「校長は、特別支援教育コーディネーターが、学校において組織的に機能するよう努めること」とされ、校内で有機的に機能する体制づくりが求められている。

【参考文献】

・古賀正義　学校現場の知とエスノグラフィーの実践　学校のエスノグラフィー――事例研究から見た高校教育の内側　嵯峨野書院　2004

・鈴木尚子　教員勤務実態調査の報告―教員給与改革に向けて明らかになったこと　Benesse教育研究開発センター　2007
・田邊昭雄・小柴孝子　学校における問題行動への対処と非行予防　生島　浩・岡本吉生・廣井亮一（編著）　非行臨床の新潮流―リスク・アセスメントと処遇の実際　金剛出版　2011
・鳥居深雪　高等学校における通常の学級担任によるソーシャルスキル教育の実践―ユニバーサルデザインの特別支援教育を基にして　日本教育心理学会第53回総会発表論文集　2011

第2章
B高校の現場から

川俣智路

第1節　B高校の概要

B高校は、大都市Y市の近隣の市にある私立高校である。全校生徒は１８０人ほどであり、教職員は20数名である。半数以上の生徒はY市から通学しており、地元であるB市から通学している生徒は、近年は増加傾向にあるが、それほど高い割合ではない。生徒がY市ではなくB市の高校に通うのは、成績上の問題や不登校経験により小中学校に登校した実績がほとんどないことから、進路指導の先生に勧められたからという理由が多い。しかし、なかには「自分のことを知っている人がいない高校に行きたい」という理由で、B高校を選択する生徒もいる。また近年では特別支援学級（注1）からの進学や、発達障害の診断があり特別な支援を必要としているからという理由で入学してくる生徒も少なくない。

入学してくる生徒は学校に適応できなかった経験、不登校、発達のアンバランスさ、家庭環境の不安定さ、非行などさまざまな困難を抱えている。B高校は学校の方針として、こうした難しい状況を抱えた生徒を積極的に引き受けている。Y市からB高校に入学してくる生徒が多いのは、この学校の方針も理由の1つである。

1学級は30名程度で、生徒への支援は基本的には担任教諭が行う。養護教諭は校内に1名在籍しているが、スクールカウンセラーなどの専門職は在籍していない。クラス替えはなく、入学時の学級で3年間過ごすことが通常である。

第2節　学校生活を支えるための取り組み

B高校で最も重要視されていることは、3年間登校して卒業するということである。実際に教員は、生徒に対して学校を続けることが一番大事だとたびたび伝えている。継続して登校することを重要視する理由として教員は、一度不登校状態になってしまうと復学が難しいこと、不登校状態から中途退学してしまう生徒が非常に多いこと、中途退学後の生活はなかなか就労先がないなどの厳しい状況であること、等を挙げている。

もちろん、どの高校でも通うことが重要であることに異論はないだろう。しかし、Ｂ高校では通うことを保障するということを、とにかく徹底して実践している。以下はＢ高校の教室の一場面である（川俣、２０１１）（注２）。

前日に学校を休んだ生徒に対して、担任教諭がその理由を尋ねている。なおその生徒は以前から深夜徘徊を理由に欠席をしており、たびたびそのことについて担任教諭と話をしている。

担任：昨日どうしたのさ。
生徒：具合悪かったんだよね。
担任：また夜出てた（外出していた）のかい？
生徒：違うよ。具合が悪かったの。
担任：もし、朝具合悪かったら電話しないとだめさ。電話ぐらいできたでしょう。遅れてもいいから、来られるなら来なさい。単位のこともあるんだからね。
生徒：ああ、わかったよ。

Ｂ高校では、休むときには連絡をすること、始業に遅れても学校に来ることを強く指導している。そのためこの場面のように、無断で欠席した場合でもそのことについてはほとんど叱責されない。とにかく連絡をすること、遅刻してもよいので学校に来るように指導するのである。教員が生徒の行動で恐れていることは、学校との繋がりがなくなってしまうことである。そこで教員は無断で休んだことについてではなく、次からは休むのであれば連絡をするようにと指導するのである。これは通常の高校が「（無断で）休まないこと」を指導する姿勢をとっているのとは対照的な姿勢である。

出席日数の制度に関しても、B高校では独自の制度を取り入れている。それが「猶予卒業制度」である。この制度は、たとえば欠席・遅刻を繰り返して留年となる場合に、とりあえず学年としては進級して学年とクラスが変わらない制度である。通常の高等学校の場合には留年すると、下の学年に組み込まれることになる。このことは生徒にとっては強い挫折経験となることが多い。また、下の学年の学級と馴染めずに、結局不登校状態となり中途退学してしまう場合も少なくない。それに対して「猶予卒業制度」では、留年しても暫定的に進級できることになるため、該当生徒は強い挫折感や環境の大きな変化と対峙しなくてもすむのである。

取り残した単位については、放課後などの補習や、長期休暇などの追加の授業を利用して取得するようになっている。受けなくてはならない補習の量によっては、最終的には卒業が遅れる場合もある。実際に筆者が調査した学年は、入学者のおよそ6割が卒業したが、このうち約半数がこの制度を利用しての卒業であった。

校則も、生徒が学校に参加することを妨げることがないように、基本的な生活に関する項目に限定されている。たとえば制服の着用は始業式や卒業式などの公的な行事のみ着用が義務づけられている。また規則を守らなかった場合の処分でも、単純な罰を与えるのではなく、その処分の前後を通してじっくりとした面談が行われ、その後の学校生活を意識した形での処分が実施されている。教員によっては、校則違反などの指導の機会は、生徒をよりよく理解して支援していくための１つの契機であると考えている場合もある。

【エピソード①〈問題行動を活かす関わり〉】

（１年生時に実施した筆者と担任の面接調査からの抜粋。クラスのなかで喫煙のために停学になった生徒がいたことについて、話をしている）

担任：まさかあの生徒Ｋがタバコ吸うとは思ってなかったよね。

筆者：（タバコを吸うことは）予想外だったですか？

担任：そうだね。予想外といえば予想外だけど、でも早いうちに問題を起こしてくれて良かったよね。今問題になってかえって良かったんじゃない。

筆者：後々に問題になる方が困る、と。

担任：今のうちに腹を割って話ができた方が良いんだよね。結局、遅かれ早かれ何か起こるっていうのはあるからさ、早いうちにいろいろと指導できた方が良いと思うんだよね。

これは、喫煙問題を起こした生徒についてのものである。担任教員はこの生徒が問題を起こしたことについて、1年生のうちに時間をかけて指導する機会が生まれたという意味で、肯定的に捉えている。校則や学校の規則は本来、学校生活を快適に過ごすために作られたものである。ところが通常の学校では、学校への参加の制限としての意味合いが強い。そこでB高校では校則や規則は、学校への参加を制限しないように必要最小限となっているのである。それだけではなく、規則を破るような事態が起こった場合には、それを逆手にとり、十分な生徒理解や支援の契機にしてしまうのである。

B高校では行事活動も重要視されている。学校祭では全学級が展示発表やステージ発表を行い、夜には手作りの行灯をもって地域を練り歩く。行事活動の準備の場面では、担任の教員はできるだけ多くの生徒が積極的に行事活動に関わるように働きかけている。継続して登校することが難しい生徒が、こうした行事活動をきっかけに継続して登校することができるようになることも少なくない。

こうした取り組みにより、筆者が調査を実施したときには入学者のおよそ6割が卒業することができている。この数字を高いと考えるか、低いと考えるかは難しい判断ではあるが、入学してくる生徒が抱えている問題を考えれば、高い数字と考えるのが妥当だろう。一方で、これだけの実践をしていてもそこにある課題もまた多い。たとえば休みが多くなり学校に参加することが難しい生徒には、なかなか有効な働きかけをすることができていない。また家庭環境が厳しい状況にある生徒に対しても、学校としてはなかなか有効な働きかけを行えていないのが現状である。

第3節　「体験型社会実習」の実施

B高校の進路指導は、1年生のときから始められる。1年生のはじめから体験型社会実習と呼ばれるインターンシップが、授業の一環として実施されるのである。これは週に一度、授業時間を利用して、生徒が希望する企業にてインターンシップを実施する制度である。生徒は1年時に企業リストのなかから希望する職種の企業を選択して、その企業で1年間インターンシップを実施する。インターンシップ先として選択可能な企業の数は100以上になり、製材、物流倉庫、飲食店、保育所、福祉施設などその種類も多岐にわたっている。生徒が毎週通う必要があるため、すべての企業はB高校のあるB市の企業である。

大半の生徒は、インターンシップ先の企業リストのなかから、自らの希望でインターンシップ先を決める。通常の進路指導の一環として行うインターンシップでは、事前に職業適性検査などを実施して、インターンシップの企業を決定するのに対して、B高校の体験型社会実習では生徒の希望を最大限優先して決定する。それはこのインターンシップが職業訓練の意味だけではなく、インターンシップの実践を媒介とした学習、地域コミュニティとの交流などを目的としているため、生徒のモチベーションを最大限に尊重する必要があるからである。

実習期間中は毎回、生徒は教員と受け入れ先企業に対して実習報告書を提出することになっている。教員は、受け入れ先企業からのコメントも踏まえて、この実習報告書を元に生徒に対して細かな指導を行う。1年間の実習のなかでは、トラブルが起こったり、生徒と受け入れ先企業との関係が悪くなることもあるが、そのときには教員が間に入り生徒を十分に支援しながら、実習を継続できるように尽力するのである。

教員は受け入れ先の企業を頻回に訪問し、生徒の実習状況を確認している。以下は体験型社会実習の実習先に高校の教員と筆者が訪問した際の記録である（川俣、２０１１）。

1件目の訪問先はラーメン店である。ラーメン店で実習している生徒は学校をたびたび休んでおり、教員もいろいろと心配がつきないようである。到着後、生徒が食器などを下げて洗っているところを見学させてもらう。店の担当者の話によると、生徒は何回か休んではいるが（休んだことは教員も把握している）、きちんと真面目にやっているとのことである。その後、担当者から昨年実習に来ていた生徒の近況について質問があり、教員はそれに丁寧に答えていた。その生徒は実習期間以外にも、夏休みにはその店でアルバイトを行っており、担当者はその後生徒がどのように生活しているかについて心配していたようである。

2件目はそば屋である。店先で話をしていると、その後、奥から生徒も出てきて話に加わる。そこでは教員から信頼の厚い女子生徒が実習しており、特に何も問題はないようで、5

分程度で訪問は終わった。

３件目はペットショップである。ペットショップは人気の職種のようで、訪問先以外にもいくつかの企業と提携している。ちょうど訪問した時間は３人の生徒が犬にドライヤーをかけている時間であった。ペットショップの仕事は難しい仕事が多く、ドライヤーをかける仕事も犬が暴れてしまうこともあるため、うまくいかないことが多いそうである。しかし生徒はニコニコしながら仕事に取り組んでおり、ペット好きで仕事を楽しんでいることがこちらにもよく伝わってくる。担当者は生徒が犬を散歩に連れて行っている写真を筆者に見せ、生徒が頑張っていることを伝えてきた。さらに近年この地域の人口が減少していることについて話し始め、もう少し若い人がいればペットショップの経営も楽になるのだが、という話をしていた。

４件目は紙器の製造工場である。そこでは２人の男子生徒が実習に行っており、訪問した日は和菓子の箱を作成しているところであった。狭い工場内の２階で生徒は作業しており、２人とも慣れた手つきで箱を折っている。筆者も挑戦してみたが、時間がかかった上に間違ってしまったために、使い物にならないものができあがってしまった。すると、職員の方から「ああ、何銭か無駄になったよ。いつも生徒にも言っているんだよ。失敗したら何十銭の損失になるってさ」と、笑顔で言われた。ここで実習している生徒は、学級内でも寡黙で、あまり教員と話をしない生徒であるが、２人とも学級と変わらない雰囲気で黙々と仕事をしている様子が、印象に残った。

5件目は、商店街の文房具店である。この文房具店は、不登校の状態になっている生徒が実習を行う予定となっているが、いまのところ生徒は実習を一度も行っていない。担当の教員は文房具店の担当者夫妻に、まだ生徒が来ていないことを丁重にお詫びしている。

ここの文房具店はもう何年も実習を引き受けているようで、「慣れているから、学期の途中から来ても大丈夫だから」と何度も言っている。以前にも不登校傾向のある生徒を引き受けたことがあるようで、しきりに「朝起きられなかったら、親に言ってカーテンを開けてもらうとか、睡眠のリズムを整えるようにすると良いんだよ」といったように、過去の経験にもとづいたアドバイスをしている。教員はそれに対して丁寧に応対している。その後、30分近く話を聞き、宝くじを購入し、文房具店を出た。

このように教員は、それぞれの実習先で生徒の様子を確認し、受け入れ先企業の職員とのやりとりを行うのである。一方、受け入れ先の企業の職員は前年に実習に来ていた生徒のことについて言及したり、実習に来ることができない生徒についていろいろと方策を提案するなど、単に職業訓練の場としてだけではなく、高校の教育の一環としてこの実習を引き受けていることがわかる。たとえば文房具店の担当者は、いつでも実習を引き受ける姿勢を示しており、生徒がいつ来るかわからないという状況にもかかわらず実習に対して協力的である。また不登校に対して独自のアドバイスを提言するなど（その内容の是非はともかくとして）、生徒の教育に自らも関わっているのだという認識が垣間見える。

体験型社会実習は、B高校の生徒の存在を地域に大きく知らしめている。たとえば年度末には受け入れ先の企業から多くの職員が招かれ、この体験型社会実習の成果発表会が高校で行われる。またこの実習から発展し、夏期休暇などに受け入れ先の企業でアルバイトをするようになった生徒も少なくない。このように、体験型社会実習は生徒の就労体験や進路指導としての意味合いだけではなく、高校と地域が協働して行う1つの大きな教育実践となっているのである。

一方で、こうした活動は生徒にとっても貴重な活動ではあるが、就職率の向上といったような、目に見える形のはっきりとした成果には繋がっていない。調査時には、就職した卒業生の1年以内の離職率が高いことも問題となっていた。また受け入れ先企業もこの活動を通じて高等学校の活動に対して理解を深めていることには間違いないが、優先的に学生を採用しているわけではない。1年間かけて実施されるインターンシップがどのような意味をもつのか、当事者である生徒、学校、地域もこれから考えていかなくてはならないのである。

【注】

注1　主に小中学校に設置されている。通常の学級とは異なるカリキュラムや教育内容で運営されている。特別な支援ニーズをもつ児童・生徒のための学級。２００７年度に特殊学級の機能を引き継ぐ形で設置さ

れた。詳しくは第3部第4章の「特別支援教育」の注を参照。

注2　筆者は調査者として、朝のホームルーム、授業中、休み時間、帰りのホームルームまで教室で生徒の様子の観察を実施し、生徒や教員とともに3年間をこのB高校で過ごした。

なお個人情報保護などのために、記録については内容の本質を損なわない程度に改変している。

【参考文献】

・川俣智路　Community Based な移行を模索する―教育困難校のフィールドワーク　北海道教育学会誌第6号　pp. 23－32　北海道教育学会　２０１１

第3章 C高校の現場から

川俣智路

第1節　C高校の概要

C高校は山間部にある、人口2万人程度の都市Cにある高等学校である。全校生徒は50人程度で教員は10名弱の小規模な高校で、ほとんどの生徒はC高校のある地域に在住している。

C高校に入学してくる生徒は、多くの課題や問題を抱えている。発達面にアンバランスさを抱え、医療機関を利用している生徒も少なくない。またこれまでの学校生活のなかで、いじめを受けた経験をしていたり、不登校経験のある生徒、成績がふるわないために入学してきた生徒、心身の調子が悪いために入学してきた生徒、経済的な理由で入学してきた生徒、発達障害が疑われる生徒、家庭の事情から入学してきた生徒、さまざまな理由でC高校には生徒が集まってくる。C高校では定員を超えて入学希望があることはほとんどないので、こうした生徒は例年ほぼ全員が入学することができる。また自治体からの助成により、授業料はほとんど無料のような金額であり、昼食の補助も出ているために、家庭環境の厳しい生徒も入学することが可能な環境となっている（これは調査時の制度であり、現在の高等学校等就学支援金の制度とは異なるものである）。

C高校の特徴としては、福祉コースが設定されており、希望する生徒は福祉関連の資格などを取得することも可能だということである（その後、介護保険制度の改正に伴い、現在では高校だけでは資格が取得できなくなっている）。

C高校のある都市Cは、近年では高齢化が進み、徐々に衰退している。主な産業は酪農と観光業であるが、どちらも良い状況ではない。都市CにはC高校の他にもう1つの高校があるが、その高校の大半の生徒は都市Cよりも、少し離れた都市Xに就労先を求めている。C高校の生徒も都市Xへの就労を希望はするが、都市Xの競争が激しくなかなか実現しない。

第2節　学校への参加を支えるための取り組み

C高校に入学してくる生徒は、中学校までに学校生活、学習、友人関係、教員との関係などで困難を抱えていた場合が多い。そのため高校に入学してきたばかりの生徒は、学校生活に対して積極的になれないことや、ちょっとしたトラブルで学校に関わることを避け不登校状態になってしまうことがある。ある教員は、卒業を間近に控えた生徒について「ある生徒が突然しみじみと私（教員）に対して、『私たちって、ほとんどが小中学校には普通に行ってないんだよね。いまはこうやって通って卒業まで漕ぎ着けたけど、それって奇跡みたいなものなんだよね』と言うんですよね。それを聞いて、改めて一から積み上げてきたんだなと実感しました」と語っている。生徒は高校に入学してくるまでに、不登校やいじめといった学校に対する不信感につながりやすい経験を多くしている。筆者が教員への聞き取り（注１）をしたところでは、C高校のこの年度の入学生徒のうち、４割の生徒が不登校を経験しており、いじめなどを経験している生徒も少なくなかった。この生徒のつぶやきはそうした状況を思い出し、改めてC高校で送った学校生活についての意味を考える場面なのである。

次に紹介するエピソード①では、ある生徒がちょっとしたトラブルをきっかけに退学してしまったケースが紹介されている（川俣、２０１１）。

【エピソード①〈「理由書」を理由に退学？〉】

２年生の生徒が、学業不振を理由に中途退学をすることになった。担任の話によると、当該生徒はいくつかの授業科目で２学期の出席日数に不足があったために、冬休み中に補習を実施することとなった。しかし、補習を受ける際には「理由書」を書かなくてはならない規則となっているが、当該生徒は「理由書」がまったく書けず、補習も途中でやめてしまい、3学期が始まる前に本人の強い希望で中途退学をすることとなった。その際に当該生徒は次のように語った。

「自分は補習を受けるために必要な『理由書』すら書けない。理由書が書けないようではとてもじゃないが冬期補習も、今後の授業もついていけないことがよくわかった。もういても意味がないからやめる」

担任教諭は当該生徒とよく話し合い、「理由書」の書き方などについて丁寧に伝えようとしたが、当該生徒は「もう無理だから」の一点張りで、説得には応じなかった。

エピソード①は冬期補習の「理由書」が書けないことが原因となり、中途退学してしまった生徒のエピソードである。もちろん「理由書」が書けないことは中途退学しなければならないほど重要なことであると、教員は考えていない。しかし生徒の方は、さまざまな不安やあきらめを抱えて学校生活を過ごしているために、ちょっとしたきっかけによって長期の欠席状態や中途退学に繋がることがある。教員に対して不信感を語る生徒も少なくなく、教員と生徒の間には、こうした行き違いを端緒とした問題が数多く起こっている。エピソード①はこうした行き違いを象徴するものである。

そこでC高校ではこうした事態を避け、生徒の登校を保障するために、以下のような準備を行っている。

・入学する生徒の出身中学校に事前に訪問して、中学校の教員から生徒の生活、学習、家庭の状況について聞き取りを行う
・入学後1カ月程度が経過したところでカンファレンスを実施し、生徒理解を深める
・学期の節目ごとに教員と生徒は面談を実施する
・行事活動、部活動、ボランティア活動などの取り組みを積極的に行う

こうした活動を通じて、生徒は教員と密接な関係を築き、サポートを受けながら安定して登校できるようになる。さらに生徒は部活動、体験実習、ボランティア活動など、学級のなかでの関係だけではなく、他学年の生徒や学校外での交流など、さまざまな集団と接することを推奨される。このことは、後に本格的に地域に出て移行のための活動を実施する際の足場となるのである。

第3節　学習を支えるための取り組み

また、もう1つ重要な点として、授業への参加、学習活動の保障を行っていることがあげられ

る。学校への参加をサポートする上で授業に参加できることは非常に重要な要素である（川俣、２００９）。Ｃ高校では学習への参加のサポートのために、以下のような取り組みを行っている。

・生徒がわかるところまで戻って行われる授業
・教科によって少人数指導や、習熟度別授業を導入している
・「基礎教科学習」の時間を設けて、読み書き計算の基本的な部分の学習を実施

Ｃ高校には、小学校修了程度の学習内容を理解することができない生徒が在籍している。そこで生徒が授業の内容を理解して学習を進めるために、ときには小学校中学年程度の内容まで戻って授業が行われる。教員はこのことについて完全に納得しているわけではないが、生徒が授業に参加するためにやむを得ずわかるところまで戻って授業を行っている。教科によっては空き時間の教員が加わり、個別指導に近い体制で授業を実施することもある。また習熟度別の授業を導入している教科もある。

Ｃ高校の独自の取り組みとして、「基礎教科学習」の時間がある。これは1年生から3年生まで学年を超えて学習内容ごとに3クラスに分かれて、読み・書き・計算の基本的な能力について学習していく時間である。この時間には、学力の向上だけではなく、生活のなかで必要となる能力について確認し補っていく目的もある。

ここで重要な点は、こうした学習に対するC高校の取り組みが学力の向上をめざしているものではなく、すべての生徒が学習の活動に参加できるようにするための取り組みであるということである。次のインタビューは、C高校の学習参加への支援について端的に示しているものである（川俣、２０１１）。

【C高校での教員へのインタビューから】

●習熟度別の授業のクラス分けを、生徒の希望で決めることになった経緯について

クラス分けを教員の判断で決めることもできるのですが、やはり一番（学力レベルの）下のクラスになった場合は、生徒はそれなりにいろいろと思うところがあると思います。それならば、生徒に希望を聞いてその通りのクラス分けをして、やる気を出してもらう方がよいと思って導入を提案したんですよ。（中略）

●自分の学力レベルに合わないクラスを希望した生徒への対応について

もしそういう生徒がいたとしても、まずは授業を受けさせてみることになります。そうすると、生徒が実感として「ここのクラスだとわからない、ついていけない」ということを感じることになるので、生徒の方から下（の学力レベル）のクラスでやりたいという話が出てきます。もっとも、多くの生徒は、「自分は一番下のクラスでがんばる」というように、自

分の学力レベルに一番合っているクラスを最初から選択するのですが。

このように、C高校では習熟度別のクラス分けは成績だけではなく、生徒と面接をして生徒の希望を尊重する形で実施されている。もしC高校の習熟度別の授業の一番の目的が学力の向上であれば、学力ごとにクラス分けをした方が効率がよいだろう。しかしC高校の習熟度別の授業の目的は、生徒がわかる授業を実現し、生徒が授業に主体的に参加できるようにするためである。そこで生徒のモチベーションを保ち、主体的に授業に参加できるようにするために、クラス分けの際に生徒の希望を優先するようにしているのである。

ここまで概観してきたように、C高校では生徒が安心して登校できるように、そして学校の内外のさまざまな集団に属することができるように、授業に主体的に参加できるような実践をしている。これはもちろんC高校の教育実践の特徴ということになるが、同時にこの実践自体が移行のための支援となっているのである。通常の場合、移行支援は就労や進学の希望をもつところから始まると考えられているだろう。しかし、それは生徒の学校生活、広い意味での成長と発達が保障されていることが、暗黙のうちに前提となっている。しかしC高校はこれまで述べられてきたように、メンタルヘルスの悪い生徒、発達面で支援を必要とする生徒、家庭環境に難しい面があり安心して生活を送ることができない生徒などが多数在籍しており、この暗黙の前提が成り立たない。そこで、教員はまず学校内の実践のなかで生徒をどのように支えて、どのようにして移行支援ができる段階まで生徒を導いていくか、ということに取り組んでいるのである。こうした取り組みを経て、生徒は社会への移行のための支援を受けることが初めて可能になるのである。

第4節　職場実習を利用した生徒の社会への移行の取り組み

生徒が安定して学校生活を送れるようになる2年生の中頃になると、進路指導が本格化する。すなわち、インターンシップや職場実習が行われるようになるのである。ここでは、C高校の福祉施設への就労の過程について説明していきたい。

この職場実習は移行支援のなかでは大きな意味をもつ。福祉コースの生徒は2年生から本格的に福祉の授業を受講し、福祉実習に備えることとなる。しかしC高校には、周囲と円滑なコミュニケーションすることが難しい生徒、複数の指示を同時に実施することが難しい生徒、読み書きに問題を抱えており実習記録を作成することが難しい生徒などが在籍している。そのため、福祉実習の際に実習中にトラブルになってしまい途中で挫折したり、記録をつけることができず中途半端な形で実習を終える生徒が少なくない。こうした状況から、教員によってはこうした生徒は特別支援学校へ転校した方が本人のためになるのではないかと考える場合もある。

次の語りは、ある教師の就労に対する考え方についてである。

●就労支援について

高等学校には高等学校の内容ってものがあるのですが、（生徒の学力が不足しているために）全然それができないわけですよ。仮にそれを何とか工夫して教えても、次の日にはすっかり忘れていたりするわけです。その生徒に合わせて授業をやるわけにはいかないので、（学力レベルが）中ぐらいの生徒に合わせてやるので、結局生徒はぼーっとしているのですよ。やはり限界がありますよ。

こういう状況だったら進学だって就職だって、ままならない。だとすればこういう（普通科の）高校で、こういう生徒を引き受けて良いのかという問題はありますよね。ここでは何も専門的な取り組みをすることはできないから。

もし、ここ（普通科の高等学校）でできることがあまりないのだとしたら、特別支援学校に転校することも考えた方が良いと思うのです。そこで手に職をつけた方が絶対に良いのではないかと思って。

この教員は、生徒の発達の問題をもはや高校では対応できない問題であると認識して、入試を経て入学させているのにもかかわらず特別支援学校への転校を検討している。教員はこのように、時には自分たちの高校の意味そのものを疑うような心境にならざるを得ない状況にある。これから紹介していく、福祉施設での実習に関する取り組みは、こうした混沌とした状況のなかで行われている実践である。

教員は福祉の授業のなかで、挨拶の仕方から、記録の付け方まで事細かに指導を実施している。しかし実際には、実習で以下のようなトラブルになることも少なくない（川俣、２０１１）。

【エピソード②〈福祉実習でのトラブル〉】

●筆者のフィールドノートから

福祉実習を予定している生徒のなかに、実習を最後までやり遂げられるか、特に心配な生徒がいた。その生徒は通常の授業で理解に時間がかかり、ノートをとるのにも時間がかかり、誤字脱字なども多い。また簡単な指示が理解できなかった場合には、パニックになる、あるいはフリーズしてしまうために、実習先に迷惑がかかるのではないかという心配もあった。しかしこの生徒は福祉関係の職に就きたいという強い希望があり、これまで福祉関係の科目を履修し学習してきたのである。

これまでC高校ではこうした場合には、生徒のネガティブな情報についてはできるだけ伝えないようにし、実習受け入れを断られないようにしていた。しかし今回は実習先の担当の職員が、C高校の生徒の状況に対して理解があったために、その心配を率直に伝えることになった。それに対して施設の職員は、できるだけ対応してみますとのことであった。

その後、その生徒は実習を実施した。しかし初日から指示の理解が難しく、作業も滞ってしまうことが多く、施設の利用者とトラブルになってしまった。実習記録についても、どのような内容のことを記入してよいのかがわからずに、未記入の状態であった。そして、３日目の朝から実習を休んでしまい、途中で実習を終了することとなった。

その後、福祉実習の全日程終了後に、途中で実習をやめた生徒のお詫びを兼ねて、実習のお礼を伝えに教員が施設を訪問した。実習担当の職員は、その生徒について次のように語っていた。「いろいろ難しい点があったが、熱心であったことは伝わってきたので、できれば３日目以降も実習を継続してほしかった。もしその生徒がもう一度実習をやりたいのならば引き受けてもかまわないし、うちの施設に就職したいのならば、前向きに検討しても良い。その生徒に限らず、C高校の生徒については事情もよくわかっているつもりなので、うちの施設で働きたいのならば、前向きに考えていきたい」

エピソード②は、実習へ行った生徒が途中で実習を中断してしまった事例である。高校側はこの生徒の苦手な面について事前に実習先に伝えている。地域によっては、このことだけでも実習を断られてしまう場合もあるだろう。そして、実際に生徒が最後までやり遂げられない事態になるのであるが、それでも実習の受け入れ側の施設は生徒の熱心さを評価して、再度実習を引き受けたいと申し出ているのである。なぜこうしたことが可能になるのだろうか。この点について、

C高校の生徒の実習を毎年多く引き受けている施設の職員は、次のように述べている。

●なぜ課題をたくさん抱える生徒を引き受けるのか

> うちの施設は、近隣の大都市などと同じ条件で求人を出すと、ほとんどの職種で反応が返ってこない。正直、ここに来たいと思っている人はあまりいない。一般職員もそういうことで大卒、専門学校卒はいなくて、最終的に高校卒で探さざるを得ない。もちろん有資格者や経験者がよいが、そういった人材が来てくれることもほとんどない。やはり場所が悪く、都市部と同条件ではやっていけないが、かといって給与をよけいに出すことも難しい。
>
> 同様に高校生でも都市部の高校生はあまりこないので、必然的に地元の高校の比率は高くなる。そして出入りが多い仕事なので毎年求人を行い、結果としてC高校の生徒さんを多く採用している。
>
> また地域の要請として、地元の子どもを雇用してほしいということもあるだろうし、そういった意味では実習でも地元の高校であれば、ほかの実習を押し退けてでも優先して引き受けたいという強い気持ちがある。

C高校のある地域では過疎化が進み、福祉業務の経験者や有資格者の雇用が難しい。また若者が都市部に流出しているために、若い働き手の確保も難しい状況である。さらに福祉施設は離職者が多く、入れ替わりの多い職場である。このために、施設にとってC高校は福祉関連の働き手を提供する、非常に重要な高校なのである。そのため、多少の生徒の困難や失敗については容認することが可能な状況にある。また同様にこの施設職員は、地域の高校に通う生徒を多く採用している状況について、地域コミュニティの要請であると認識しており、社会的な使命を感じているとさえ語っている。

こうした施設の対応に対して、C高校の教員は次のように語っている。

●実習先の施設が、快く生徒を引き受けてくれることについて

実際には、（実習の）事前指導のときからできないことや心配なことはいろいろあって、できる限り指導するようにしたのですが、とてもそれだけじゃ間に合わなくて、このままだとちょっと生徒を実習に出すことができないかな、とも考えたのです。そこで結局施設の方に、心配事を全部伝えておいたんです。迷惑をかけるかもしれないが、よろしくお願いします、と。そして、もし実習を引き受けられないならそういってくれと伝えたのです。

しかし施設の職員の方は「C高校の生徒がどんな生徒かはわかっていますから、できる範囲でこちらも彼らのことをサポートします。われわれは福祉の業界にいるので、多少なりともどのようにして助ければいいかはわかっています」と言ってくださったんです。あの施設には毎年卒業生も何名か就職しているし、本当に助かりますね。

また施設の生徒の担当の方が気にかけて下さるので、実習の間はうまくやれているようです。生徒によってはボランティア活動のときなどに担当の方に会ったことがあり、面識がある場合もありますので。時には実習中にかなり怒られて、しょげて学校に来ることもありますが、それもまた良い経験だと思います。何名かの生徒は、実習の後にも担当の方とやりとりがあったりするようで、生徒にとってはちょうど良い見本ができたような感じですね。

このようにＣ高校の教員は、本来ならば実習を受けさせることができなかったかもしれない生徒に実習を受けさせることができたことに感謝しており、また実習を受けることによって、生徒がさまざまな経験をし、目標とできるような人との出会いがあることを語っている。

実際に実習を行った生徒は、その印象を次のように話している。

●実習の感想について

最初に行ったときには、もう頭が真っ白になりました。学校で習っていたこととは全然違うし、習っていないこともやらなくてはいけないので。最初に実習に行った施設は本当にきつくて、もうこれは福祉関係の職には就けないかなと思いました。たとえばおむつの当て方とかは学校ではやらないのですが、施設に行ったら当たり前のようにやることを求められたりするんです。最初の実習が終わったときには本当につらくて、しばらくの間は他の職業に就こうと思っていました。ただ、その後別の施設に実習に行ったときに、「こういう内容の仕事もあるのか」と思い直して、もう一度福祉関係の仕事に就こうと思いました。

それからは、学校でわからなかったことを先生に尋ねたり、もっと勉強しなくちゃいけないと思うようになりましたね。

この生徒は2カ所の施設実習の経験により、もう一度福祉関係の仕事について深く考える機会をもつことができ、また新たに学ぶことへのモチベーションを高めている。生徒にとっても施設実習は、仕事のことを知り、そして将来を見つめるための重要な機会になっているのである。

ここまで社会への移行の準備のための施設実習について、生徒、教員、施設職員の語りから概観してきた。C高校では学校での指導と施設実習が何度か行われることにより移行のための準備がなされ、近い将来に社会に出るための第一歩となっているのである。こうして高校で学習を積み重ねた生徒は、社会に出て行く準備を整えるのである。

第5節　就労後に施設内で実施される移行のための支援

3年生の後半になると実際に就職活動を行うが、C高校の生徒の就職活動はけっして簡単ではない。C高校のある地域は過疎化が進み、働き口がたくさんあるわけではない。一方、近隣の大都市に出て就職活動をする場合には、他校の生徒との競争となるため、なかなか就労できないことが多い。そこで、福祉コースに所属する生徒は、実習を実施した施設を中心に就労先を探すこととなる。その際には、実習中の体験や施設職員とのつながりが重要な意味をもってくる。エピソード③は福祉施設に就職した経緯について、生徒が語る場面である。

【エピソード③〈就職のいきさつ〉】

●福祉施設への就職が決まった経緯について

就職活動は一応してみたのですが、あっさりと落とされてしまってどうしようかなと思っていたんです。あるときスーパーに買い物に行ったら、たまたま実習でお世話になった職員の方がいて、少し立ち話をしていたら、求人が出ているからうちに出してみれば、ということになったのです。それで面接にいったのですが、「実習に来てもらってよく知っているから」みたいなことを言われて、面接も5分くらいでした。翌日には就職が決まったのです。決まったときは嬉しかったですね。

　その後、12月くらいになって（福祉コースの）友だち3人がまだ就職が決まっていなかったので、人事担当の人に電話をして、その3人も就職することになったんです。

すでに述べたように、施設の方では新たな働き手がいないこともあり、積極的にC高校の生徒を受け入れる方針である。そのためこのように実習に来たことのある生徒は、比較的容易に就職が決まる傾向にある。

しかし福祉施設の職員も語っているように、生徒は就職してもすぐに働ける状況にあるわけではない。ある教員は生徒が卒業するにあたり、筆者に対して「いろいろ取り組んではいるのですが、やっぱりもう時間切れですよね。3年間でやるには、いろいろとやることが多すぎるんですよ。だから卒業式のときにも、生徒には『おまえたちにはいろいろ伝えてきたけど、残念ながら時間切れで卒業を迎えてしまった。あとは、自分たちで考えて社会のなかで学んでいきなさい』と伝えました」と漏らしている。

C高校の教員は、3年間という時間のなかで精一杯、さまざまなことを伝えようとするが、社会で働く上での能力を十分に身につけさせることはかなり難しいと感じている。エピソード③はそのような教員の心配を表しているものである。こうした点について、施設の職員は次のように述べている。

●就職してきた生徒の困難な面に関して

もちろん生徒さんによっては漢字も書けない、仕事の指導というよりは字の指導からしなくてはならないこともあるが、それでも職員で教え育ててやっていければよいのではないかと思っています。時には職員の心が折れそうになることもありますが、それはほかの職員がフォローしながらやっていくような、そんな蓄積が職場にはあると思います。職員もほとんどが地元の人間であるし、C高校の卒業生もいる。そういった意味でC高校の生徒のことは、良い面も悪い面もよく知っていると思います。そうやってわかっているなかで15年間施設を運営してきた蓄積があると思いますので、こうした子どもたちへの職員の働きかけも今はうまくいっているのではないかと思います。

●生徒を引き受ける上で重要視していることについて

仕事自体はきついものであるので、最終的には面接でやる気があるかどうかを大切な観点にしています。「やる気あるっていったね？」というように、こちらからは半ば強引であってもそうした気持ちの部分を確認して、あとはもう教え育てて一人前の職員にしていく。そういうやりかたでないと、職員を確保できないという現実もあります。

この語りからわかるように、就職してきた生徒は仕事をする上で身につけなくてはいけないことが多々ある。施設の方では基本的なことから一つひとつ指導していくことを前提に生徒を引き受けており、施設内での教育に力を入れていることがわかる。こうした施設内の教育は、C高校の卒業生も含めたその地域の住民によって行われており、C高校の生徒の事情をよく理解した上で施設内の教育が行われているのである。

施設職員は、こうした生徒のキャリア展望について次のようにも述べている。

●施設に就職した高校生への希望について

女性なら、出産前ぐらいまで働いてもらって、子育てがひと段落したらまた戻ってきてほしいとの気持ちがある。男子の場合、資格がない状況でも採用しているが、やはりそれでは結婚して養っていけないから、資格を取らせて職場で稼がせて、長く働けるようになってほしい。そして、そうした生徒が後輩をとって指導していけるようになれば、それが最高の形だと思う。

このように、施設職員は長期間にわたって生徒が施設で働くことを望んでおり、そのキャリアの形成までを考えて施設内での教育を行っているのである。またこうした取り組みが、毎年引き継がれて、いま支援している生徒たちもいつかは支援する側に回るようになることを施設職員は望んでいる。この施設に就職したC高校の卒業生は、仕事について次のように述べている。

●働いてみての感想

最初のうちは先輩がいろいろと教えてくれていたが、1人で仕事をするようになって急に怖くなって、本当につらい思いをしました。ただいろいろと教えてもらっているうちに、少しずつ責任のある仕事も任せられるようになり、やりがいを感じられるようになりました。最近では、利用者さんとの会話も楽しめるようになってきました。

●仕事を辞めようと思ったことはないのか

それは何度か思ったことがあります。ただそのときは、同期（の生徒）がいるのでもうちょっと頑張ろうと思い直しました。前に同期と遊んだときに、皆で普段言えない愚痴を言ってみようという話になり、そのときに同期の奴らが「もうやめようと思う」と言い出して、必死になって止めたこともありました。逆に自分がやめたいと思ったときもありましたが、そのときには上司に相談したりして、いろいろ聞いてもらって気持ちを落ち着けました。いまはこの仕事を続けたいと思っています。

●将来について

将来はもう少し上級の資格を取って、主任とかもっと責任のある仕事をやってみたいです。やはり、今自分に仕事を教えてくれている人がかっこよく見えるので、そういうふうになりたいなというあこがれがあります。

生徒は施設での就労について、このように前向きに語っている。将来については、施設職員が語っていた内容と同じように、資格を取得して長く勤めていきたいと述べていた。

ここまで就労後の、施設内での教育について概観してきた。これらの施設内教育は、在学中に終わらなかった読み書きに関する訓練から、就労後に本格的に学ぶ内容まで幅広い内容となっている。そしてこれらの教育は、実質的には生徒の社会への移行のための支援にもなっていると考えられる。つまりC高校の移行支援の第三段階は、学校内で行われる支援ではなく、施設内における学びと生徒へのサポートになるのである。こうした支援は、C高校のことをよく理解している地域の施設や地域の住民が担っているのである。支援の第二段階でC高校の教員がやり残した内容について、地域の施設を中心としたコミュニティが引き継いでいるともいえるだろう。

本章では主に福祉関連の施設への就労をめぐる実践について述べてきた。C高校では福祉施設での就労に関しては、インターンシップから就労後のフォローまで、地域の施設と連携して非常によい実践がなされている。しかしこれらは、あくまでも福祉施設関連の就労の場合であり、通常の企業に関してはここまで綿密な連携はとれていない。さらに福祉に関連する教員の努力によってこの連携は維持されている面が強く、異動等で教員が入れ替わった場合、このシステムが維持されるかどうかについては課題として残されている。実際には福祉施設に就労する場合でも、早期離職してしまうケースも少なくないが、そうした問題も課題として残されている。

【注】

注１　C高校でのフィールドワークはおよそ2週に1度の頻度で約50回実施され、筆者は外部支援員としてこのC高校に参与した。ここで紹介するエピソードや事例は、これらのフィールドワークの際に記録されたものである。なお、エピソードや事例は個人情報保護の観点から、内容を損なわないように留意しながら改変されている。

【参考文献】

・川俣智路　登校し続けることができる高校へ——「教育困難校」の実践から　こころの科学１４５　pp. 29－34　日本評論社　２００９
・川俣智路　Community Basedな移行を模索する——教育困難校のフィールドワーク　北海道教育学会誌第６号　pp. 23－32　北海道教育学会　２０１１

第4章　解題

川俣智路
保坂　亨

ここまで３つの高等学校の実践について、詳細な分析が展開されてきた。３つの高校は規模や地域環境は異なるが、いわゆる「教育困難校」と地域からよばれるという意味で、共通の特徴をもち合わせている。こうした教育困難校とは「生徒の学力が低く、さまざまな理由から授業を成立させることや学校生活を継続することが難しい生徒が多く在籍する学校」（川俣、２００９）と定義される。したがって、ここに入学する生徒たちは、序章で述べた後期中等教育のメインストリームである全日制課程でありながら、定時制や通信制課程に通う生徒たちとの共通性があるともいえよう。

では、この学校生活を継続することが難しい生徒を多く抱える高校で行われている実践にはどのような共通点があるのだろうか。川俣（２０１１）では、教育困難校におけるフィールドワークから、高校における実践の分析の視点について登校の保障、学習参加の保障、社会への移行の保障の3点が重要であることが示されている。解題ではこの3つの観点から、第3部の第1章から第3章までの実践について少し角度を変えて論じていきたい。

第1節　登校を保障する実践

登校を保障する実践は一般的にはなじみがあるものではないだろう。通常の場合は、学校に児童・生徒が登校することは暗黙の前提となっており、そのことが強く意識される場面は少ない。しかし、高等学校の場合には欠席が長く続く場合や、暴力などの反社会的行為が行われた場合は、中途退学せざるを得ない状況となる。また制度上は義務教育ではないために、「高校は生徒が希望して通うものである」という先入観から、生徒の登校を保障するという考え自体、教員のなかには生まれにくい。

しかし、こうした発想は何もしなくても生徒が通ってくることが前提となっている。少し厳しい言い方をすれば、中途退学者をほんの数名の例外的な逸脱と見なしているともいえるだろう。

教育困難校の場合には、この前提は成り立たない。教育困難校は先に定義したように、そこに通う生徒の大半は登校することに困難を抱えている生徒が通う高校である。通えない生徒を高校の不適格者であると位置づけてしまえば、高校そのものが成り立たなくなってしまう。それゆえ教育困難校の実践では、その根底に「高校に通うことを希望する生徒の登校を保障する」ための取り組みが必要不可欠になってくるのである。

登校を保障する取り組みは、意識して実施されているものから、実践に埋め込まれ日常的には意識されないものまでさまざまである。たとえば、第1章や第2章の取り組みのように、出席や遅刻に対する制度を柔軟化し、できる限り生徒が単位を取得しやすいように配慮することは、こうした取り組みに位置づけられるだろう。また第2章第2節紹介されている教師と生徒のやりとりや、その後に紹介されているエピソード①のような取り組みは、生徒個人への働きかけにより、生徒の学校への参加を保障しようとしている場面である。本来ならば喫煙は、学校生活を継続することを妨げるような問題である。しかしこの教員は、この問題を学校生活を継続するための一つのチャンスであるととらえているのである。

一方で第1章第2節の多クラス展開の取り組み、その後の「指導重点校」に伴う実践（＝少人数教育）は、高校の規律を取り戻すことを目的とした実践ではあるが、その効果として退学者や原級留置となる生徒を減少させることが期待されている。登校を保障する実践は、特にそれを志向していなくとも結果として保障する取り組みになっている場合も少なくない。

では生徒の側から見たとき、登校の保障はいったいどういう意味をもつのであろうか。第1章のエピソード③では、教員との関わりを求めて、停学になりたいと訴える生徒の様子が記述されている。家庭環境が不安定なために中途退学をせざるを得ないかもしれないCさんが、それならばあえて問題を起こすことにより教員とより深く関わりたい、と考えるのである。このエピソードは、教員がCさんのこうした話を聞き取っていること自体にも、Cさんの学校生活を保障する意味が含まれていることを示唆する。登校を保障するということは、単純に規則を緩くして中途退学の基準を緩和することではない。生徒の登校を阻害する要因を教員が把握して、そこにできる限り応えていくような取り組みが登校の保障である。登校の保障が実践のなかで意識されると、生徒が個別に抱える問題に対し、より丁寧に関わっていくようになる。生徒は、自分の問題が理解されていると感じたときに、はじめて高校に参加することを保障されていると感じられるのである。自分が高校に参加することを保障されていると感じられたからこそ、このエピソード③は生まれたのである。

　このエピソードには、登校の保障が抱える矛盾した側面もよく示されている。Cさんは高校に通うことが十分に保障されていない状況にあったからこそ、教員による丁寧な関わりを受けられたのである。そしてCさんはさらなる関わりを、高校への参加と引き替えに得ようとしている。現状の高校の制度や文化では、高校への参加が阻害されればされるほど、個別の問題への教員の関わりが増えてくるのである。たとえば第3章のエピソード①では、学校生活を継続させるために行った取り組み（補習）が結果として生徒の退学を招いている。このエピソードで問題なのは生徒が退学を申し出た後に、教員は「理由書」の意義や高校に残ってほしいことを伝えている。つまり、登校が保障されない事態となり、はじめて一人ひとりへの丁寧な関わりが生まれているのである。このように登校の保障の取り組みの裏には、何か問題が起きなくては一人ひとりへの丁寧な関わりができない、現状の高校の問題（たとえば40人学級）が存在しているのである。吉田（２００７）や古賀（２００１）は、教育困難校が生徒との衝突を避けながら指導することにより、実践を成り立たせている側面があることを指摘している。このことは実践を成り立たせる方略として教員が生徒との衝突を避ける方向にいきやすいと同時に、教員が根本的には生徒が抱える問題に関わることを避けていることも意味している。つまり、問題が起こらなくては丁寧な関わりを行えないだけではなく、そもそも問題そのものを避ける方向に流されやすいのが教育困難校の現状なのである。

２００７年から特別支援教育（注１）が実施されており、個別支援の重要性が注目されるようになった（後述：第4部第2章参照）。しかしここでの登校の保障は、個別の取り出しの支援とは異なるものである。登校の保障とはあくまでも学校生活を送るための一人ひとりへの丁寧な関わりであって、生徒を集団の環境と切り離して支援することを意図するものではない。取り出しの支援の問題点は2つある。ひとつは現状の高校の制度では、取り出し型の支援を受けた場合には単位認定を受けることができないことが多いために、結果として中途退学をせざるを得ないという問題が挙げられる。もうひとつの問題は、思春期における発達的な課題との兼ね合いである。

すでに詳述したように、思春期を迎えた生徒は仲間関係のなかで葛藤しながらそれぞれの学校生活を模索しているといえる。現状の取り出し型の個別支援は、この思春期の仲間関係を考えたときには適切な援助形態とはいえないだろう。

この状況を改善するためには、根本的に生徒個人が抱える問題に対して丁寧に関わっていく姿勢が求められる。教育困難校に入学する生徒は、すでに中学校までの学校生活のなかでさまざまな傷つき体験をしていることがきわめて多い。したがって、すでに入学時点で生徒は難しい問題を抱えて、教員による一人ひとりへの丁寧な関わりを求めている状態である。この中学までの負の体験を高校教育がケアするためには、一人ひとりへの丁寧な関わりに基づく登校の保障が必要となってくる。このいわば「マイナスからのスタート」をどれだけ意識して、生徒個人の問題と関わることができるか、そこに登校の保障の本当の意義が存在している。

第2節　学習参加を保障する実践

登校を保障した次に重要となってくるのは、学習参加の保障である。授業時間は学校生活のなかで一番長い時間であり、生徒が学校へ通ってくるようになると、次にこの授業時間をどのように過ごすかが問題となってくる。また、第1章第1節のエピソード①や「3　実技系授業の実態」で紹介されているように、教員にとっても授業の問題は非常に大きい。

ここで重要なことは、この学習参加の保障は学力の保障ではないということである。たとえば第3章第3節では、習熟度別のクラスを生徒の希望により決定している取り組みが紹介されている。こうした取り組みは、学力の向上ではなく授業にどのように参加するかという点を重要視したものである。第1章第3節の2で紹介されている「さまざまな教育実践上の具体的な工夫」は、学習環境を整えることを目的とした実践であるといえるだろう。「指導重点校」による少人数授業も、生徒と教員の関わりの質を高め、結果として授業のやりやすさに繋がっている。これらの取り組みは、学力そのものの向上というよりは、生徒の学習への参加の状況を改善するためのものである。

第3部で取り上げた事例に加え、少人数教育を導入して生徒の出席率と進級率が改善した高校を紹介しておこう（明石他、２００６）。1年生の通常のクラスを半分に分けて少人数指導（20人）を実施したある高校は、導入前に比べ出席率が82％から90％に上昇し、進級率も69％から77％に上昇したことを報告している。とりわけ、中学時代に欠席が多かった生徒（50日以上）の分析が興味深い。導入前に入学した38人（欠席50日以上）のうち進級したのは17人にすぎず、進級率は5割を切っていたのに対して、導入後3年間では39人中27人（75％）、33人中20人（61％）、51人中32人（63％）が進級できている。とりわけこの32人の半数にあたる16人は欠席10日未満、うち3人は皆勤であったという。この中学時代に欠席が多かった生徒が欠席を減らした要因はさまざま考えられるが、その大きな要因として「学級サイズを小さくした少人数指導」があげられている。つまりは上述したように、登校の保障を志向したわけではないが、結果として登校を保障する取り組みにもなっている。この実践のキーパーソン（教務主任）であった相馬（２００７）は、「人数が半分になると落ち着きが4倍になる」と表現し、生徒たちの学習姿勢が劇的に変化し、生活態度まで変わったことを報告している。さらに、教員側にすれば、時間数は多くなっても教える生徒の数が１００人以内になることによって、生徒の状態がよくわかり、「そういう状態でやっていくことの意味は計り知れないほど大きい」と述べている。

　こうした学習参加を保障する取り組みを実施することの意義とは何だろうか。教員の立場から考えた場合には、その利点は2つあげられる。ひとつは、相馬（２００７）が述べるように生徒に対してより丁寧な関わりをもつことができるようになることである。学習参加を保障するためには、生徒が理解できている内容まで戻り、そこから教科の内容を積み上げていく必要がある。そのためには、生徒の理解度を把握し、つまずきの原因を理解しなくてはならない。つまり学習参加を保障することにより、必然的に個人の正確なアセスメントとそれに基づく丁寧な関わりが生じることになるのである。もうひとつの利点は、生徒を評価する観点を複層的にすることができる点である。これまでの高校での評価は、学習の達成度を単一的に評価しているに過ぎず、その学習のプロセスについてはほとんど評価の対象となっていない。しかし、学習参加を保障することは、学習への参加の過程も評価の対象となってくることを意味している。第1章第1節4の「A高校を見る地域の目」で紹介された話し合いは、少人数クラスを導入することにより保護者の授業に対する評価が良くなったことを示唆している。教員が授業中の関わりの質を変えていくことを志向した結果として、保護者は関わりそのものも評価することができるようになったのである。同様に、授業においても教員が生徒と丁寧に関わることは、これまで画一的だった評価の基準をより多面的にすることを意味するのである。また生徒の視点から考えると、学習参加が保障されることにより自らの活動が評価されやすくなることを意味する。これによって生み出される学習上の達成感は、第1部でふれた児童期の発達課題である「勤勉性」の獲得につながるものであろう。このように児童期で十分に身につかなかった「勤勉性」をあらためて獲得することこそ負の体験へのケアであり、「マイナスからのスタート」にあたる。それゆえ学習態度だけにとどまらず、生活態度まで変わるのであろう。

　ここで強調しておきたい点は、あくまでも学習参加の保障は、登校の保障からの積み重ねに基づいて行われるという点である。学習参加の保障は、それ自体を単独で実施することはできず、あくまでも登校が保障されていることが前提となっている。すでに紹介した第3章のエピソード①のように、学習に関わる指導は登校の保障がなされていない状況で実施しても、それは生徒を追い詰めることになりかねない。第1章では自己評価が低い状態で入学してくる生徒に対しては、努力を求める前に達成されていることをきちんと認めていく作業が必要不可欠であると述べられている。まさにこの学習参加の保障は、学校に通ってくる生徒を十分に評価した上で、次に取り組まれる段階なのである。

第3節　社会への移行の保障

1　高校から社会への移行と思春期から大人への移行

登校、学習参加を保障する取り組みを積み重ねた先に問題となってくるのが社会への移行の問題である。第4部で述べられるように、高校における移行には社会への移行と思春期から大人への移行の2つの意味合いを含んでいる。思春期から大人への移行のためには、生徒が中学校までに経験したさまざまな負の体験に対するケアを行い、そこから高校生活のなかで思春期の発達課題に取り組んでいくことが必要なのはすでに述べたとおりである。第1章のエピソード②の「隠れ喫煙部屋」における教員と生徒のやりとりはまさに、この中学校までの負の体験をケアすることの必要性を感じさせるエピソードだといえるだろう。児童期から思春期にかけての仲間関係などの発達課題への取り組みへの前提として、登校の保障、学習参加の保障が位置づけられるのである。ここまで紹介してきた実践は、すべて思春期から大人への移行、そして社会への移行のために必要な段階となっており、こうした積み重ねの上に移行支援が成り立つのである。

2　社会への移行の保障のために

従来の移行支援は、生徒の適性を見極め、その能力を伸ばし、適した就職先を斡旋することを志向している。そのためにどうやって生徒に適性を理解させるか、能力をどのように伸ばすか、どうやって生徒と企業のニーズを適合させるかという点が強調されてきた。しかし従来型の移行支援の問題点は、結局は能力の高いものが好きな職業や大学に移行することができるのに対し、能力が低いと判断されてしまえば職に就くこと、進学することができないことである。本節で紹介されているような教育困難校では、こうした従来型の移行支援の方法では、生徒の社会への移行を達成することは難しい。生徒はさまざまな困難を抱えているために、能力での競争に勝つことは難しいだろう。またこうした競争で傷つき、あるいは競争を避けるために、生徒は教育困難校を選択していることもあるだろう。

そこで第3部で紹介されている高校では、生徒の能力を伸ばすことではなく、生徒がさまざまな集団・コミュニティに参加できるようにすることから移行支援をはじめる。学校に登校することから始め、それは授業時間、ボランティアなどの課外活動へと徐々に範囲が広げられていく。こうしたコミュニティへの参加を促していくことにより、生徒はさまざまなコミュニティに所属することになり、そこでさまざまな成功を経験することもできるようになる。第1章第1節4の「A高校を見る地域の目」では、地域の住民に授業を公開したエピソードが紹介されている。こうした取り組みは、地域住民の高校への理解を深めるだけではなく、生徒が地域へ出て行くための準備となっているのである。同様に第2章第3節で紹介されている体験型社会実習も、単に職業実習というだけではなく地域へ生徒が赴き、社会に出て過ごす生活を先取りして学習している場であると位置づけられるのである。

こうした生徒が参加できる集団、コミュニティを増やしていくことにより、社会への移行の準備を整えていく実践には2つの利点がある。ひとつは、生徒が中学校までに経験してきた地域コミュニティからの疎外感を、こうした取り組みを通じて払拭できることである。生徒は中学校までの体験から、学校や地域から排除されていくような感覚をもっている。地域コミュニティへの参加は、自らが学校の一員として認められ、地域の一員としてのアイデンティティを獲得するための重要な実践となっている。第3章第4節のエピソード②では、福祉実習の内容を生徒がこなすことができず、中断してしまう。しかし、この生徒はそうした体験にもかかわらず、再度実習をやり直す機会を得ている。これは高校と受け入れ施設が協働して、生徒を排除せずにコミュニティの一員として受け入れることを実践しているのである。こうした経験は、生徒にとっては自らが学校の一員として地域と結びついていることを意識させるものになるだろう。そしてこうしたコミュニティの参加の延長線上に、社会への移行が位置づけられていくのである。

もうひとつの利点は、高校から地域社会へと参加が保障されていく過程で、生徒が自らのアイデンティティを獲得することができる点である。Lave & Wenger（１９９１／１９９３）は、さまざまな実践共同体の分析から、個人がコミュニティへの参加を通じて学習、発達していく過程を分析するための視点として、正統的周辺参加論（Legitimate Peripheral Participation, LPP 論）を提唱している。ＬＰＰ論では、個人の学習、発達の過程はコミュニティへの参加を通じて達成されると定義され、コミュニティへの参加から個人がコミュニティの成員としてアイデンティティを獲得していく過程に注目している。つまり思春期から大人への移行は、ＬＰＰ論ではコミュニティの成員としてアイデンティティを獲得していく過程となる。生徒が登校や学習参加を保障され、そして社会への移行のために複数のコミュニティに所属するようになるまでの過程は、まさにこのアイデンティティを獲得するための支援であるといえる。生徒は教員との丁寧な関わりを通じて、学校生活のなかで居場所を見つけ、高校の成員として学校生活を送ることができるようになり、中学校までに芽生えることができなかった所属感とそれに伴う仲間関係を得ることができる。そして、その実践はそのまま地域に拡張されていき、生徒はそれぞれの希望やニーズにあった移行のための実習先に参加していき、地域社会で生活するためのアイデンティティを獲得していく。こうした取り組みが積み重ねられることは、思春期の発達課題を乗り越えていくことを意味するのである。

3　高校と地域の結びつきによる移行支援の継続

このように高校と地域が協働してコミュニティ参加型の移行支援を導入することにより、多様なコミュニティへの参加を実現し、思春期の発達課題を乗り越えて社会へと移行していくことが可能となる。しかし、こうした高校と就労先や進学先との協働はどのようにして可能となるのだろうか。そのヒントとなるのが、第３章で紹介した福祉施設と高校との協働の実践である。

C高校としては、協働できる就労先を増やすためには、C高校のある地域の外も含めて就労先を求めることも本来ならば必要である。しかしすでに述べたように、それはC高校の生徒にとっては他の高校の生徒との競争を意味することになる。コミュニティ参加型の支援を行っているC高校では、コミュニティから離れたところで競争する伝統的な就労の形態はむしろ避けるべきことである。

一方、C高校のある地域、特に福祉施設では過疎化が進み、若い働き手が集まりにくくなっている。そこで近郊の大都市に求人を出して働き手を募集したいのだが、大都市と比較すると地理上の問題から求人では不利な状況にあり、思うように人が集まらない状況にある。第3章第4節の福祉施設の職員の語りはまさにこうした施設の状況を示している。

こうしたC高校とその地域の福祉施設の抱える矛盾は、それ自体では解決することが難しい問題である。しかし、両者のニーズが組み合わせられることにより、解決の糸口が見えてくる。それが、C高校と施設で実施される実習を契機とした連携なのである。第3章第5節で福祉職員が語る、就労してくる高校生への指導の方針やあるべき将来像は、この福祉施設が生徒の単なる受け入れ先ではなく、高校に引き続いて支援・教育していく場所であることをよく示している。そしてこうした協働が実現することにより、C高校は高校内での小さな集団やコミュニティへの参加から、それを拡張していく形で就労まで移行させる、コミュニティ参加型の移行支援を実現することができたのである。また、施設も若い働き手を得ることができるようになったという点では、まさにこれは地域を含めた大きな精神保健システムであると考えることも可能だろう。

こうして矛盾点を結び目として、C高校と就労先企業が連携したことは、就労先の開拓や若年労働者の確保とは異なる、もう1つの大きな意味をもっている。それは移行支援の概念が学校内から、地域へと拡張されたことである。これまでの概念では高校で教育し、そして就労先へ移行するという図式であった。しかしC高校はその方式では、移行のために十分な学びの期間を確保できないという問題があった。しかし高校と施設の矛盾を結び目としたコミュニティ参加型の移行支援は、段階的にコミュニティへの参加を積み重ねることにより就労するため、施設に就職しても学びの場が用意されており、高校に引き続いて教育が行われる仕組みとなっている。このことは、第3章で「残念ながら時間切れだ」と漏らした教師が感じている「3年間の間に何とかしなくてはならない」という呪縛からの解放を意味している。C高校のコミュニティ参加型の移行支援は、C高校で行う移行支援ではなく、C校を含めた地域全体で行われる移行支援となっているのである。

【注】

注1　特別支援教育は平成19年度に改正学校教育法が施行されたことに伴う、従来の特殊教育に代わる概念である。この改正により、特殊学級や養護学校は「特別支援学級」「特別支援学校」と名称が変更となった。改正の大きな特徴として、従来の特殊教育の対象となる児童・生徒だけではなく、通常学級や高等学校普通科なども含めた、支援ニーズのあるすべての児童・生徒が対象となったことがあげられる。この法

改正以後、特別支援教育コーディネータの配置、「個別の教育支援計画」や「個別の指導計画」の作成が推進されることとなった。

背景には、平成15年度に文部科学省によって実施された「通常の学級に在籍する特別な教育的支援を必要とする児童生徒に関する全国実態調査」の調査結果が公表され、通常学級や普通学級にも支援ニーズのある児童・生徒が在籍していることへの注目が高まったことが要因としてあげられる。

【参考文献】

・明石要一・土田雄一・保坂　亨　学力底辺校への援助に関する実践的研究　平成17年度日本教育大学協会研究助成成果報告書　pp.１７５－１８４　２００６

・川俣智路　登校し続けることができる高校へ―「教育困難校」の実践から　こころの科学１４５　pp.29－34　日本評論社　２００９

・川俣智路　Community Based な移行を模索する―教育困難校のフィールドワーク　北海道教育学会誌第６号　pp.23－32　北海道教育学会　２０１１

・古賀正義　〈教えること〉のエスノグラフィー―「教育困難校」の構築過程　金子書房　２００１

・Lave, J. & Wenger, E. *Situated Learning*―*Legitimate Peripheral Participation.* Cambridge University Press 1991 佐伯胖（訳）状況に埋め込まれた学習―正統的周辺参加　産業図書　１９９３

・相馬　融　千葉大学教育学部附属教育実践総合センター公開シンポジウム：教育困難校への援助（２００８.２.21.）発言記録（未発表）より　２００８

・吉田美穂　「お世話モード」と「ぶつからない」統制システム―アカウンタビリティを背景とした「教育困難校」の生徒指導　教育社会学研究81　pp.89―１０９　日本教育社会学会　２００７

第4部

移行支援としての高校教育

第1章　移行支援という視点

小野善郎

第1節　大人への移行

子ども期を過ごした後に大人として社会の成員となって生きていくことは、すべての子どもたちの課題であり目標であるが、いつの時代においてもそれはたやすいことではなく、さまざまな困難や失敗が待ち受けている厳しい道のりでもある。しかし、一口に「大人への移行」と言っても、「大人」の概念は時代や社会的背景によって異なり、したがって大人への移行過程も単純で一様なものではない。本書の第1部で詳しく論じたが、「子ども」という観念が誕生した中世以降だけを見ても、子ども期が延長されて教育期が生み出され、さらには義務教育年限の延長と中等・高等教育の普及によって、子どもから大人への移行はますます長期化するとともに、産業構造や就業構造の変化にともなって移行期の若者たちは次々にさまざまな困難に直面し続けてきている（宮本、２０１１）。

現代日本社会では、成人式にはもはや通過儀礼としての役割はなく、20歳という年齢だけで「大人」と認められるような単純かつ明快な大人への移行は失われている。いずれにしても、大人への移行は普遍的な概念ではなく、時代、文化・習慣、社会経済などの変数によって変化するものであり、常に現在われわれが生きている社会における概念をもつことが求められる。特に、社会経済的な変動の激しい現代社会においては、一世代違えば「大人への移行」はまったく違うものになってしまうことは、若者たちを支援する大人たちが常に意識しておかなければならないことである。

大人への移行の本質は、親によって保護される存在から、独立した生活への移行であるが、具体的に「大人」という状態を定義することは実際には非常に難しい。体格や身体的な機能（たとえば生殖能力）だけで定義されるもの（すなわち「生理的大人」）ではないし、かといって単に一定の年齢に達したことだけで「大人」としての条件を満たすわけではない。たしかに、生物学的には生殖能力の獲得は個体の成熟の到達点であり、現代日本社会では20歳になることで法的に独立した個人としての権利が認められることになるが、「大人への移行」という文脈においては、個人の社会経済的な機能状態がより重視された概念（すなわち「社会的大人」）として理解されるのが一般的である。

伝統的には、「大人」になることは、学校を修了して就労し、親の家を出て独立した住居で生活し、結婚して自らの家族をもつことなどが中核的な要素とされてきた（Sttersten Jr. & Ray. 2010）が、家族関係、労働市場、福祉国家の変動を踏まえて、シティズンシップのもつ権利（社会保障）や義務（納税や投票など）を獲得することで自立した市民（citizen）になることが求められたり、消費市場の一員になることも強調されてきている（ジョーンズとウォーレス、２００２）。

第2節　現代の「大人」への移行

現代における大人への移行は、まさに混沌としているといわざるを得ないほど複雑で多様である。少し前の日本の社会では、大人への移行は比較的単純であった。１９６０年代以降の高度経済成長期においては、学校教育を終えた若者たちの労働力としての需要は高く、安定的な雇用のなかで経済的に自立し、自らの居を構え、結婚して家族をもつという移行が一般的であり、実際に多くの若者たちがこのような移行を果たしてきた。しかし、１９９０年代初頭にバブル経済が崩壊すると、従来の「常識」はもはや通用しなくなり、教育機関を出たあとに企業の正規メンバーとして受け入れられない若者たちが膨大に出現するようになった（本田、２００９）。

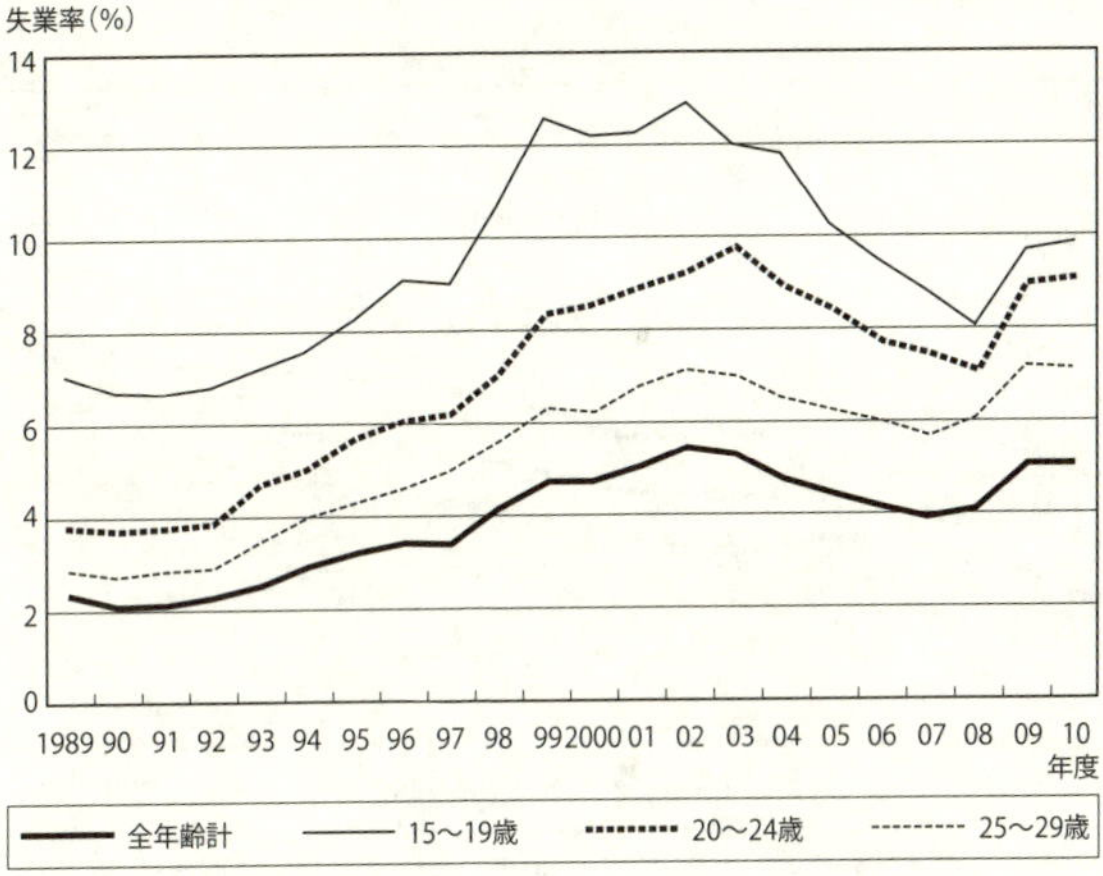

図４−１　失業率の推移（年齢別）（総務省「労働力調査」より）

ほとんどすべての子どもたちが高校に進学するようになっただけでなく、高等教育への進学者が増え、一貫して高学歴化が進んできたにもかかわらず、教育から就労へのスムーズな移行はますます難しくなり、安定した雇用を得るのは以前の世代とは比べものにならないほど厳しくなっている（ブリントン、２００８）。２０００年代になって話題となったフリーターやニート、あるいは「ひきこもり」という若者の問題は、それまでの世代のような大人への移行が成立しなくなった社会の象徴ともいえよう。

　長引く景気の低迷のなかで、若年者の失業率は15～19歳では9・8%、20～24歳では9・1%となっており、全年齢の5・1%と比べて突出した高さを示している（図４－１）。また、就労した場合でも、31・5%は非正規雇用（15～24歳）の形態であり、現代の若者たちはかつてない就労が困難な世代となっているのが認められる（２０１０年、「労働力調

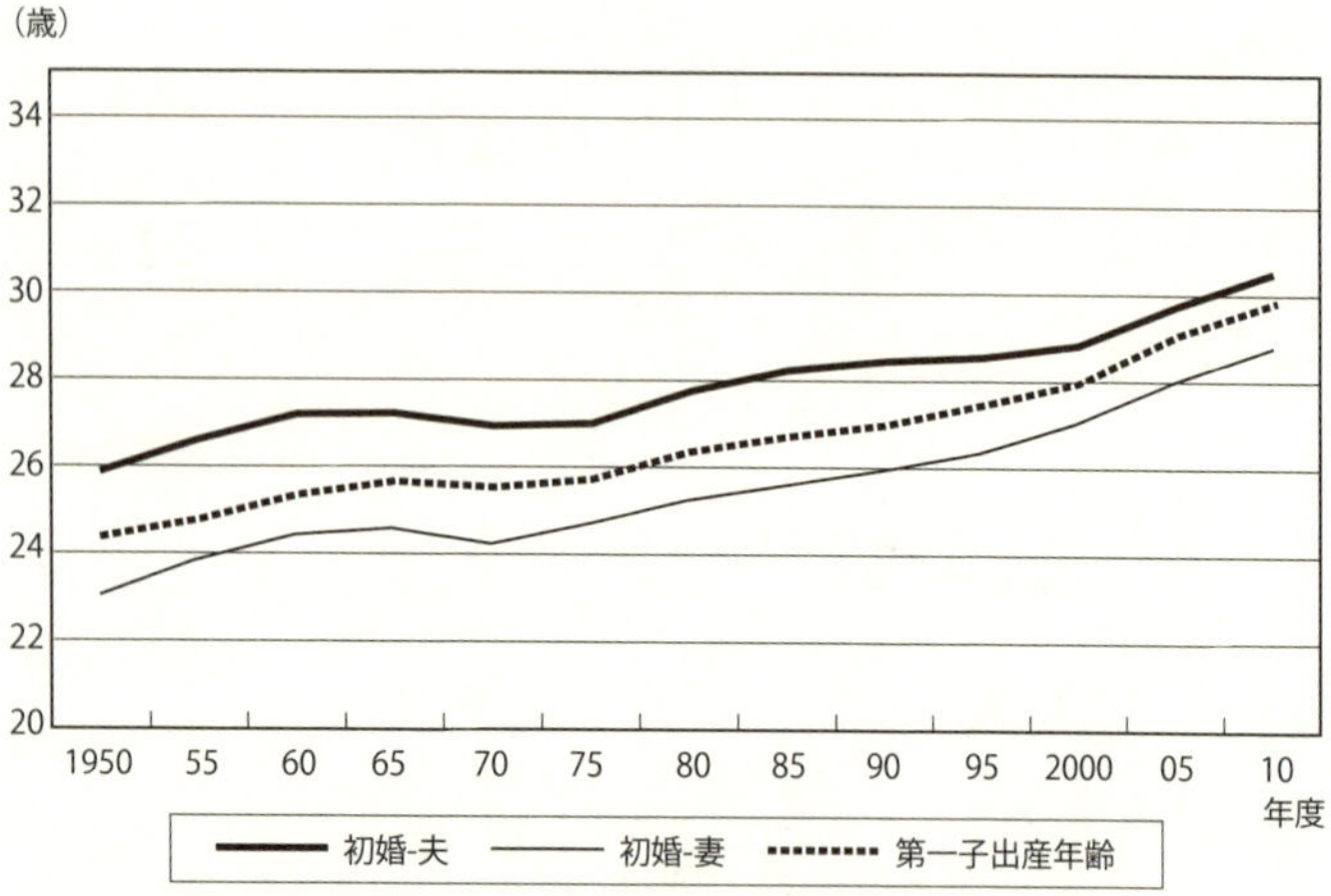

図４−２．初婚年齢と第一子出産年齢の推移（「人口動態統計」より）

査」）。このことからも、学校教育から職業への移行が容易ではない現状を読み取ることができよう。

大人への移行の長期化は、結婚や出産年齢の上昇にも表れている。初婚の平均年齢は１９５０年には夫が25・９歳、妻が23・０歳であったのに対し、２０１０年にはそれぞれ30・５歳、28・８歳となり、第一子を出産したときの母親の平均年齢は１９５０年の24・４歳から２０１０年の29・９歳へと、どちらも一貫して上昇し続けてきている（図４−２）。結婚して自らの家庭をもつという「大人」への移行も、最近の40年間で約５年遅くなってきていることがわかる。

このような若者たちの現状は、第１部で保坂が提唱している「子ども」と「大人」のグレーゾーン化を支持する現象といえるが、かといって子どもたちはいつかどこかの時点で「大人」にならざるを得ないので、大人への移行という視点からは、若者たちの不安定な就労状況や晩婚化の傾向は、現代の「大人」への移行が従来よりも緩やかなものになってきていると特徴付けることもできよう。そのことは、若者たちへの移行支援もより長期的な視点をもつ必要があることを示唆している。

今日の若者たちに見られる現象は、若者の考え方や生き方の変化、思春期の精神病理などで論じられることも多いが、単に個人の問題や若者世代固有の問題として考えるだけでは不十分であり、親の育て方などのような家庭の問題に矮小化されてはならない問題でもある。むしろ、若者たちが思春期にアイデンティティの葛藤に直面し、親や社会的権威に挑戦し、混乱した時期を過ごすこと自体は、どの時代にも共通した現象である。それよりも、現在の若者たちが直面している大人への移行の壁は、常に変動しつつある社会のなかで、必ずしも親や大人たちの移行モデルが通用しなくなり、手探り状態で大人への移行を模索していることの結果といえるのではないだろうか。まさに、ブリントン（２００８）のいう「ロスト・イン・トランジション（移行の途中で行き先を失った）」である。社会経済的な変動の激しい現代社会においては、そのなかで育つ子どもたちの大人への移行は常に新しい大人社会への参加を作り上げることを求めているのである。

第3節　大人への「移行」と「自立」

「大人への移行」という問題は、一般的には「自立」の問題として論じられることが多い。「移行支援」という言葉も一般によく使われるが、思春期の子どもたち全般への支援という文脈で使われることは少ないかもしれない。教育の領域では、学校から社会、教育から職業生活といった、大きな生活の局面の変化に直面する子どもたちが、スムーズに新しい生活場面に適応できるようにするという意味合いで使われることが多い。したがって、個人の成長過程における特定の時期――何らかのリスクが高い場面――をうまく乗り越えることが「移行」であり、「移行」の目標は必ずしも「自立」とは限らない。

しかし、わが国では「移行支援」という言葉よりも「自立支援」という言葉の方が圧倒的に使われる頻度が高い。まさに思春期から「大人」への移行の危機に直面している若者たち、「ひきこもり」とか「ニート」と呼ばれている若者たちへの支援も、「自立支援」という名の下で行われているものが多い。特に、就労に向けた支援は、「自立」を前面に出した事業が多い。一方、欧米の文化では「移行（transition）」という言葉で表現されることが圧倒的に多い。特に、「大人への移行（Transition to adulthood）」という表現は、若者たちへの支援では頻繁に使われる表現である。

言葉としての「移行」（ある状態から他の状態に移っていくこと。〔大辞泉〕）と「自立」（他への従属から離れて独り立ちすること。他からの支配や助力を受けずに、存在すること。〔同〕）とでは、まったく意味は異なっているが、わが国の教育、保健、福祉などの場では「移行支援」と「自立支援」は、あまり厳密に区別されることなく、ほとんど同じような意味で使用されていることが多い。どちらも基本的には「子ども」から「大人」になることを支援しようとしている点においては、共通の目的をもった支援といえる。したがって、「移行支援」なのか「自立支援」なのかを論じることはあまり意味がないことかもしれないが、「自立」を前面に出す場合は、「大人」になるためのプロセスよりも結果として独立した「大人」になることがより強く意識されやすくなるように思われる。

実際に、現在、若者たちに提供されている「自立支援」では、社会経済的な「自立」をめざした就労支援に重点が置かれる傾向が認められている。そもそも日本では、２０００年代に入ってフリーターやニートなどが話題となって若年者雇用問題が深刻化したことで初めて「大人」への「移行期」が明確に意識されるようになった（宮本みち子、２０１１）こともあり、その論点の中心は職業生活への移行であり、その後の国の施策においても、「若者自立塾」や「地域若者サポートステーション」などの就労支援事業が大きく取り上げられてきた経緯がある。また、教育の領域からもキャリア教育・職業教育の検討をとおして、やはり就労支援への視点が強いことがうかがわれる。

若者の「自立支援」が職業的自立・経済的自立に偏重することは、「若者自身のための自立」というよりも「社会のための若者の自立」が指向された「政策的自立」であるという批判もあるが（長谷川俊雄、２００７）、そもそも「自立」という言葉を使っていること自体が、この言葉の与える印象によって職業的自立をめざす若者支援を広く一般に受け入れさせているのかもしれない。さらに、「自立支援」が実質的に就労支援であるとすれば、その支援のゴールは就労することになるので、必然的に競争主義、成果主義に傾きやすくなり、自立するプロセスよりも結果としての就労に視点がいきやすくなる。先に示したような昨今の厳しい若者の雇用情勢の下では、すべての若者が期待されるような結果を出すことは難しく、必然的に勝者と敗者を生み出し、敗者に対してさらなる対策を講ずる必要が生まれることになりかねない。職業をもつことが「自立」の条件とされれば、「大人」になれない若者たちは社会のなかで居場所を失い、さらに「自立」が困難になることが懸念される。

それに対して「移行」は結果よりもプロセスの視点が強い。しかし、使い方によっては「移行支援」は限りなく「自立支援」と同義になる可能性もある。たとえば、高校教育における「学校から職業への移行支援」という表現は実質的には就労支援を意味していることが多いので、先に述べたような「自立支援」と同じことを表しているのに過ぎない。したがって、「移行」を使う場合は、どの状態からどの状態に「移行」するのかを明確にすることが必要になる。そして、初めの状態から次の状態に「移行」するまでのプロセスを支援するのが「移行支援」ということになるであろう。本書のテーマである高校生の移行支援は、「子ども」という状態から「大人」という状態へ向けたプロセスの支援であり、「自立支援」というよりも「移行支援」がふさわしいと考えている。このような「移行支援」は、発達精神病理学の視点からは、現在の状態から「自立した大人」に向けた軌道（trajectory）に乗せる支援と位置づけることができるだろう。

長期化・多様化する「大人」への移行支援は、単に就労支援だけで構成されるものではなく、第1部で検討したような「生理的大人」「社会的大人」「心理的大人」といった多次元的な「大人」の概念を踏まえた総合的な支援でなければならない。特に、「大人」への移行のスタートラインに立つ高校生の時期においては、大人としての「自立」を達成するための準備を進める支援が重要であり、高校生のうちに「自立」する支援は今日ではもはや現実的とはいえない。その意味でも、「自立」を前面に出す「自立支援」よりは「大人への移行」を支援するというイメージを出す「移行支援」が、高校生への支援としては適しているように思われる。そして、さまざまな「自立支援」は高校教育の終了後も、そして成人期の年齢になっても続けられることで、「大人」への道を進んで行くことがめざされなければならない。

第4節　高校生にとっての「移行」

「大人」になるプロセスを支援する移行支援といっても、一人ひとりの「心理的大人」「生理的大人」「社会的大人」のアンバランスの多様性を踏まえ、個々のニーズに応じた自律／自立を労助することをめざすとすれば、支援の内容や方法も必然的に多様にならざるを得ない。それでも、高校生の移行支援を考える時に、どうしても「高校を出たら社会に出る」「社会に出るためには仕事に就かなければならない」という思いが前景に出やすく、学校から社会への移行として就業支援に関心が向きやすい。しかしながら、現在の高校生の卒業後の進路は、大学・短大あるいは専門学校等に進学する生徒が増加し続けて、２０１０年度の高校卒業者の就職率は15・８％に過ぎない。高校生の移行支援としての就労支援の重要性は疑う余地はないが、大学生や成人期の若者たちへの就労支援とは少し違う視点が求められるであろう。

　高校生にとっての「移行」を考える上で、高校生の進路の現状をもう少し詳しく見てみることにする。高校卒業者の就職率は、高度経済成長が始まった１９６０年代には50％を越えていたが、１９７０年代に入ってから減少し続け、２０００年に20％を下回るようになり、２０１１年3月の卒業生では史上最低の15・８％となっている。一方、大学進学率（大学・短期大学等への進学率）も１９６０年代から上昇し始め、１９７３年に31・２％となった後は30％台で推移していたが、１９９０年代から再び上昇に転じ、１９９７年には40％、２００７年には50％を越え、２０１０年には54・３％に達している（図４－３）。大学・短期大学への進学以外に、15・９％（２０１０年度）の卒業生が専修学校（専門課程）に進学しており、両者を併せると卒業生の約7割は高等教育等に進学するようになってきている。進学者の増加は必然的に就職者の

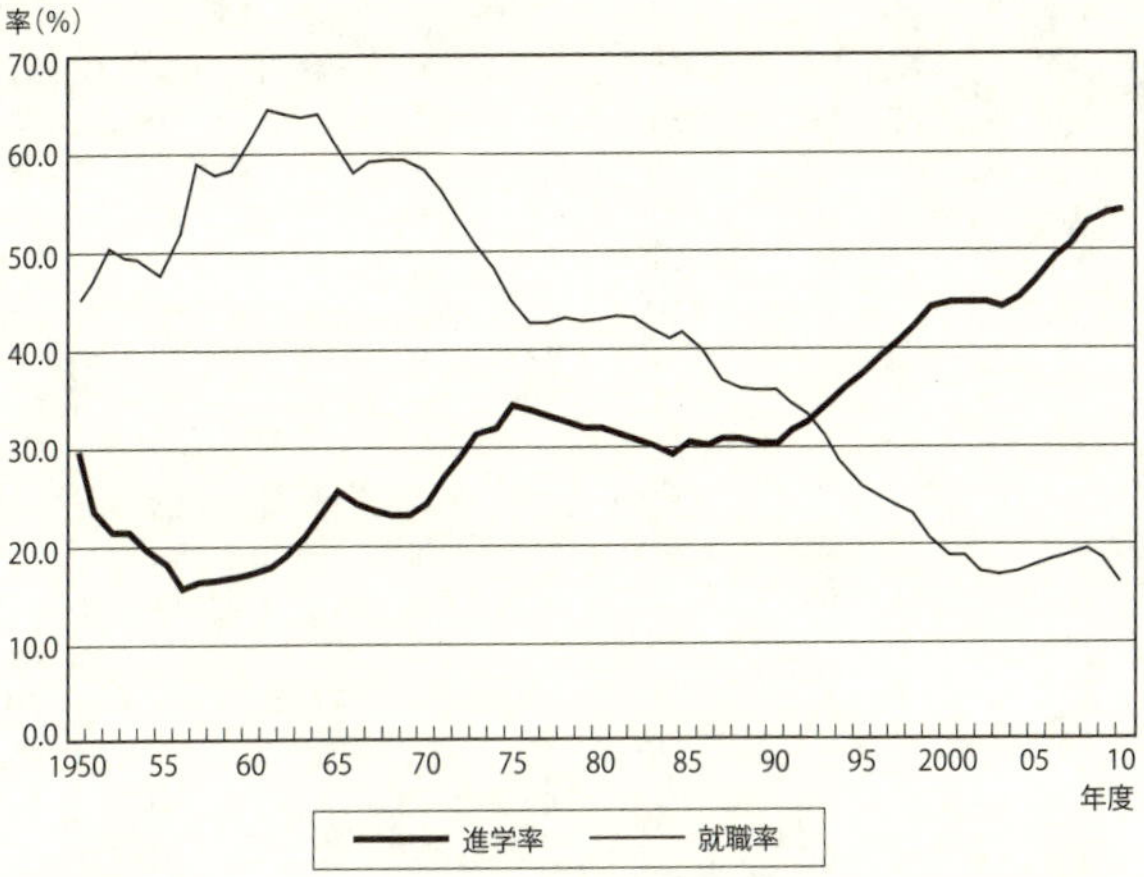

進学率：大学・短期大学等への現役進学率（通信教育部への進学を除く）
各年３月卒業者のうち就職者（就職進学者を含む）の占める割合
（「学校基本調査」より）

図４−３　高校卒業者の大学・短期大学進学率と就職率の推移

減少をもたらし、前述のように２０１０年度には高校卒業者の就職率は史上最低の15・8％となっている。

このような高校卒業後の進路の傾向は、新規就労者の主流が高校卒業者から大学、短期大学、専修学校などの高等教育終了者へのシフトとして表れてきている。高校卒業者の就職率が60％近かった１９７０年度には就職者の59・6％が高校卒業者で、高等教育終了者は20・2％に過ぎなかったが、２０１０年度には高校卒業者は21・4％となり、かわって高等教育終了者が77・9％を占めるようになり（学校基本調査）、教育から職業に移行する時期は大きく様変わりしている。さらに、高校卒での就職者の約4～5割は3年以内に離職していることから（厚生労働省「新規学校卒業就職者の就職離職状況調査」)、たとえ高校卒業後に職業に移行したとしても、そのことだけで学校から職業への移行が達成されたとは言い難い状況が存在している。

つまり、現在の日本社会では、学校から職業への移行は高校卒業の時期ではなく、高等教育を修了する20歳代以降に持ち越された形になっており、高校卒業後に就職した場合でも、その後さらに安定的な職業生活に向けた支援が必要となっているのである。したがって、今日の高校生の移行支援においては職業への移行は主要な要素としては成立しにくく、その意味においても職業的自立や経済的自立を中心とした「自立支援」は、実際の高校生のニーズとは適合しないことになる。

第5節　高校生の移行支援の要素

では、現在の高校生に求められる移行支援の要素は何なのだろうか。その答えを見つけ出すためには、本書の第1部と第2部で論じてきた思春期の心理発達と発達精神病理学の視点があらためて重要になってくる。

発達論から見た高校生の「大人」への移行では、少なくとも児童期の発達課題である「自律」を獲得した上で、子ども集団のなかで chum-group から peer-group に移行することで「心理的大人」に向けて成長することが求められる。この発達課題を達成するためには子ども集団＝仲間関係の存在が大きな影響力をもっていることから、学校は非常に重要な場となり、思春期の移行支援の重要な要素になることにもなる。また、「心理的大人」の中核として取り上げた「内省する力」を伸ばすことで自己の体験に基づいて適応機能を高めることは、現実の生活のなかでの自己を適切に理解し、具体的な将来をイメージする基盤となるであろう。

今日の学校から職業への移行は高等教育終了後が主流になったことで、高校生が「社会的大人」を意識することは先送りされたことになるかもしれないが、それでもなお進学希望者の進路の選択は「社会的大人」へ向けた重要な移行の意味をもっている。伝統的な「大人」への移行では、高等教育を受けることは就労と同等の位置づけがなされてきた（Sttersten Jr. & Ray, 2010）。つまり、高等教育を受けることは、その結果として専門的・技術的職業に就くことを意味しており、その時点で職業への移行が始まっていると理解されていた。大学教育がこれほどまでに普及した現在では、大学進学と卒業後の職業との関連性は薄れてきているので、かつてほど明確な移行にはならないかもしれないが、それでも進路を選択するプロセスには「社会的大人」に向けた移行支援の可能性が含まれている。

発達精神病理学の視点からは、高校生の年代はさまざまな精神病理のリスクが高いだけでなく、それまでの発達の経路の結果として発現する不適応行動を修正し、より適応的な「大人」に移行することを支援するきわめて重要な時期である。さらにわかりやすく表現するならば、思春期までの「逸脱」を成人期まで持ち越させないようにする最後の砦として、まさに移行支援がもっとも必要とされる時期ということができるだろう。多くのリスク因子を抱えて思春期に達した子どもたちは、高校生活のなかでも激しい不適応行動を示すことが多いが、彼らの示す「問題行動」をきっかけにして、精神保健だけでなく、教育や福祉とも連携してリジリエンスを高める支援をすることが求められる。

これらの作業は、それ自体が「大人」への移行と直接的に関連しないかもしれないが、「大人」へと向かうスタートラインに立つための支援であることは間違いない。特に、多くの困難を経験して思春期に達した子どもたちの移行支援では、一般的な就労支援以前に、まずは思春期前から持ち越したリスクをケアすることによって、少しでも不利を緩和して「大人」へのスタートが切れるようにすることが重要である。

以上をまとめると、高校生の移行支援は直接的な職業的自立への支援というよりも、本格的な「大人」への移行に向けた「土台」を築くことに重点が置かれるべきである。その意味においても、「自立」をめざす支援というよりも「自立」のためのプロセスを支援することに注目した支援と位置づけることが適当である。

【引用文献】

・ブリントン　M.C.　失われた場を探して―ロストジェネレーションの社会学　NTT出版　2008
・長谷川俊雄　「自立」を迫る社会と若者の生きづらさ―政策的「自立」の社会的克服　村尾泰弘（編）　現代

のエスプリ483　青年期自立支援の心理教育　pp.56－66　2007
・ジョーンズ　G.　ウォーレス　C.　宮本みち子（監訳）　若者はなぜ大人になれないのか─家族・国家・シティズンシップ　新評論　2002
・宮本みち子　若者の自立保障と包括的支援　宮本みち子・小杉礼子（編著）　二極化する若者と自立支援─「若者問題」への接近　明石書店　2011
・Settersten Jr. R.A. & Ray B. What's going on with young people today? The long and twisting path to adulthood. The Future of Children Vol. 20 No.1 Spring pp.19-41, 2010

第2章　高校教育としての移行支援

保坂　亨

第1節　高校教育の改革

高校進学率が90％を越えた１９７７年には、都道府県教育長会協議会が、中高一貫の6年制学校や新しいタイプの職業高校、単位制高校などを提案して注目を集めた（岩木、２００４）。高校全入を目前にしてすでに生じた歪みに対し、高校教育システムの改革が求められ始めたのである。こうした改革は１９８０年代から部分的に実施され、１９９０年代以降総合学科や単位制高校の導入など、生徒の個性、関心を重視し、「特色ある学校づくり」をめざした多様化路線が本格的に進められた（寺脇、１９９７・藤田、１９９７）。すでに１９７０年の高校学習指導要領の全面改訂では、それまでの卒業単位を93単位から85単位に減らし、さらに１９７８年の改訂では80単位にまで大幅に減らすなど必修科目の削減を認めている。そして、総合学科は普通科および職業科と並ぶ第三の学科として１９９４年から設置され、10年後の２００３年には２０４校に、また単位制高校は１９８８年に定時制・通信制の特別な形態として導入され、１９９３年から全日制にも拡大され、同じく２００３年には５１６校になっている。その後も多種類の学科・コース・学系を設置し、その枠を超えた選択履修を可能とする総合選択制の高校など特色ある学校が次々と設置された。こうした高校改革は少子化による統廃合＝高校再編によって近年さらに加速されつつある。こうしたなかで２０１１年に文部科学省から発表された「高等学校教育の改革に関する進捗状況」によると、現在多くの都道府県教育委員会が重点的に取り組んでいる課題として「キャリア教育」と「基礎的・基本的な学力の定着」を挙げている（なお、ここでは「特色ある取組をしている高校」として65校が列挙されているが、そのうち８校を表４－１に掲載した）。

　このうち「キャリア教育」は、当然ながら「学校」から「社会」への長期化および多様化に対応していると考えてよいだろう。この「キャリア教育」は１９９９年の中央教育審議会答申「初等中等教育と高等教育との接続の改善について」で、初めて小学校から発達段階に応じて実施することが明示され、学校現場でその推進が急速に計られてきた。そして、２０１１年の同審議会のキャリア教育・職業教育特別部会答申「今後の学校におけるキャリア教育・職業教育の在り方について」（注1）では、キャリア教育は一人ひとりの社会的・職業的自立をめざすことが明確に示された（佐瀬、２０１１）。ここでも発達段階に応じた体系的なキャリア教育の充実が強調され、後期中等教育修了までに生涯にわたる多様なキャリア形成に共通した能力や態度、とりわけ勤労観・職業観を自ら形成、確立できる子ども・若者の育成を目標とすることが求められている。しかしながら、本書では「子ども」から「大人」への移行に際して、職業的自立（経済的自立）に偏重することの懸念を前章において指摘した。

もうひとつの重点課題である「基礎的・基本的な学力の定着」については、第3部解題で「学習参加を保障する実践」として取り上げたとおりである。ここで付け加えるとすれば、２００７年に改正された学校教育法施行規則（表４－２）において、不登校や中退者に対して「その実態に配慮した特別な教育課程」の編成が認められたこと、および新たな高等学校学習指導要領（２０１３年から全面実施）でも「義務教育段階での学習内容の確実な定着を図ること」（表４－３）があげられ、それを目的とした正式な授業（＝学校設定科目履修）の実施についてが述べられていることであろう。なお、こうした授業のなかには通常の50分ではなく、30分で実施されているものもあることが注目される（注2）。

さらに、特別支援教育の導入にもふれておかなくてはならない。高校教育に限らず、さまざまなレベルでの教育改革が進められるなかで、障害をもつ子どもたちの教育についても、それまで

表４−１　特色ある取組をしている学校

学校名	学校の特色
青森県立 青葉中央高校	・総合的な学習の時間を「あすなろ学」と命名し、地域や行政と連携し、高校生の視点から社会へ向けて奉仕・提言するような活動をし、情報を発信している。
神奈川県立 横浜清陵総合高校	・「産業社会と人間」、「視点（総合的な学習の時間）」、「コミュニケーション（学校設定科目）」、「探求（総合的な学習の時間）」の４つの特色科目による体系的な指導により生徒のキャリア発達を支援。 ・「コミュニケーション」では人間関係づくりの基礎力、コミュニケーション力を育成。
長野市立長野高校	・深く豊かな人間性の育成と個に応じた学力の向上を図り、生徒一人ひとりの進路希望を実現するため、体育・芸術・家庭・商業・情報・福祉・看護・環境に関する専門科目を開設し、少人数授業を行う。
岐阜県立 土岐紅陵高校	・開設科目の中には、マンガや地域の特色を生かした陶芸などの科目もある。
静岡県立 富岳館高校	・きめ細かな指導体制（1クラス正副副３人担任体制、少人数指導、開設科目数107、講座数338、丁寧な面談）。
滋賀県立 日野高校	・平成21年度から３年間、文部科学省の研究開発学校として「学習上・生活上の困難のある生徒に対する、一人ひとりを大切にし、個々の教育的ニーズに対応した指導内容の在り方と障害理解に関する指導方法の研究開発」に取り組んでいる。
大阪府立 千里青雲高校	・1年生においては、国語、数学、英語という基礎科目について、単位数を多く設定し、少人数展開の授業で丁寧な指導を行う。
徳島県立 鳴門第一高校	・学び方と生き方を模索する「PYプロジェクト」の実施 ※PYとはPromising Youths（将来ある若者達）の略。PYプロジェクトとは、基礎学力と５つの力（読む、聞く、調べる、まとめる、発表する）を身に付けさせ、将来、自己実現が図れるよう、確かな学力とキャリアを育成する事業であり、これにより、学力向上の組織的取組及び検証システムを確立。

表4−2　学校教育法施行規則

第八十五条（2007年追加）

高等学校の教育課程に関し、その改善に資する研究を行うため特に必要があり、かつ、生徒の教育上適切な配慮がなされていると文部科学大臣が認める場合においては、文部科学大臣が別に定めるところにより、前二条の規定によらないことができる。

第八十五条の二（2008年追加）

文部科学大臣が、高等学校において、当該高等学校又は当該高等学校が設置されている地域の実態に照らし、より効果的な教育を実施するため、当該高等学校又は当該地域の特色を生かした特別の教育課程を編成して教育を実施する必要があり、かつ、当該特別の教育課程について、教育基本法 及び学校教育法第五十一条の規定等に照らして適切であり、生徒の教育上適切な配慮がなされているものとして文部科学大臣が定める基準を満たしていると認める場合においては、文部科学大臣が別に定めるところにより、第八十三条又は第八十四条の規定の全部又は一部によらないことができる。

第八十六条（2007年追加）

高等学校において、学校生活への適応が困難であるため、相当の期間高等学校を欠席していると認められる生徒、高等学校を退学し、その後高等学校に入学していないと認められる者又は学校教育法第五十七条に規定する高等学校の入学資格を有するが、高等学校に入学していないと認められる者を対象として、その実態に配慮した特別の教育課程を編成して教育を実施する必要があると文部科学大臣が認める場合においては、文部科学大臣が別に定めるところにより、第八十三条又は第八十四条の規定によらないことができる。

表４−３　高等学校学習指導要領（2009年３月公示）

総則第５款「教育課程の編成・実施に当たって配慮すべき事項」

3　指導計画の作成に当たって配慮すべき事項

各学校においては、次の事項に配慮しながら、学校の創意工夫を生かし、全体として、調和のとれた具体的な指導計画を作成するものとする。

(1) 各教科・科目等について相互の関連を図り、発展的、系統的な指導ができるようにすること。

(2) 各教科・科目の指導内容については、各事項のまとめ方及び重点の置き方に適切な工夫を加えて、効果的な指導ができるようにすること。

(3) 学校や生徒の実態等に応じ、必要がある場合には、例えば次のような工夫を行い、義務教育段階での学習内容の確実な定着を図るようにすること。

ア　各教科・科目の指導に当たり、義務教育段階での学習内容の確実な定着を図るための学習機会を設けること。

イ　義務教育段階での学習内容の確実な定着を図りながら、必履修教科・科目の内容を十分に習得させることができるよう、その単位数を標準単位数の標準の限度を超えて増加して配当すること。

ウ　義務教育段階での学習内容の確実な定着を図ることを目標とした学校設定科目等を履修させた後に、必履修教科・科目を履修させるようにすること。

(4) 全教師が協力して道徳教育を展開するため、第１款の２に示す道徳教育の目標を踏まえ、指導の方針や重点を明確にして、学校の教育活動全体を通じて行う道徳教育について、その全体計画を作成すること。

の「特殊教育」から「特別支援教育」への大きな転換が計られた。具体的な経過としては、２００１年に特殊教育の在り方に関する調査研究協力者会議がその最終報告をまとめ、特殊教育から特別支援教育への転換を提言した。これによって、障害の程度等に応じて特別な場で指導を行う「特殊教育」から、障害のある児童生徒一人ひとりの教育的ニーズに応じて適切な教育的支援を行う「特別支援教育」への転換が進められることとなった。そのなかで、「特別支援教育」は、発達障害などこれまで特殊教育の対象とならなかったものも含めて「障害のある児童生徒に対してその一人ひとりの教育的ニーズを把握し、当該児童生徒のもっている力を高め、生活や学習上の困難を改善または克服するために、適切な教育を通じて必要な支援を行うものである」と定義された。こうして２００６年改正の教育基本法に「国及び地方公共団体は、障害のある者が、その障害の状態に応じ十分な教育を受けられるよう、教育上必要な支援を講じなければならない」と規定され、２００７年には学校教育法等の一部が改正され特別支援教育を推進するための諸規定が定められた（笠井、２０１１）。こうした特別支援教育への転換によって、序章で述べたような特別支援教育へのニーズが掘り起こされたともいえよう。

　こうしたさまざまな改革からは、「一人ひとり」というキーワードが共通に取り出され、一人ひとりの子どもたちの成長を援助していく環境としての学校教育の見直しがなされつつある。その背景には、「子ども」から「大人」への長期化と多様化があるというのが本書の認識に他ならない。こうしたなかで上記のように進められてきた高校教育の改革は、進学率98％という事実上の全入という想定外の事態に対して、家屋に喩えるならば増築と改築を繰り返してきたようなものである。しかしながら、「子ども」から「大人」へ、そして「学校」から「社会」への長期化と多様化がその底流にあるととらえることによって、家屋そのものを新たに設計し直す必要性＝高校教育そのもののパラダイム転換が見えてくる。

第2節　高校教育と「中退」問題

ここまで「子ども」から「大人」への移行に時間がかかる現代の若者たちへの移行支援には、長期的な視点をもつ必要があることを繰り返し指摘してきた。これまでの議論をふまえて、そうした長期間にわたる移行支援のなかで高校教育がもつ意味をあらためて確認しておこう。

当然ながら、「子ども」から「大人」への移行支援は、高校教育以前に始まり高校教育終了後も続く長いプロセスであり、高校教育はその一段階にすぎない。しかしながら、前章で述べたように、この高校段階においては多くのリスクを抱えたまま思春期に突入してしまった子どもたちのなかに激しい不適応行動を見せる場合が起こり得る。それゆえ高校教育は、多様なニーズを抱えた子どもたちの最後のセーフティネットであり、思春期までの「逸脱」を持ち越させないようにする「最後の砦」となる。つまり、第2部で詳述した発達精神病理学の視点から言えば、「大人になる前の段階でそれまでケアされずに積み残されてきた課題に向き合う最後のチャンス」

（序章）となるのが高校教育である。

さらに、前章の表現を繰り返せば、高校教育こそ本格的な「大人」への移行に向けた「土台」を築く時期ということになる。この土台を築くという点からいえば、そして現在の状態から「自立した大人」に向けた軌道（trajectory）に乗せる支援のためには、高校教育の3年間は必要最低限な期間であろう。つまり、3年間にわたって高校教育が発達途上の子どもたちを抱え続けて、その支援期間を保障することこそがまず第一に求められる。前章で述べた通り、「移行」とは「プロセスへの支援」であることをあらためて確認しておきたい。

しかし、高校卒業資格が社会へのエントリーへの最低条件になっていながら、そこに到達しないもの＝十分な支援期間を保障されないものが出てしまう現状がある。以下、データに基づいてこの問題を考えてみたい。

文部科学省による全国の高等学校における中途退学者のデータ（2010年度学校基本調査速報）では、それまで2％以上であった高校の中退率が1・7％に減少したことが注目されている。ただし、このデータは全日制と定時制のみのものであり、通信制と特別支援学校は含まれていないため、これまで述べてきた通信制高校と特別支援学校高等部を含む高校進学率とは母数が違うものになっていることに注意しなくてはならない。実際、ここに含まれない特別支援学校高等部ではほとんど中途退学は起きてないという（注3）。しかも、この中退率とは、在籍者数に対する各年度の中退者数の比である。したがって、ある年度の入学者を卒業まで3年間追跡して卒業しなかった生徒数の割合を入学者数に対して計算する方が実態を表しているだろう。

たとえば、埼玉県の高校教員である青砥（２００９）は、全国の２００２年度から２００５年度の在籍者と該当する3年後の「卒業者」を比較して3年間で卒業しなかったもの（＝非卒業者）がおよそ7万人から10万人、非卒業率にすると6～8%になると算出している。また、こうした3年間でみた中退者が特定の高校（＝学力底辺校）に集中し、かつ埼玉県の高校においてそうした底辺校の中退者が増加していると指摘した。その後、青砥は全日制高校（２００６～０８年度）では非卒業者率９・６%、定時制高校（２００５～０８年度）では非卒業者率29・1%というデータも発表している（注4）。また、東京都教育委員会（２０１２）によると、２００８年度に全日制都立校に入学した生徒（4万６６人）のうち卒業したのは約9割（3万６４２４人）と報告されている。一方で、より困難な状況にある定時制高校や通信制高校では、4年間で卒業できたものの割合が6割程度というデータもある（保坂他、２０１１）。本書第3部の全日制の「教育困難校」であるA高校とB高校でも、同程度の卒業率であることが記述されている。また、先の都教委の報告を取り上げた記事（注5）では、全日制普通科高校で入学者２３６人に対して卒業した生徒が１２３人であった学校が指摘されている。この卒業率は52%にとどまるが、うち「中退」は89人（38%）と報告されているため、残りの約1割の生徒は転学と原級留置であろう。先の全日制都立校全体でも中途退学は２２１２人（5・5%）とされ、残りの4・5%の生徒は転学と原級留置と考えられる（第3部第1章注4参照）。本来、高校「中退」の実態を把握するには、こうした卒業率や転学や原級留置も含めた分析が必要であるのはいうまでもない。

　こうしたデータから同年代で高校に進学しない2％に、その後の3年間の高校教育からドロップアウトするものを加えると、同一校で3年間の支援期間を保障されないものはおよそ1割を越えると推測される（注6）。そのなかには、職について「社会的な大人」となっていくものもいるだろうが、大多数は「子ども」から「大人」への移行プロセスの途上で行き場を失ってさまよう危険性がある。つまり、「自分のあり方（能力や志望）と嚙み合う社会的な器（制度）を見出すことができずに漂流し、しかも彼らに対して責任をもって働きかける大人が制度上誰もいないという空白地帯に放り出された（近藤、１９９４）」状態になってしまうのである。長年、若者支援策について積極的に発言している宮本（２０１２）も、「労働市場でもっとも不利な状況にあるはずの中卒、高校中退者に対する社会的支援はないに等しい」と指摘している。彼ら（彼女ら）への支援こそ喫緊の課題であることはいうまでもない。こうした高校「中退」の実態のなかで、第3部で取り上げた困難な状況にある子どもたちを抱える高校では、第3部第4章で取り上げたように「3年間登校して卒業すること」が重要視されるのは当然のことであろう。

　こうした意味において本書では、事実上の全入時代における高校教育のパラダイムシフトとして「学力のレベルにかかわらず個々のニーズに応じた高校教育を提供するという枠組みへの転換」、さらには「中学までの基礎教育の修得状況に応じて成人として社会参加するために必要な準備を行う場へのパラダイムシフトが求められる」と述べたのである。そして、この方向性によって以下のような高校の義務制と無償制が視野に入ることになる。

第3節　義務教育再考：人生前半の社会保障

子どもの権利条約第28条「教育への権利（the right of the child to education)」には、「初等教育を義務的なもの（compulsory）とし、すべての者に対して無償（available free）のものとする」「種々の形態の中等教育（一般教育及び職業教育を含む）の発展を奨励し、全ての子どもに対して、これらの中等教育が利用可能であり、かつこれらを利用する機会が与えられるものとし、例えば、無償教育（free education）の導入、必要な場合における財政的援助の提供のような適当な措置をとる」と述べられている（注７）。

一方、わが国では、１９４６年公布の現行憲法がその26条で次のように規定した。「すべて国民は、法律の定めるところにより、その能力に応じて、ひとしく教育を受ける権利を有する。すべて国民は、法律の定めるところにより、その保護する子女に普通教育を受けさせる義務を負ふ。義務教育は、これを無償とする」。これを受けて、１９４７年に施行された旧教育基本法第４条（義務教育）において「国民は、その保護する子女に、９年間の普通教育を受けさせる義務を負う」と規定されていた。

しかし、２００６年、およそ60年ぶりに初めて改正された教育基本法においては、この義務教育年限は「別に法律の定めるところにより」とされ、新たに第5条第2項において義務教育の目的を以下のように規定している。「義務教育として行われる普通教育は、各個人の有する能力を伸ばしつつ社会において自立的に生きる基礎を培い、また、国家及び社会の形成者として必要とされる基本的な資質を養うことを目的として行われるものである」。そして、学校教育法第16条に「保護者（子に対して親権を行う者（親権を行う者のないときは、未成年後見人）をいう。以下同じ）は、次条に定めるところにより、子に九年の普通教育を受けさせる義務を負う」と規定された。

このあらたに改正された教育基本法から義務教育期間9年間の規定が削除され、学校教育法へと移されたのは「時代の要請に柔軟に対応することができるように」するためであると説明されている（市川、２００９）。この問題について「義務教育の9年は固定的か？」という問いを立てている堀尾（２００２）によれば、憲法との関係でいうと旧教育基本法の方に文言上の「後退」があるとされる。そもそも１９４６年当時の文部省調査局が作成した「教育基本法綱案」では「満6歳より満18歳まで、12年の普通教育を受けさせる義務がある」と記され、文部省通達でも「高等学校は義務制ではないが、将来は授業料を徴収せず、無償とすることが望ましい」とされていたという。つまりは、戦後の新制高校発足当時にすでに将来的には中等教育後半を担う高校の義務制も課題として意識されていたことになる。したがって、その設立以来、有償であった高校教育が新たに２０１０年度から無償になった今こそ、この第二段階である中等教育全体の在り方を再検討すべき好機であると、われわれは考えている（注8）。なお、先にあげた「教育の権利」条約は、長く日本政府によって留保され続け、国連から撤回を勧告されていた。ようやくこの２０１２年2月の国会で、玄葉光一郎外務大臣からその撤回が明言されたと報じられたところである（注9）。

その際に、子どもの発達をその誕生から概観した第1部の視点からいえば、子どもの権利条約第6条「生命の権利、生存、発達の確保」にある「子どもの生存及び発達を可能な最大限の範囲において確保する」という文言に注目したい。国際的には学習権（the right to laern）は、単に学校で知識や考え方を学ぶ権利にとどまらず、人間の生存にとって重要不可欠な基本的人権として位置づけられている。そして、「教育という営みが人間の生存と発達に不可欠な学びを実現する一つの手段・方法であり、この学びこそが権利だという学ぶ権利の考え方が人類の共通認識になっている」（平原、２００９）。したがって、9年間の義務教育と3年間の高校教育の無償、さらには就学前教育も含めて、社会（公）に課せられた「子どもの発達の確保」という視点が必要になってくる。この視点に立てば、これまでの小中学校の義務教育と新たに導入された高校教育の無償化をどのように整合させるかといった次元を越える以下のような議論が可能になってくる。

現政権によって進められている「子ども手当」や「高校無償化」という政策の背景には、子どもを育てる主体を親（＝保護者）から社会全体へと転換するという考え方がある。就学前教育の無償化まで広げて考えれば、教育を「人生前半の社会保障」（広井、２００６）と位置づける議論とも重なる。この議論は、人生の始まりから同じスタートラインに立つという教育の機会均等が格差社会によって崩れているという認識から、教育を「人生前半の社会保障」の核としてとらえ直そうとするものである。これによって社会政策と教育政策を連動させて、教育財源を「社会保障費」として確保するという従来の教育行政を転換する方向性が見えてくる。実際、政府による教育再生懇談会の第４次報告（２００９）には、「教育を『人生前半の社会保障』と位置づけ、家庭の教育費の負担軽減を図る」と提言されている（注10）。

　しかし、ここでは本書の内容をふまえて中等教育全体の在り方に限定して議論を進めよう。なによりも考えなければならないのは、何歳まで、つまりは初等教育に続く中等教育のどこまで教育を受ける権利を保障するのか。また、それは保護者によってなのか、社会（公）によってなのかという問題である。さらにいえば、これは「子どもはだれが育てるのか」というきわめて大きな問題をその根底に含んでいる。本書では、第1部において人間の先祖は集団で子どもを育てる共同保育を行っていたという新たな知見に基づき、集団のなかで子どもが育つことを重視した発達を議論してきたことと重なるところでもある。

　現在のわが国の制度では、中学校卒業年齢である15歳までの教育を受ける権利が保障されているが、すでに述べた通りそれは保護者による就学義務である。ほぼ全入（98%の高校進学率）である現状からみても、上記に述べたパラダイム転換のもとで高校教育（中等教育全体）まで受ける権利を社会が保障すべきであるとわれわれは考えている。現代日本社会においては、子どもの発達を「可能な最大限の範囲において確保」するために、長期化し、かつ多様化した「子ども」から「大人」へ、「学校」から「社会」への移行を十分に支援していくことが重要である。そして、この「子ども」から「大人」へ、そして「学校」から「社会」への移行を支援していく責任主体は、保護者であると同時に社会全体（公）でもあるだろう。こうした観点に立てば、今後は小中学校の9年間だけを国民（＝保護者）に義務づけるという意味での「義務教育」は再考せざるを得ない。このとき先に述べたように、「人生前半の社会保障」の核として教育を捉え直す作業が必要になってくる。第3部第4章で取り上げた「コミュニティ参加型の移行支援」（第3部第3章C高校の実践）は、こうした「人生前半の社会保障」という観点からも捉え直すことができよう。

経済協力開発機構（ＯＥＣＤ）統計によれば、国内総生産（ＧＤＰ）に対する公財政教育支出の比率は、ＯＥＣＤ各国平均が5・5％であるのに対してわが国は3・7％にとどまっている。家計支出など私費負担の学校教育費が多くなっているためである。つまり、子どもたちの教育に関わる費用負担を公（社会）と私（保護者）でどのように分けるかは国によってその事情はかなり違う。福祉国家として知られる北欧のフィンランドやスウェーデンでは、教育費の家計負担調査自体が存在せず、教育は社会で支えるものであるという福祉国家観が徹底している（経済協力開発機構、２０１０）。そもそも無償教育（free education）とは何か、より具体的には、教育に関わる費用の「無償（available free）」とは何を意味するのか、国際的な観点からもあらためて議論して整理する必要があるだろう（注11）。この際にも、「人生前半の社会保障」の核としての教育という視点が重要であることはいうまでもない。この無償制としての高校教育、そして義務制としての高校教育という議論は、先に用いた家屋の比喩でいえば、そもそもどこに家を建てるかというところから根本的に考え直そうとするものである。そのためには、序章で述べたように発達心理学や精神医学、さらには社会福祉という観点も含めて学際的な議論が必要になってこよう。こうした大きな議論のなかで高校教育としての移行支援を考えようとするのが本書の目的に他ならない。

【注】

注1　なお、この答申において、それまで混乱していた用語についてキャリア教育は職業教育を含有すると整理され、さまざまな教育活動により一人ひとりの社会的・職業的自立に向けたキャリア発達＝「社会の中で自分の役割を果たしながら、自分らしい生き方を実現していく過程」を促す教育であると定義された（中央教育審議会、２０１１）。

注2　朝日新聞２００８年7月4日付け記事「30分授業導入の狙いは」。「アルファベットを覚えきっていない生徒」にも対応するのが狙いとされる。

注3　筆者がある県の担当者に確認したところ、各学校から届け出の規定はあるが県として集計して報告することはない、自己都合による退学は年に数件、「懲戒」による退学はない、とのことであった。

注4　東京新聞２０１０年2月15日付け記事「公立高校中退率、本当に減少？　学年追跡では県の4・8倍」。

注5　朝日新聞２０１２年2月9日付け夕刊記事「3年で卒業しなくていい高校　都教委、開設を検討」。

注6　通信制高校では、在籍年限の上限を定めていないところも多く、履修登録しないまま長期に在籍する

「休眠生」が存在するため、先のような非卒業率は算出できない（朝日新聞２０１０年12月５日付け記事「通信制　増える『休眠生』　履修登録しないまま長期在籍」。ここではそうした通信制や特別支援学校高等部を含めての推測値である。なお、文部科学省によると、高校中退者で同じ高校や別の高校に入り直した人は、２００９年度の６９２１人から２０１０年度には７６１７人（東北３県を除く）に増加したと報告されている（湯沢他、２０１２）。

注７　日本政府訳によるが、（　）内の英語表記は引用者が加え、「児童」は「子ども」と訳した。

注８　そもそもこの無償とは授業料のことであり、学校現場からは「授業料不徴収」にすぎないという批判が出ている。日本高等学校教職員組合の調査（２０１０）では、「学校納付金」あるいは「学校徴収金」（ＰＴＡ会費、生徒会費等）とよばれるものがあり、全日制高校の入学年度平均額は10万円を越えていることが明らかにされた。これまでも経済的に厳しい家庭は就学援助（高校では授業の減額、あるいは免除）を受けていたため、高校の授業料が無償化されたことよって新たな経済的軽減が生じるわけではない。むしろ、皮肉なことに家計の負担が増えた点があるという。これまで「学校納付金」は授業料といっしょに生徒側の銀行口座から引き落とされていたため、手数料は公費負担とするところが多かった。ところが、授業料が無償になって「学校納付金」だけになった２０１０年度から24府県でこの「学校納付金」は私費と判断されて手数料の公費負担が廃止になっている（朝日新聞２０１１年３月６日付け記事「無償後も重い徴収金」）。

注９　朝日新聞２０１２年３月17日夕刊付け記事「大学無償化留保を撤回」。

注10　具体的には、「幼児教育の無償化の早期実現」などがあげられている（朝日新聞２００９年６月21日付け記事「子どもに社会保障を」）。また、文部科学省の研究会でも幼稚園と保育所の費用を無償にすべきだとする中間報告書をまとめている（朝日新聞２００９年５月18日付記事「幼児教育無償化を」）。

注11　「山梨県早川町は、小中学校の給食費や修学旅行費、教材費などを全額負担し、義務教育にかかる費用を実質無償化する方針を決めた」ことが報じられた。２０１２年度からの実施をめざすというこの記事には「地域の子どもを地域で育てる」という教育長の言葉が引用されている（読売新聞２０１１年11月26日付け記事「義務教育　町が無償化」）。

【引用文献】

・青砥　泰　ドキュメント　高校中退　ちくま新書　２００９
・中央教育審議会　キャリア教育、職業教育特別部会答申　今後の学校におけるキャリア教育・職業教育の在り方について　２００１
・藤田英典　教育改革　岩波新書　１９９７
・平原春好　概説　教育行政学　東京大学出版会　２００９
・広井良典　持続可能な福祉社会―「もうひとつの日本」の構想　ちくま新書　２００６
・堀尾輝久　いま、教育基本法を読む　岩波書店　２００２
・保坂　亨・堀下歩美・土岐玲奈　学校に行かない子ども―中等教育の連続性／非連続性という観点から　日本教育社会学会第63回大会論文集　２０１１
・市川昭午　教育基本法改正論争史　教育開発研究所　２００９
・岩木秀夫　ゆとり教育から個性浪費社会へ　ちくま新書　２００４
・笠井孝久　特別支援教育における新たな課題（ＬＤ、ＡＤＨＤ等）　千葉大学教育学部附属教育実践総合センター（編）　教育の最新事情　福村出版　pp.59-69　２０１１
・経済協力開発機構　図表でみる教育―ＯＥＣＤインディケータ２００９年度版　明石書店　２０１０
・近藤邦夫　教師と子どもの関係づくり　東京大学出版会　１９９４
・宮本みち子　若者が無縁化する―仕事・福祉・コミュニティでつなぐ　ちくま新書　２０１２
・佐瀬一生　キャリア教育　千葉大学教育学部附属教育実践総合センター（編）　教育の最新事情　福村出版　pp.81-93　２０１１
・寺脇研　動き始めた教育改革　小学館　１９９７
・土岐玲奈・保坂　亨　学習ブランクのある生徒に対する学習支援の現状と課題―通信制高校における調査から　千葉大学教育学部紀要60（pp１９１-１９５）　２０１２
・東京都教育委員会「都立高校改革推進計画」の策定について　２０１２　http://www.kyoiku.metro.tokyo.jp/press/pr/20209a.htm（平成24年2月9日）
・湯沢直美他（編）　大震災と子どもの貧困　かもがわ出版　２０１２

第3章

包括的な移行支援の要素

小野善郎

第1節　移行支援の構造

本格的な「大人」への移行の「土台」を築く高校生の移行支援では、思春期のさまざまな発達課題だけでなく、この時期に顕在化する不適応行動や精神病理、さらにはそれまでの生育歴のなかでの逆境体験に由来する精神的・身体的健康へのリスクまで、多様な支援ニーズに応える必要があり、そのための支援構造は必然的に多分野の専門家と機関が関連する包括的なものにならざるを得ない。したがって、移行支援としての高校教育は学校教育システムのなかだけに納まるものではなく、子どもから大人への移行に関連する地域のあらゆる専門家や機関が関与するコミュニティレベルの支援として展開されるものでなければならない。

もちろん、高校生の移行支援においては高校教育がもっとも中心的な位置を占めることはいうまでもない。登校している高校生については、高校生活のなかでの活動や経験をとおして移行の課題に直面し、教員だけでなく、仲間や家族の支援も受けながら成長することで、この時期を乗り越えていることも多い。しかし、情緒的混乱や不適応行動が顕在化する場合は、精神保健の視点からの支援ニーズがあり、精神保健・精神科医療機関との連携が行われる可能性もある。また、不適応行動が反社会的な性質のものである場合は、警察や少年司法（家庭裁判所、少年鑑別所、少年院など）が関与することもある。さらには、貧困、虐待やネグレクトなどの家庭内の問題を抱えている場合には、児童福祉との連携が必要になる。このほかにも、高校生の移行支援には、障害者福祉、雇用・労働などの領域との関連もある。複数の関連領域の専門家や機関がネットワークを形成して一人ひとりの子どものニーズに応える支援ネットワークが、移行支援の基本的な構造である（図4－4）。

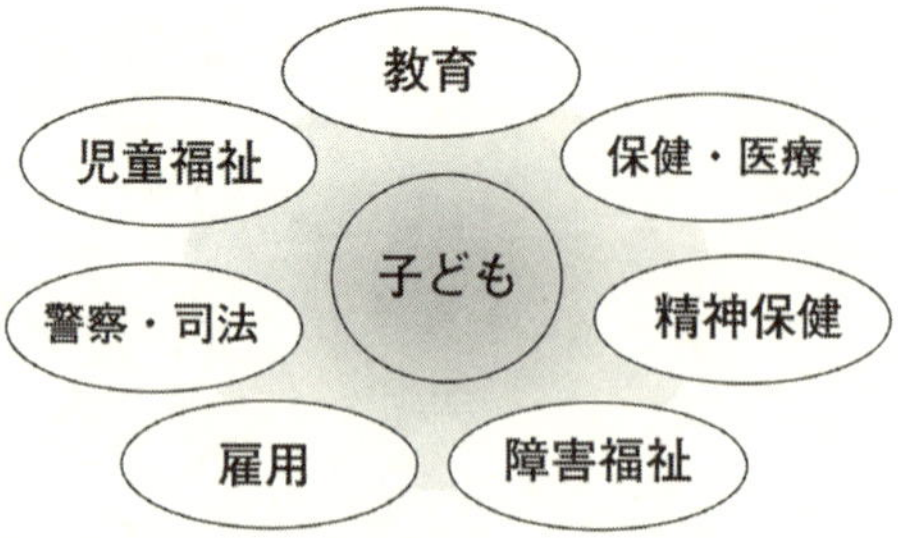

図4－4　思春期の支援ニーズに応える多機関ネットワークの構造

多様な思春期のニーズに応える支援を展開するための多機関ネットワークは、子どもの精神保健や児童福祉の支援では基本的な構造として認識されてきている。２００８年に制定された子ども・若者育成支援推進法では、子どもや若者たちのあらゆるニーズに応える「地域における子ども・若者育成支援ネットワーク」として包括的な関係機関のネットワークが提唱されている。包括的なネットワークによって、個々の子どもにとって必要な支援が受けられるようにすることは移行支援においても重要であるが、その一方で、支援計画に子どもの意向が十分に反映されるようなシステムである必要もある。子どもたちへの支援では、ともすれば子ども自身の声よりも、周囲の大人たちの意向で支援が進められることも少なくない。特に、大人への移行の「土台」を築く高校生の移行支援では、支援を受ける主体である本人の存在を尊重する姿勢が重要である。その意味でも多機関が関わる移行支援においては、図４－４に示したように支援のネットワークの中心に子どもがいる構造を常に意識しておくことが大切である。

第2節　なぜ高校での移行支援なのか？

高校生の移行支援が、高校教育だけでなく地域のさまざまな機関が関与する総合的な支援であるとすれば、支援の「場」は高校だけにとどまるものとは限らない。実際、第3部で示したようなインターンシップのような取り組みは、地域の幅広い人々の協力があってはじめて成立する移行支援の1つである。より体験的な支援を展開しようとすれば、支援の「場」は限りなく学校の敷地を越えた拡がりをもつことになるであろう。

それでもなお、高校生の移行支援の実践は、高校教育が中心となって行うことの合理性と優位性がある。第一に、現在においては思春期の子どもたちのほとんどが高校に進学し、そこで大人への移行の初期的なステップを経験しているという事実がある。つまり、今日の高校には移行支援を必要とするほとんどすべての子どもたちが存在しているという「場」としての優位性があり、支援を必要としている対象者にとってもっとも身近な場所で支援を提供する合理性に加えて、必要な支援へのアクセスの障壁を下げる効果も期待できる。

高校教育が事実上義務教育化しているだけでなく、高校卒業が社会へのエントリーの最低条件になっている現代においては、高校教育を受けることだけでなく、卒業することへのモチベーションも高い。ニーズのある支援対象者がもっとも集まる「場」であるだけでなく、そこで3年間とどまろうとする意欲も高いとすれば、より効果的な移行支援を提供できる「場」の優位性はさらに高くなることが期待できる。

また、高校生の移行支援では、本人が直面している問題を単に解決するというよりも、思春期の発達的な視点ももちながら、自分の考え方や態度・行動を形成していく支援のウエイトが高く、必然的に教育の方法論が非常に重要となる。職業意識を形成するようなキャリア教育が就労支援として行われているだけでなく、精神障害に対しても障害特性や対処法を理解する心理教育は主要な治療要素であり、思春期の諸問題への対応では教育的な方法が重視される。したがって、高校には「場」としての優位性だけでなく、教育を専門とする機関の「機能」としての優位性も存在しているといえる。

したがって、より効果的な高校生の移行支援を展開していくとすれば、地域の関係機関のネットワークのなかで高校はもっとも中心的な役割を果たすことが期待される。

第3節　学校との「つながり」

高校には移行支援の「場」としての優位性と「機能」としての優位性に加えて、「つながり」の対象としての重要な役割があり、そのことも高校で移行支援を行う合理性を支持する要素となる。学校生活は仲間関係をとおして社会的に成長する機会となるだけでなく、学校という組織に対して「つながり」をもつことは、思春期の子どもの社会適応に良い影響を与えることが知られている。大人、在籍している学校、生活しているコミュニティに対して「つながり（connectedness）」をもつことは、思春期の子どもたちの健康と福祉の重要な要因であり、さまざまな健康へのリスク行動に対する保護因子となり、精神的な健康にも寄与することが知られてきている(Bernat & Resnik, 2009)。

「つながり」には、宗教・精神的、親・家族、親以外の大人（教師、コーチ、友人の親、カウンセラーなど）、学校、コミュニティなどのタイプがあるが、思春期の子どもたちにとっては特に親以外の大人、学校、コミュニティとの「つながり」が重要である。というのも、第2部で思春期の発達について保坂が述べた「守・破・離」という説明概念が示すように、思春期はそれまでの教えから「離」れて自らの判断基準を確立していく発達段階であり、それまで「守」ってきた親の価値観や規範とは距離を置くことになるので、親よりも親以外の大人との「つながり」が重要になる時期といえる。また、家庭から「離」れて、家庭以外の社会的組織に所属するためには、学校やコミュニティとの「つながり」が重要になる。現代の思春期の子どもたちのほとんどは学校教育のなかで移行期を過ごすので、彼らにとっては学校への「つながり」が社会的組織への「つながり」として大きな意味をもつことになる。この学校への「つながり」という観点も、移行支援としての高校教育の重要な要素である。

「学校へのつながり（school connectedness）」とは、「学校のなかの大人が学習だけでなく自分のことを一人の人間として気にしてくれていると生徒が感じること」と定義され、「学校へのつながり」を高めることによって、成績の向上、けんか・いじめ・破壊行動の減少、欠席率・卒業率の改善が見られることが認められている（Wingspread Declaration on School Connectedness, 2004）。アメリカ疾病予防センター（Center for Disease Control and Prevention, 2009）は、子どもたちの健康な発達を促進するために「学校へのつながり」の重要性を啓発しており、「つながり」を高めるための要因として以下の4点を挙げている。

①大人のサポート：教職員は自らの時間、関心、注意、情緒的サポートを生徒に注ぐことができる

②良い仲間（peer）グループに属すること：安定的な仲間とのネットワークは生徒の学校に対する見方を改善する

③教育に専念する：教職員が教育に専念することで、生徒は自らの学業や学校活動に取り組むことができる

④学校環境：物理的環境と心理社会的雰囲気は生徒が学校に前向きな気持ちをもたせる舞台になる

これらの要素は基本的には第３部で紹介した教育実践と共通するものが多い。つまり、教職員全体で一人ひとりの生徒に注意を向け、登校と学習を保障していく教育は、「学校とのつながり」という視点からも支持することができよう。その意味においても、高校という「場」の移行支援における重要性を理解することができる。

第４節　精神保健活動の強化

思春期に顕在化する情緒・行動上の問題や、それまでの成育歴に起因する潜在的なリスクを抱えた若者たちへの移行支援では、教育的な支援に加えて精神保健の支援も重要になる。したがっ

て、高校における移行支援では、これまで以上に精神保健の機能の強化が求められる。

すでにわが国の高校教育の現場では、不登校や思春期にみられるさまざまな精神疾患に対して、主に養護教諭を中心とした保健室活動のなかで取り組まれ（堤、１９９６）、近年ではスクールカウンセラーも加わってより専門的なケアが発展してきており、学校における精神保健活動の重要性は十分に認識されてきている。保健室には身体的愁訴だけでなく、さまざまな心理的な問題の相談に訪れる生徒も多く、事実上の精神保健活動の拠点となっているが、保健室の活動だけですべての生徒の精神保健支援のニーズに応えることができるわけではない。

わが国の学校精神保健は不登校児童生徒への対応を軸に発展してきた歴史があり、どちらかといえば内向的な問題を指向してきた傾向があり、養護教諭やスクールカウンセラーに「悩みごと」を相談するようなイメージが強いかもしれない。しかし、思春期の精神保健の問題は、第2部で詳しく説明しているように、もっと幅広いものである。攻撃的・暴力的な行動や薬物乱用なども精神保健の問題であるにもかかわらず、外向的な問題は学校の精神保健活動の対象としては見落とされやすい。

日本とは対照的に、アメリカでは精神保健の扱う対象の範囲は広く、激しい情緒的な混乱や攻撃性を示す子どもへの対応も精神保健が担っている。このような子どもたちは「重度情緒障害（Serious Emotional Disturbance［ＳＥＤ］）と呼ばれ、集中的な精神保健サービスの対象となる。学校や施設で暴れる子どもたちが病院の救命救急室（ＥＲ）を受診することはアメリカではよく見られる光景である。ＳＥＤの子どもたちは学校精神保健の対象であると同時に、全障害者教育法（Individuals with Disabilities Education Act［ＩＤＥＡ］）で規定されている障害児教育の対象となる障害でもあり、ＳＥＤの子どもたちに適切な教育をすることが義務づけられている。

精神保健の支援についても、日本とアメリカでは大きな違いがある。日本では必ずしも生徒の「心の悩み」を精神疾患と決めつけるわけではないが、カウンセリングや心理療法などの治療的技法を重視する傾向があるのに対し、アメリカの支援は学習指導やレクリエーションなども含めた多彩な支援が含まれるのが特徴である。アメリカのように精神保健をより広義に捉えていけば、思春期の子どもたちのさまざまな情緒・行動の問題に対して精神保健の視点からの支援の可能性が高くなることになる。一人ひとりの生徒の多様な支援ニーズに対応できる移行支援を発展させていくためには、高校における精神保健もこれまで以上に広い視点で活動していくことが望まれる。

ここで注意しなければならないことは、精神保健活動の強化が生徒の「問題行動」を精神障害として診断し専門的治療を導入するということではなく、「精神保健（mental health）」の本来の意味であるところの「精神的健康」を保持・増進することで個々の生徒のウェルビーイングを追求するような支援を強化するということである。言い換えれば、ともすればより医療的な意味で受け止められがちな「精神保健」ではなく、より福祉的な意味の強い「精神保健」を学校という「場」で強化していくということである。この福祉的な「精神保健」の支援は保健室や相談室に限定されるものではなく、学校活動全般、さらには地域や家庭も含めた拡がりをもつ包括的な支援でなければならない。

顕在的な「問題行動」だけでなく、さまざまな潜在的リスク、さらには家族関係、仲間関係、進路選択などでストレスの高い高校生たちの多くは、常に「精神的健康」の危機に立っているといっても過言ではない。学校での精神保健活動は、大人への移行の「土台」を築く高校教育にとって、まさに「贅沢品ではなく必需品」といえるだろう（ポーターら、２００７）。

第5節　ソーシャルワーク

高校における移行支援に求められるもう1つの重要な要素は、環境への働き掛けである。子どもの問題行動や不適応を医学モデルに基づいて子どもに内在する「病気」と捉えるのではなく、子ども自身の生物学的な脆弱性とさまざまな環境的な要因との相互作用の結果ととらえる発達精神病理学的な視点から見る場合、その治療的介入は子ども自身だけに向けられるのではなく、環境にも向けられる必要性が生まれてくる。個人のパーソナリティではなく、「人と環境の相互作用」に焦点を当てた支援の実践がソーシャルワーク（social work）であり、発達精神病理学的な視点からの高校生の移行支援においても、教育、精神医学、心理学などの専門的支援とともになくてはならない構成要素である。高校教育の「場」にソーシャルワークの実践が加わることによって福祉的な視点が加わり、子どもの問題や困難に対して真に包括的な支援が実現することになるといえよう。

ソーシャルワークのもう１つの重要な役割として、支援のコーディネートや関係機関とのネットワークの構築、連携・調整などがある。高校生の移行支援に限らず、今日の対人援助サービスは個人のニーズに合わせて必要な支援を組み合わせることが求められ、関係機関との連携はますます重要になってきている。しかし、専門領域を越えた連携は縦割りの組織・制度や支援者間のコミュニケーション不足などもあり、なかなかうまくいかないことも多い。地域の多分野の専門家と機関が関連する高校生の移行支援では、多機関連携の要としてソーシャルワーカーが参加することの意味は大きい。

学校における専門的なソーシャルワークの実践は、アメリカで貧困家庭の子どもの教育を保障するための訪問教師（visiting teacher）の取り組みが始まって以来およそ１００年の歴史があるが、わが国ではまさに始まったばかりの状況である。文部科学省は２００８年度から「スクールソーシャルワーカー活用事業」を開始し、これから学校にも本格的にソーシャルワークの方法論が取り入れられようとしているところである（門田、奥村、２００９）。スクールソーシャルワーカーを積極的に養成するとともに、学校側もスクールソーシャルワーカーを受け入れて活用していくための校内システムを構築することが課題ではあるが、スクールソーシャルワーカーの普及は移行支援の発展の鍵を握る要素といっても過言ではないだろう。

第6節　ケースマネージメント

すべての子どもを受け入れる今日の高校教育においては、そこから排除されること自体が「大人」への移行にとって致命的なダメージになりかねない。本書が注目してきたようないわゆる「教育困難校」とか「底辺校」と呼ばれている高校では、すでに高校に入学する以前からさまざまな困難を抱え、通常の高校教育を受けることにも多くの支援を要する生徒も多い。かといって、高校卒業を諦めて中退すれば、さらに厳しい「大人」への移行の壁が待ち受けていることになる。たとえ、小学校レベルの学習に躓きがあったとしても、激しい情緒的な問題があったとしても、対人関係を築くことが苦手であったとしても、高校教育から排除せず、「大人」へのスタートラインに立たせる努力を続けることが移行支援の核心でもある。そのためには、よりリスクの高い生徒の支援に対する方法論をもつことも高校生の移行支援の課題である。

とはいえ、ハイリスク者への支援が必ずしも専門性の高い支援を意味するわけではない。もしそうだとすれば、ハイリスク者はそれぞれの専門機関に委ねられるだけのことであり、もはや高校教育の場には残ることはできなくなり、結果的に高校教育から排除されることになりかねない。支援ニーズの高い人に対して、できるかぎり自然な環境（すなわち住み慣れたコミュニティと自宅）で支援をする方法論がケースマネージメント（case management）である。

ケースマネージメントはさまざまな用語と定義で用いられているが、基本的には複数のニーズをもつ人に対して必要なサービスを動員・調整・維持して一体的な支援ができるようにする方法論であり、①アセスメント、②サービス計画、③サービスの実行（つなぎ、仲介〈調達〉、資源の開発、障壁の解決などを含む）、④サービスの調整（多様なサービスを確実に同じ目標に向けること）、⑤モニタリングと評価、⑥支援（家族を力づけ障壁を克服することを含む）といった要素で構成される支援モデルである（ウィンタースら、２００７）。ケースマネージメントは対象者のニーズに応じて社会資源を活用するが、医療や福祉制度などのフォーマルな支援だけでなく、家族、親戚、友人、ボランティア、地域の団体などインフォーマルな資源も含め、それぞれの社会資源の長所を生かして支援を調整するのが特徴の１つである（白澤、１９９２）。

アメリカでＳＥＤの子どもたちを地域でケアするために発展してきたケースマネージメントであるラップアラウンド（wraparound）という治療モデルでも、家族と子どもの声や選択、個別的支援、ストレングスを生かした支援などとともに、「ふつうの支援」を重視することが挙げられている（Burns et al., 2004）。ここでの「ふつうの支援（natural supports）」とはインフォーマルな社会資源の活用を意味しており、専門家による支援だけではなく、親やきょうだい、友人、近隣の人たちを積極的に支援計画に加えることで、より地域に根ざした支援を提供していくことを意図したものである。子どものストレングスや興味によっては、楽器を習ったりスポーツチームに入ったりすることが治療計画に取り入れられることもある。

ハイリスク者への支援であっても必ずしも「専門的」ではない「ふつうの支援」の重要性が強調されることは皮肉なことかもしれないが、だからこそ子どもたちにとってもっとも「自然な環境」である学校における「ふつうの支援」が、さまざまな困難を抱えた高校生の移行支援にもとても重要な意味をもつことになるのである。制度や理論にとらわれず柔軟な発想で支援を組み立てることができるような包括的な移行支援こそが、高校における移行支援の中核的要素といえよう。

【引用文献】

・Bernat D.H. & Resnick M.D. Connectedness in the lives of adolescents. DiClemente R.J., Santelli J.S., Crosby R.A.（編）Adolescent health: Understanding and preventing risk behaviors. Jossey-Bass, pp.375－389, 2009

・Burns E.J., Walker J.S., Adams J. et al. Ten principles of the wraparound process. National Wraparound Initiative, Research and Training Center on Family Support and Children's Mental Health, Portland State Univversity　2004

・Center for Disease Control and Prevention. School Connectedness: Strategies for increasing protective factors among youth. U.S. Department of Health and Human Services, 2009

・門田光司・奥村賢一　スクールソーシャルワーカーのしごと―学校ソーシャルワーク実践ガイド　中央法規　２００９

・白澤政和　生活を支える援助システム―ケースマネージメントの理論と実際　中央法規　１９９２

・堤　啓　保健室の先生：養護教諭の実践記録と精神科医のコメント　金剛出版　１９９６

・Wingspread Declaration on School Connectedness. Journal of School Health 74:7-8, 2004
・ウィンタース N. C.、テレル E.　ケースマネージメント―地域を基盤としたシステム・オブ・ケアの基軸　プマリエガ A. J.、ウィンタース N. C.（編）　小野善郎（監訳）　児童青年の地域精神保健ハンドブック―米国におけるシステム・オブ・ケアの理論と実践　明石書店　pp.２００-２３６　２００７

第4章
高校教育のパラダイムシフトに向けて

小野善郎

第1節　高校教育の新たな局面

多様なニーズを抱えた子どもたちが高校に入学してくることは、今日の高校教育の現場の紛れもない事実であり、それらの子どもたちのニーズに合わせた教育の取り組みは、いわゆる「教育困難校」ではすでに日常的に行われている。しかしながら、本書第3部で紹介したような高校教育の取り組みは、本来の高校教育からは大きく逸脱したものだと感じる人も多いかもしれない。

もし、「教育困難校」における教育実践に対して違和感を感じるとすれば、われわれが暗黙のうちに共有している高校教育の理念と現実の教育実践との間にギャップが存在していることになる。実際にわれわれの意識のなかに高校教育の理念と現実とのギャップがあるとすれば、それを認識した上で修正しなければ、どんな「高校教育改革」も若者たちの将来を明るくするものにはなり得ないだろう。

　高校教育の理念と現実とのもっとも重大なギャップは、「高校は義務教育ではない」という信念に由来しているのではないだろうか。この信念は単なる理念的なものではなく、ほとんどの日本人が自らの経験として体得してきた強固なものである。われわれは中学を卒業する段階で高校進学を希望し、選抜試験に合格して高校に入学するという経験によって、高校が義務教育ではないということを強く印象づけられてきており、教育期間を過ぎてもなおその信念をもち続けている「大人」になり、さらにはその信念を次の世代に伝えてきている。高校進学率が98％に達し、事実上の高校全入時代になっても、この揺るぎない信念のために、今日においてもなお高校教育は「当たり前の教育」と認識されるには至っていないのである。高校の授業料が無償化されても、義務教育ではない高校教育はすべての子どもたちに「保障」されているわけではないのが現状である。

　事実上の高校全入時代が到来したことは、わが国の近代教育の大きな進歩であり成果といえよう。しかし、真にすべての子どもたちに高校教育を「保障」することを実現するためには、まだまだ多くの課題が残されている。「大人」への移行が長期化・多様化する現代社会のなかで、高校教育も歴史上かつてない新たな局面を迎えているといえる。この新しい局面に向き合うためには、旧来の高校教育のパラダイムを越えた新たなパラダイムを、われわれは共有しなければならないのである。

第2節　高校教育に求められる3つの視点

全入時代の高校教育のパラダイムについての議論は、学科やコースの設定、カリキュラムなど、高校教育の構造や内容についてだけではなく、子ども期から思春期の発達を踏まえた学校の機能や役割の議論も必要である。大人への移行が長期化・多様化した現代社会においては、思春期の発達過程を過ごす「育ちの場」としての高校の機能はますます大きくなってきており、この視点を取り入れて高校教育を考え直すことが求められる。そのためには以下のような3つの視点が重要である。

1　「子ども」の視点

本来、教育は子どものためにあることは自明なことであるが、学校教育の制度は必ずしも「子ども」の視点から構築されてきたとはかぎらない。むしろ、社会構造の変化にともなって教育制度が変遷し、特に産業化社会においては労働市場のニーズに教育は大きな影響を受けてきており、社会あるいは大人の視点がより重視されてきたと見る方が妥当であろう。わが国においても、戦前の軍国主義教育は国家が必要とする兵士を量産する教育であったし、戦後の高度経済成長期には経済産業界からの人材需要に応じる職業教育が推進されるなど、教育はその時代の社会が求める人材養成に寄与してきた。社会の要請に応える教育制度であればあるほど、教育を受ける主体である「子ども」の視点は見落とされやすい。

第４部第２章の義務教育再考のなかで論じられているように、わが国の義務教育は「保護者による就学義務」であり、子ども自身が教育を受ける権利ではない。教育が子どもを主体としたものであるとすれば、教育を受ける権利は保護者を介したものではなく、子ども自身が直接保有する権利でなければならない。「大人」への移行が始まる高校教育においては、子ども自身が教育に対して主体的であることは特に重要である。すべての子どもが自分に適した高校教育を受ける権利を有しているとすれば、一人ひとりの子どもの抱える多様なニーズに応えることが高校教育の重要な要素であることは当然のこととして理解されることになるであろう。

2　「個」の視点

学校教育に限らず、われわれが子どもについて論ずる時、「近頃の子どもは……」とか「○○高校の生徒はみんな……」などと子どもたちを全般的に表現することが多い。さらには、高校生による重大な少年事件が報道されれば、「近頃の高校生は突然何をしでかすかわからない」という不安が世間に広まり、「発達障害」という診断を付けられた子どもが学校でトラブルを起こせば、「発達障害の子どもは危ない」と警戒されたりすることは少なくない。これらは、1つの出来事を「個」としてとらえることができず、過度に全般化する例であり、大人たちが子どもを見るときに犯しやすい問題である。

同じことは高校教育についての議論でも重要である。高校生として全般的に共通する特徴もあるものの、一人ひとりの生徒の育ち、個性、資質は異なるものであり、高校教育におけるニーズも異なるのは当然である。また、発達精神病理学の視点からは、同じ問題を呈している生徒であっても、その要因は必ずしも同じではなく（複数原因同一結果帰着性）、したがって必要な支援も異なる可能性がある。特に、高校教育に到達するまでに、複数のリスクを抱え、多くの負の遺産を背負った生徒の移行支援では、個別的に生徒を理解して支援する「個」の視点は重要である。

「個」の視点は、特別支援教育ではもっとも重視されているもので、一人ひとりの児童生徒に対して個別的教育計画を策定することが求められている。しかし、特定の障害の有無に関わらず、本来、教育には「個」の視点が必要であることは間違いない。第3部で紹介されているA高校が取り組んだ「ユニバーサルデザインによる特別支援教育」は、多様なニーズのある高校生に対して、特別支援教育のノウハウを取り入れた教育実践として興味深い。集団のなかでの教育であっても、「個」の視点をもつことが「質の改善」につながる好例といえよう。

３　「ニーズ」の視点

前述の「子ども」の視点と「個」の視点は、子どもの個別的なニーズに応じた教育という点で「ニーズ」の視点とも関連が強いが、それ以外の意味においても「ニーズ」の視点は重要である。

1つめの「ニーズ」の視点は、子どものニーズに対して支援を行うというものである。これは当たり前のことと思われるかもしれないが、現在の対人援助サービスの多くは、そのサービスを受けるための要件、すなわち適格性を満たさなければサービスを受けられない。たとえば、障害者の認定を受けているとか、医師によって診断されていることが求められることが多くなってきている。特別支援教育においても、医学診断によって適格性が判断されることが増えつつある。これらは一人ひとりの児童生徒のニーズというより、障害種別あるいは診断に基づいた支援モデルである。診断モデルは支援対象を具体的に定義しやすいので、支援の公平性を担保するのには有利ではあるが、支援対象の障害や診断に該当しない個人のニーズには手が届かないという欠点がある。高校教育における移行支援は、定型的な障害や精神障害への支援ではなく、一人ひとりの生徒の直面している困難やリスクへの支援であり、まさに個別の「ニーズ」に対する支援の視点がなければ生徒の支援は成り立たない。

もう1つの「ニーズ」の視点は、支援はニーズのある限り続けられるものであるというものである。支援を行う側の視点で支援の期限が決められたり、高校を中退したり卒業することで支援が途切れたのでは、そもそもの支援の目標を達成することはできない。特に、思春期の支援は子どもを対象とした支援と成人を対象とした支援の狭間にあり、教育から離れたり、一定の年齢になることで、それまでの支援が途切れやすい時期である。第3部で紹介しているC高校の卒業後も就職先の福祉施設での教育をとおして支援を続けていく実践は、まさに「ニーズ」のある限り支援を続ける例である。

第3節　高校教育の新たなパラダイム

今日の高校教育に求められるパラダイムシフトは、決して現在の高校教育制度を根本から否定するものでも革命的な変革を必要とするものでもない。それよりもむしろ、今求められていることは、これまでの高校教育の理念と現実のギャップのなかで、なかなか手を付けることができなかった課題に率直に目を向け、現実の社会、家庭、そして子どもが育つプロセスにもっとも適した新たな高校教育のパラダイムを見い出すことではないだろうか。本書では、現代の高校教育と思春期の発達に関する「事実」をつぶさに検証することをとおして、教育の視点だけでなくより広い学際的な視点から高校教育のあり方を論考してきた。そして、到達した結論が「移行支援としての高校教育」である。

この新しい高校教育のパラダイムは、現行の高校教育の概念をドラスティックに拡大するものではあるが、基本的には既存の高校教育を最大限に活用するものである。もちろん、効果的な移行支援を実現するためには、高校教育の仕組みを修正する必要はあるが、もっとも重要なことは世代を超えてわれわれが継承してきた高校教育に関する「信念」を捨てることである。

われわれが捨てなければならない「信念」の1つは、「高校は義務教育ではなく、希望する生徒が自らの意志で受ける教育」という信念である。この信念がある限り、ともすれば困難を抱えている生徒が「合理的」に高校教育から排除され、高校教育が保障されないばかりでなく、もっとも基本的な移行支援である登校を続ける支援が正当化されることも難しくなるだろう。

もう1つは、「高校教育は中学教育の上にさらなる知識・能力を追加する教育」という信念である。学校教育は、初等教育―中等教育―高等教育という段階的階層で構成されているが、現実的にはすべての子どもが中学教育を修得した上で高校教育に入ることは難しい。したがって、すべての子どもに高校教育を保障するとすれば、一律に高校教育のレベルを定義することは合理的ではない。それよりも、高校教育を「中学までの義務教育の修得状況に応じて大人として社会参加するために必要な準備を行う教育」と再定義することで、高校教育をより幅広く理解することができれば、生徒の多様なニーズに応える移行支援としての高校教育は受け入れられやすくなるであろう。

おわりに

高校教育に対する伝統的な信念を切り替えることは容易なことではない。だからこそ高校進学率が90％を越えて35年以上たってもなお、高校教育が「当たり前の教育」となり得てないのかもしれない。伝統的な信念が、高校教育の新たなパラダイムの重大な障壁になっているとすれば、われわれはまずはその信念を打ち破ることから始めなければならない。そのためにも、現代の高校生のニーズから導き出された「移行支援としての高校教育」というパラダイムが、「高校教育は当たり前の教育」という信念を生み出す原動力になることが期待される。その上で、学校も含めた地域全体で、思春期の移行支援のシステムを発展させていくことは、これからの社会全体の責務である。

あとがき

子どもの精神科診療や心理相談などの臨床活動は、教育と無縁でいることはできない。もっとも一般的な問題としての不登校は、まさに学校教育と直結した問題であるが、それだけでなく学習の問題や学級での適応の問題など、教育や学校生活に関連した問題が相談されることは多く、相談や支援においては学校と連携することも多い。さらには、精神科医や臨床心理士等の臨床家は、専門家として教育委員会や学校の運営に協力することも少なくなく、必然的に教育関係者とのつながりも多くなるのが一般的である。

しかし、いくら学校や教育委員会との付き合いが多くなったとしても、われわれ臨床家は教員ではなく、あくまでも「外部の専門家」であって、学校教育の「正式な構成員」として学校運営に関わったり、ましてや学校教育制度を動かすほどの立場にはない。学校教育とは深い関連をもちながらも、教育の世界のメインストリームには位置づけられない微妙な立場といえるのではないだろうか。

そんな、いわば教育の「部外者」が学校制度、特に高校教育制度について論じてみようと思ったのは、決して唐突な思いつきではない。また、学校教育をめぐっては世間にはさまざまな批判が氾濫しているが、われわれが高校教育を論じた動機は現在の高校教育の問題点を指摘することではなく、ましてや批判論を展開しようとしたものでもない。それよりもむしろ、中学時代にさまざまな学校適応上の問題で苦しんできた子どもたちを受け入れ、熱心に教育・指導してくれている高校教員の実践に感動を覚えたことが始まりであった。そこでは型どおりの高校教育ではなく、「人を育てる」教育実践が行われていた。困難を抱える生徒たちへの指導は「必要に駆られて」経験的に発展してきたものも多いかもしれないが、そんな高校教育現場の豊富な経験は、思春期の子どもたちが大人に向かう移行支援にも多大な示唆があると感じられた。

たしかに、困難を抱えた生徒の高校教育は多難であり、一人ひとりの教員の負担もきわめて大きいことは間違いない。しかし、困難を抱えた高校生や彼らを教育する高校教員は、現在の高校教育のなかにおいてはマイノリティであり、良い意味で世間の表舞台に立つことはほとんどない。彼らの実践に敬意を表するだけでなく、そこからわれわれ臨床家も大いに学び、これからの思春期臨床に還元したという思いが本書の始まりであった。

本書の企画にあたっては、こんな思いを共有する臨床家と教員が集まり、一気に「移行支援としての高校教育」はわれわれの共通理念となり、さらに福村出版の宮下基幸さんと西野瑠美子さんのご理解とご協力を得て、さっそく出版へ向けた準備が進められることになった。まずは

２０１０年9月11日に福村出版の会議室で編著者に加えて千葉大学の保坂研究室のメンバー（高校教員を含む）が集まり、長時間にわたる研究会が開かれ、活発な議論を経て本書の企画が固められた。さらに、基本的な論理展開が見えてきた２０１１年9月10日にも再度研究会をもち、移行支援の概念がさらに深く追求された。その後も編者、著者、編集者との間で密接なコミュニケーションをとりながら最終的に本書の出版にたどり着くことができた。

本書はまさに「移行支援チーム」のチームワークの結晶であり、最後まで積極的に議論に参加し、献身的な協力を惜しまなかったすべてのメンバーにあらためて感謝の意を表する次第である。思春期の移行支援が多職種協働チームによる作業であるのと同じように、本書もまさに多職種協働の成果であることは編者として大きな誇りである。

＊＊＊

アメリカ児童青年精神医学会は毎年10月に開催する年次総会で、子どものアドボカシーに顕著な功績があった会員にCatchers in the Rye Awardsという賞を贈っている。この賞の名前はもちろんJ・D・サリンジャーの代表作 *The catcher in the rye*（邦訳『ライ麦畑でつかまえて』〔野崎孝訳〕、『キャッチャー・イン・ザ・ライ』〔村上春樹訳〕いずれも白水社）に由来している。主人公のホールデン・コールフィールドが将来何になりたいかという問いに答えた「ライ麦畑のキャッチャー」は、まさにさまざまなリスクを抱えた思春期の子どもたちを守る大人の役割を象徴している。

「でもとにかくさ、だだっぴろいライ麦畑みたいなところで、小さな子どもたちがいっぱい集まって何かのゲームをしているところを、僕はいつも思い浮かべちまうんだ。何千人もの子どもたちがいるんだけど、ほかには誰もいない。つまりちゃんとした大人みたいなのは一人もいないんだよ。僕のほかにはね。それで僕はそのへんのクレイジーな崖っぷちに立っているわけさ。で、僕がそこで何をするかっていうとさ、誰かその崖から落ちそうになる子どもがいると、かたっぱしからつかまえるんだよ。……ライ麦畑のキャッチャー、僕はそういうものになりたいんだ。……」（村上春樹訳より引用）

「ライ麦畑のキャッチャー」はまさに移行支援の主役である。そして、リスクを抱えた子どもたちが集まっているライ麦畑こそが高校ではないだろうか。崖から落ちそうになる子どもたちを一人でも多く助けるためには、キャッチャーは多い方が良いだろう。もちろん、ただ突っ立っているだけのキャッチャーではだめである。一人ひとりの子どもを注意深く観察し、その行動の意味を考え、次のリスクを予測して、少しでもうまく受け止められるようなキャッチャーになる努力が必要である。

私自身も子どもの精神保健に関わる臨床家としてだけでなく、一人の大人として「ライ麦畑のキャッチャー」になりたいと思う。そして願わくば、一人でも多くの「ライ麦畑のキャッチャー」が思春期の子どもたちを見守ってくれる社会になってもらえればと思う。

2012年7月

小野善郎

〔執筆者紹介〕

小野善郎（おの　よしろう）※編著者

1984 年和歌山県立医科大学卒業。大学病院，児童相談所で児童青年期の精神科医療に従事し，現在和歌山県精神保健福祉センター所長。日本精神神経学会専門医，日本児童青年精神医学会認定医。近著に『子ども家庭相談に役立つ児童青年精神医学の基礎知識』（明石書店，2009 年），『子どもの攻撃性と破壊的行動障害』（中山書店，2009 年），『詳解子ども虐待事典』（福村出版，2009 年），『Anatomy of an Epidemic』（福村出版／監訳中）などがある。

保坂　亨（ほさか　とおる）※編著者

1983 年東京大学大学院教育学研究科博士課程中退。東京大学教育学部助手（学生相談所専任相談員），千葉大学教育学部講師，同助教授を経て，2002 年より同教授。千葉県教育庁「高等学校改革推進協議会」委員長，千葉家庭裁判所委員会委員，子どもの虹情報研修センター企画評価委員。近著に『日本の子ども虐待〔第 2 版〕』（福村出版，2011），『“学校を休む”児童生徒の欠席と教員の休職』（学事出版，2009），『いま，思春期を問い直す』（東京大学出版会，2010）などがある。

川俣智路（かわまた　ともみち）

大正大学人間学部臨床心理学科専任講師。北海道大学大学院教育学研究科博士後期課程単位取得退学。2007 年より北海道大学大学院教育学研究院附属子ども発達臨床研究センターの学術研究員を経て，2012 年より現職。主に高等学校でのフィールドワーク，アクションリサーチを通して，育ちの過程に困難を抱える生徒や家庭環境の不安定な生徒の支援，またそれを支える教員や専門職の支援に関わる研究を行っている。

田邊昭雄（たなべ　あきお）

公立高等学校校長。千葉大学大学院教育学研究科修士課程修了。学校心理士，臨床発達心理士。日本学校教育相談学会学会誌作成委員会委員。日本ピア・サポート学会理事。公立高等学校教諭（地歴・公民），教頭，公立教育相談機関研究指導主事・主任指導主事などを経て 2011 年から現職。また，2003 年からは社会福祉協議会で「傾聴ボランティア養成講座」を担当し，高齢者の話し相手としてのボランティア養成も行っている。

・カバーイラスト：はんざわのりこ
・装丁：臼井弘志＋藤塚尚子（公和図書デザイン室）

移行支援としての高校教育

—思春期の発達支援からみた高校教育改革への提言—

2012年7月30日 初版第1刷発行

編著者 小野善郎・保坂 亨

発行者 石井昭男

発行所 福村出版 株式会社

〒113-0034 東京都文京区湯島2-14-11

電 話 03-5812-9702 FAX 03-5812-9705

http://www.fukumura.co.jp

印刷・製本 シナノ印刷株式会社

Printed in Japan

ISBN978-4-571-10161-8 C3037